JN028249

現代政治理論

新版補訂版

川崎 修・杉田 敦［編］

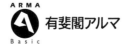

有斐閣アルマ

新版補訂版にあたって

　本書初版は 2006 年に公刊され，2012 年には新たな章を加えるなどの改訂を行い，新版とした。その後さらに 10 年以上が経過したが，この間，幸いにも本書は，現代政治理論を学ぶうえで必須のトピックを網羅したコンパクトな教科書として，多くの読者を得，版を重ねることができた。

　このたび，新版補訂版を公刊するにあたっては，理論的な発展状況を反映させると同時に，現実政治の展開の中で新たに浮上した諸問題にも一定の対応を試みた。ただ，現行版との連続性を確保し，コンパクトさを損なわないために，本文の総ページ数を変えない範囲内での限定的な修正にとどめ，新たな論点については主としてコラムなどを活用した（ただし第 10 章，第 11 章では比較的大きな修正が本文にも行われている）。併せて，引用・参考文献と読書案内のアップデートを行った。

　こうした補訂により，政治を考える上での本書の現代的意義が多少なりとも高まったとすれば執筆者一同の喜びである。

　末筆ながら，今回も大変お世話になった有斐閣書籍編集第 2 部の岩田拓也氏に感謝したい。

　2023 年 10 月

川　崎　　修

杉　田　　敦

新版はじめに

　本書は，現代政治理論を学ぶ人のために書かれた。それでは，現代政治理論とはどのような学問分野なのだろうか。今日の日本で，「政治学」という言葉は，広い意味と狭い意味で使われている。広い意味での「政治学」とは，法学部や政治経済学部の政治学科などで講義されている科目の全体をさす。現代の各国政治の実状についての研究だけでなく，行政学，政治史や政治思想史，国際政治などのさまざまな研究分野が含まれる。いわば，政治についての学問の総称である。他方，狭い意味では，「政治学」は，政治についての経験科学的な研究，つまり 20 世紀半ば以降にアメリカを中心に発達した政治科学 Political Science の訳語として使われることが多い。そこでは，有権者の投票行動や，政府内部の権力関係など，現実政治のあり方が研究される。

　Political Theory の翻訳語である「政治理論」は，上の広い意味の政治学に含まれるが，狭い意味の政治学とは区別されうる。政治理論では，自由とは何か，デモクラシーはどうあるべきかなどの，政治的価値や理念をめぐるさまざまな考え方が，主たる議論の対象となる。もちろん，政治的現実についての経験主義的な政治学の知見も参考にされるが，過去の重要な政治的議論の蓄積としての政治思想史と深い関係をもつし，さまざまな学問の基礎となってきた哲学とも結びついているのである。こうした学問分野は，政治哲学 Political Philosophy とよばれることもある。ただ，本書で扱うテーマは，この言葉でイメージされるような「哲学的」なものばかりでなく，経験的な学問との接点も多いため，ここでは政治理論という呼称を選ぶことにした。

　「現代」という限定は，さしあたり 20 世紀以降の議論が中心とな

っていることを示す。しかし必要に応じて 19 世紀，さらにはそれ以前からの歴史的な展開にも言及されていることは本書の特徴の一つである。今日の政治理論の最新のテーマが政治思想史上の古典的な問題とつながっていること，それどころか，そのアレンジを変えた再演であることさえ珍しくないことを，読みとっていただきたい。

　日本の政治学では，長らく，政治の規範的・理念的要素についての研究や教育は，主として政治思想史が担ってきた。しかし，政治思想史研究が歴史研究としての性格を強めつつある中で，思想史と密接な関係をもちつつも，それとは独立なものとしての政治理論的な研究も盛んになりつつある。こうした状況をふまえて，「政治学」の中の価値にかかわる部分について，現代政治理論の観点からまとめたのが本書である。

　現代政治理論を学ぶことに，どのような意義があるのか。現在，私たちが直面しているさまざまな政治課題のどれ一つをとっても，それらは具体的な制度や政策の問題であると同時に，価値や規範にかかわる問題を含んでいる。例えば年金制度や税制をどうするかは，公正な社会とは何かという問題と切り離して考えることはできない。また，小選挙区と比例代表，一院制と二院制，代表制と住民投票はどちらが「民主的」かといった問題は，デモクラシーがどうあるべきかという議論なしには，論ずることができない。もちろん，本書は具体的な問題について，特定の立場を押しつけるものではない。政治問題の複雑な背景について考えることで，政治に参加する市民としての基礎知識が得られるようにすることが，本書の目的である。

　本書では，大まかにいって，前半の第 1 章から第 6 章で，政治理論の比較的古典的なテーマを扱う。それに対して後半の第 7 章から第 11 章では，近年の政治理論において特に注目されているテーマや理論を中心的に論じている。

第1章「政治」では，政治についての基本的な見方が，権力と公共性，対立と協調という二面性に即して提示される。第2章「権力」では，権力についての見方の多様性が，非対称的権力観と共同的権力観，主意主義的権力観と構造としての権力観，という二つの軸を中心に考察される。第3章「リベラリズムの展開」では，19世紀から20世紀中盤までのイギリスにおけるリベラリズムの展開を理論史的に跡づけることを通じて，リベラリズムがはらむ多義性と多様性を検討する。第4章「現代の自由論」では，バーリンの自由論とそれが誘発した論争を糸口に，現代における自由観の対立や論争を概観する。第5章「平等」では，主としてロールズの『正義論』以降に華々しく展開された現代リベラリズムの代表的諸理論を，とりわけそこにおいて重要な展開をみせた平等論に注目しつつ検討する。第6章「デモクラシー」では，デモクラシー観の変遷を，近年の討議デモクラシー論にいたるまで，思想史的にたどりながら，今日それがいかなる課題に直面しているかを考える。

　続いて，第7章「ネーションとエスニシティ」では，近代国家をかたちづくったネーションの観念とナショナリズムの理論を検討したのち，現在の多文化主義といった新しい政治的アイデンティティの意義と問題を考える。第8章「フェミニズムと政治理論」では，フェミニズムの展開を理論史的に振り返るとともに，それが今日の政治理論に対して有する意義を検討する。第9章「公共性と市民社会」では，公共性の観念と理論の展開を思想史的に概観し，アレントやハーバーマス，ロールズなどに代表される現代の公共性・公共圏の理論を紹介するとともに，それと密接な関係にある新しい市民社会論の展開を跡づける。第10章「環境と政治」では，近年の政治学において関心の高まっている，環境・エコロジーと政治との関係について，理論史的に振り返るとともに，それが今日の政治理論に対してもつ意義を考える。そして第11章「国境をこえる政治の

理論」では，従来基本的に一国単位の枠組みで語られてきたデモクラシーやリベラリズムを，グローバリズムの文脈において再考する。

　本書は，順序立てて読んでもらえるよう，それなりの体系性を心がけた。しかし，各章は比較的独立性が高いので，途中をとばしたり，順序を入れ替えたりして読むことも十分に可能である。特に第1章については，全体を読んだのちに立ち返る，といった読み方もできよう。

　なお，本書中での外国語文献からの引用においては，基本的に巻末の「引用・参考文献」に掲載した翻訳書を使用させていただいているが，本文との関係などから，必要に応じて訳文，訳語を変更している場合があることをお断りしておく。

　『現代政治理論』初版（2006年）と今回の新版との主たる異同は以下の通りである。

　①新しく「環境と政治」の章を追加して，新版第10章とした。

　②初版第6章「デモクラシー」の章に，初版第10章2「討議デモクラシーとラディカル・デモクラシー」の節を組み入れて，新版第6章「デモクラシー」とした。

　③初版第9章「公共性」と初版第10章1「現代の市民社会論」を連結して，新版第9章「公共性と市民社会」とした。

　④「コラム」の追加と修正を行った。

　⑤本文全体にわたって，新しい政治的・理論的状況の変化や制度変更などに対応して必要な修正を行うとともに，内容上・表現上の吟味と改善を行った。

　⑥巻末の「読書案内」と「引用・参考文献」に必要な追加や差し替えを行った。

　この本が現代政治理論についての読者の興味をかきたて，その関心に応えることができれば，執筆者一同，何よりの喜びである。

執筆者紹介（執筆順）

川 崎 修（かわさき　おさむ）　〔編者。第1章，第2章，コラム①～③，⑤，⑨担当〕

　　現　在，立教大学法学部教授

　　著作に，『ハンナ・アレントの政治理論』（岩波書店，2010年），『「政治的なるもの」の行方』（岩波書店，2010年）。

金 田 耕 一（かなだ　こういち）　〔第3章，第4章，コラム④，⑥担当〕

　　現　在，日本大学経済学部特任教授

　　著作に，『貧民のユートピア──福祉国家の思想史』（風行社，2022年），『現代福祉国家と自由』（新評論，2000年）。

飯 田 文 雄（いいだ　ふみお）　〔第5章，コラム⑦，⑧担当〕

　　現　在，神戸大学大学院法学研究科教授

　　著作に，『多文化主義の政治学』（編著，法政大学出版局，2020年），「運命と平等──現代規範的平等論の一断面」日本政治学会編『平等と政治』（年報政治学2006-I）所収（木鐸社，2006年）。

杉 田 敦（すぎた　あつし）　〔編者。第6章1～3，5，第7章1，コラム⑩～⑫担当〕

　　現　在，法政大学法学部教授

　　著作に，『政治的思考』（岩波書店，2013年），『権力論』（岩波書店，2015年）。

早 川 誠（はやかわ　まこと）　〔第6章4，第7章2，第9章6，コラム⑬，⑳，㉑担当〕

　　現　在，立正大学法学部教授

　　著作に，「権力」古賀敬太編『政治概念の歴史的展開 第1巻』所収（晃洋書房，2004年），『政治の隘路──多元主義論の20世紀』（創文社，2001年）。

井 上 匡 子（いのうえ　まさこ）　〔第 8 章，コラム⑭〜⑰担当〕

現　在，神奈川大学法学部教授

著作に，「政治理論におけるジェンダー論の寄与と可能性──公私二元論の再構成と親密圏の現代的意義」辻村みよ子編『かけがえのない個から──人権と家族をめぐる法と制度』（ジェンダー社会科学の可能性 第 1 巻）所収（岩波書店，2011 年），「親密圏と近代的自我──アダム・スミスの同感判断論に即して」井上匡子・大野達司・菅原寧格編『公共空間における個の自律』所収（風行社，2009 年）。

谷 澤 正 嗣（やざわ　まさし）　〔第 9 章 1〜5，コラム⑱，⑲担当〕

現　在，早稲田大学政治経済学術院准教授

著作に，『公共哲学入門』（共著，NHK 出版，2023 年），「デモクラシーにおける合意と抗争──現代共和主義の視点から」齋藤純一・田村哲樹編『アクセス デモクラシー論』所収（日本経済評論社，2012 年）。

尾 内 隆 之（おない　たかゆき）　〔第 10 章，コラム㉒〜㉔担当〕

現　在，流通経済大学法学部教授

著作に，「エコロジカルな日常生活の可能性──政治による変革，政治の改革」田村哲樹編『日常生活と政治──国家中心的政治像の再検討』所収（岩波書店，2019 年），『科学の不定性と社会──現代の科学リテラシー』（共編著，信山社，2017 年）。

遠 藤 誠 治（えんどう　せいじ）　〔第 11 章，コラム㉕，㉖担当〕

現　在，成蹊大学法学部教授

著作に，『国家安全保障の脱構築──安全保障を根本から考え直す』（編著，法律文化社，2023 年），『シリーズ日本の安全保障』全 8 巻（共同編集代表，岩波書店，2014-15 年）。

第5章 | 平　　等　　　　　　　　　　　　　99

正義を求めて

第8章 │ フェミニズムと政治理論　　201

寄与と挑戦

第9章 │ 公共性と市民社会　　225

公共圏とデモクラシー

第10章　環境と政治　261

自然，人間，社会

第11章　国境をこえる政治の現実と可能性　　283

グローバリゼーション, デモクラシー, リベラリズム

■ *Column*

※引用・参考文献は巻末一覧に一括して掲げ，本文中には著者名または編者名と刊行年のみを（　）に入れて記した。

※翻訳文献は，各章の最初の登場時および巻末一覧中のみ（ダール，1999／原著初版 1963），（ルークス，1995／原著 1974）のように翻訳の刊年と原著刊年を併記し，2回目以降は（ダール，1999）として，翻訳の刊年のみを示した。

※翻訳文献の原著の刊年は学説史的意義から原則として初版の刊年を示した。そのため，訳本がもとにしている版が初版でないときは，「原著初版」と記した。

第1章 政治

権力と公共性

　政治とは何か。政治は，国家の営みや国家をめぐる行為や出来事として，長らく理解されてきた。しかし今日では，社会の至るところにあるかのように語られる。また，政治は，権力と結びつけて，対立や闘争の舞台として描かれる。けれども他方では，対立を乗り越えて合意をつくりだし，人々の共通の利益を図ることこそ政治の使命だともいわれる。さまざまに交錯する政治のイメージは，いったい何を物語っているのだろうか。

1 政治はどこにでもある？

政治とは何か
政治とは何か。政治学の教科書はしばしばこの問いで始まる。政治学・政治理論がつまるところ，この問いに答えようとする試みである以上，まずその問いの対象を確定しようとするのは自然なことである。けれども，この問いに対して万人が納得する決定的な答えが得られるのであれば，それは政治学の完成であり，終わりでもあるだろう。そして政治学が完成も終焉もしていないということは，この問いへの決定的な答えはいまだに存在しないということを意味している。結論からいえば，この問いへの決定的な答えはそもそも存在しないというのが，この教科書の立場である。つまり，「政治」とは，それが何かをめぐって人々が論争を繰り広げるのが不可避な言葉だということである。

しかし，「政治」という言葉の意味に関して，人々の間に何の共通理解もないのだろうか。どうもそうではなさそうである。新聞を読んだりニュースをみたりする際に，また日常会話において，人々が「政治」という言葉の意味をめぐっていつも混乱しているとは思えない。それでは，政治学者たちの間ではどうか。確かに，そこでは政治とは何かをめぐって，立場の違いがある。そうした対立や論争はいろいろなかたちで整理できるが，ここでは大まかに，二つの潮流に整理したい。すなわち，第一が政治を国家と結びつける政治観であり，第二が政治を国家との関係に限定しないで，広く社会全般に存在しているとする政治観である。以下では，この両者について順次概観したい。

| 国家と政治 |

私たちの日常的な政治観では，多くの場合，政治は国家と結びつけて理解されている。新聞やテレビのニュースにおける政治についての報道のほとんどは，国会や行政府（内閣や官庁）の内部やその周辺で起きている出来事か，さもなければ国家と国家との外交関係に関わる出来事である。「政治家」といえば，たいていは大臣や国会議員のことである。

だが，少し考えてみると，私たちは国家に直接結びつかない組織や事柄にも，政治を見出していることがわかる。まず，私たちは地方自治体にも政治があり，そこが重要な政治の場であると考えている。政治の舞台はもはや国家だけではなく重層化している。しかし，地方自治体もまた，法的に定められた公権力を担う統治機関だという意味では，国家と連続性をもっているといえるかもしれない。

それでは，政党や利益団体はどうだろうか。これらは国家機関ではないし，公権力を行使するわけでもない。けれどもこれらが現代のデモクラシー（民主政治）の重要なアクター（行為主体）であることを否定する者はいないだろう。さらに，マス・メディアはもとより，企業や宗教団体そして非政府組織（NGO）なども，しばしば政治に大きな影響を与えている。さらに，さまざまな社会運動も重要な政治のアクターとして，しばしば注目される。

そもそも，今日のデモクラシーの建前では，代議士や行政機関の役職者などではない，つまり政治の「プロ」ではなく「素人」が政

★用語解説

□ **政治と国家**　政治学の歴史において，政治を国家と結びつける政治観は古い歴史をもっている。政治（politics）という言葉は，語源的には，古典古代ギリシアのポリス（polis）に文字どおり深く結びついている。つまりポリスに関わる事柄こそが政治だったのである。ヨーロッパでも，中世や近代には，国家の現実のあり方はポリスとまったく違うものになっていたし，政治の中身も大きく変わっていた。けれども，政治を国家と結びつける政治観は，20世紀になるまでほとんど自明のこととされていたのである。

治の最も根本的な担い手だとされている。そうだとすると，政治を国家や地方自治体といった公権力の機関のような限定された組織や領域にだけ結びつけて理解するというのは，今日では実態に合わないといえるだろう。だとすると，政治はどこにでもあるのだろうか。

社会の中の政治　20世紀の政治学は，政治を国家との関係から切り離して，広く社会全般に存在しているとする政治観を発展させてきた。それには二つの背景がある。第一の背景は，デモクラシーの進展に伴って，議会や官僚機構に対する社会からの影響が増加，多様化したことである。そうなると，議会や官僚制などの統治機構における公式の決定の背景には，それらに対して実質的な影響を与えている集団や組織があるということが考えられる。そこで，政治を考える上では，公式の統治機構だけでなく，そうした集団や組織の動きにも注目すべきだということになった。

　第二の背景は，国家の組織とその他の組織の内部では，質的にそれほど違うことがなされているのかという問いの浮上である。ヨーロッパの政治学では，もともと組織のあり方として，国家と教会がしばしば比較されてきた。しかし，20世紀には，官僚組織と会社組織も比較して論じられるようになった。官僚機構や軍隊にみられるような，国家の組織の特色とされる支配と服従の関係，そしてその失敗や抵抗は，社会のさまざまな組織や人間関係にもみられるのではないのかというわけである。

　こうして，政治の観念は国家から切り離され，社会の至るところに見出されることになる。それではそのような意味での政治を特色づけるものは何だろうか。20世紀の政治学は，主として，権力がそれだと考えた。例えば，20世紀後半のアメリカ政治学の代表的理論家であるR.ダールは，彼の有名な教科書の中で，政治を「コ

ントロール（支配力，control），影響力（influence），権力（power），権威（authority）をかなりな程度ふくむ人間関係の持続的なパターン」と定義している（ダール，2012，6頁／原著初版1963）。ダール自身も述べているように，こうした関係は職場，学校，クラブ，友人関係，家族など，ほとんどあらゆる人間関係に大なり小なり見出すことができる。人が二人いれば，そこには政治があるというわけである。

　今日では，これは人々の日常の用法とも合致している。会社の中では権力闘争が繰り広げられ，重役たちはその政治力を競い合う。大学では教授たちが「学内政治」に忙殺されて研究そっちのけだ。こういった言い方はよく耳にするだろう。学校や職場，さらには（第8章でみるように）家族の中の関係さえ「権力」関係として語られることも今日では珍しくない。

　それでは，こうした権力を中心に政治を理解する政治観に問題はないのだろうか。まず，第一に気をつけなければならないことは，この権力という観念自体が，政治の観念に負けず劣らず，論争と問題をはらんでいるということである。つまり権力をどのように理解するかで，政治のイメージも大きく変わってくる。ということは，下手をすると政治とは何かという問いが，そのまま権力とは何かという問いに横滑りすることになりかねない。

　第二に，政治が社会の至るところにあるならば，結局すべての社会的関係は政治的だということになってしまわないだろうか。そしてそうだとすれば，このような遍在する政治と，国家と結びつけて語られる政治との間に，質的な違いはないのだろうか。またその関係はどのようになるのだろうか。

　権力の観念の多様性にまつわる問題については第2章で詳しく論じることとして，本章では，第二の問題を考えてみよう。

2 ものの見方としての政治

ものの見方としての
政治とは

政治が社会の至るところにあるならば，結局すべての社会的関係は政治的だということになりはしないかという疑問に対して，ダールは次のように答えている。確かにほとんどすべての社会的関係や組織には政治的な側面があるが，他方でその政治的側面はその社会的関係や組織のもつ一つの側面であって，すべての側面において純粋に政治的な社会的関係や組織はないというのである。これはどういうことだろうか。

　私たちは，政治以外にも，社会的関係のさまざまなあり方を知っている。経済・道徳・文化・宗教といったものも人々の社会的な営みであり，人々の結びつきによって成り立っている。法や学問もその例外ではない。しかし，私たちが，通常「経済活動」や「宗教活動」や「科学研究」とよんでいるものは，純粋に経済や宗教や学問という性格だけを有しているのだろうか。

　例えば，会社が利益を追求するために物やサービスを売るというのは典型的な経済活動のようだが，そうした会社の活動も，具体的に考えてみると，さまざまな側面からみることができる。それは法的な関係でもある。なぜなら株式会社などの会社の設立は会社法などに根拠をもつわけだし，商取引を支えるのも民法や商法をはじめとする法体系であり，実際に会社が営業していくということは，無数の法的関係を取り結ぶことでもある。また，それは文化的な関係でもある。どのような商品が売れるかは，消費者の生活のあり方に当然深く規定される。逆に，ある商品やサービスの開発が，人々の暮らしを，家族のあり方や価値観に至るまで，大きく変えることも

珍しくない。

　さらに，それは政治的な関係でもある。いうまでもなく，会社の組織の中には権力関係があるし，ある会社と下請けとの関係のように，会社の間にも権力関係とよべるものが無数に存在する。独占的な企業は消費者に対しても絶大な権力を行使している。また，企業が自己に有利な政策を求めて政治家や官僚にさまざまな影響力を行使することは珍しくない。場合によると，「企業城下町」のように，ある会社がその地域の政治に決定的な影響力をもつことさえある。

　こうした多面性は，ほとんどあらゆる社会的関係にみられる。政治もまた同様である。例えば，政府や地方自治体のあり方を具体的に考えてみれば，それは権力関係という側面からだけみることができるのではない。それはさまざまな財やサービスの購入者として，また多数の人間の雇用者として，巨大な経済活動の担い手でもある。そしてその政策のあり方は経済に大きな影響を与える。そう考えると，政府の活動を経済活動として叙述することは可能であるだけでなく，必要でもある。また，教育政策や福祉政策を考えればわかるように，政府の政策や活動は道徳や文化，さらには宗教ともしばしば密接に関わっており，そうした側面から叙述し，分析することもできる。つまり，同じ現実が，ある側面からみれば政治的関係としてみえ，別の側面からみれば他の社会的関係としてみえるのである。その上，忘れてならないことは，政治的な対立とよばれるものが，経済的・文化的・宗教的な対立などを背景にもっていることも少なくない。

　要するに，政治は社会の至るところにあるという考え方は，あらゆる社会的関係がもっぱら政治的だということではなくて，あらゆる社会的関係には政治的関係としての側面・性格を見出すことができるということを意味している。したがって，この意味での「政治」とは，ある社会的現実が対象自体としてもつ特質ではなく，私

たちが社会をみるときのものの見方，より正確には社会に対する関わり方の性質なのである。私たちは，あらゆる社会的現実に対して，それを政治的関係「として」みること，関わることができる。しかし，逆に，その同じ対象に対して経済的・文化的，その他の関係「として」みること，関わることもできる。そしてそれは第一義的には，私たちの関わり方の問題であって対象自体の特質ではないのである。

とはいえ，政治的「として」みることが大事であったり他の人々の共感を得られやすかったりする場合と，そうでない場合とがある。したがって，のちに述べるように，ある現実を政治的「として」みるかどうかそれ自体が論争の対象となる。

このように，政治性＝権力性とみなして，政治は社会の至るところにあるという考え方は，権力関係という側面に注目するときに社会の政治性がみえてくるということ，より正確には，権力関係という側面に注目するときにみえてくるものを社会の政治性と名づけているということを意味しているのである。

だが，政治性というものを，私たちの社会への見方・関わり方として考えるとしても，社会的現実を政治的としてみるということは，権力関係に着目してみるということに尽きるのだろうか。ここでは，権力とともに公共性という要素にも注目したい。

権　力

そこでまず，政治を特色づける第一の要素として，権力について考えてみたい。なぜ権力が政治の特色とされるのだろうか。そもそも，権力とは何だろうか。とりあえずここでは，「自分以外の行為者（それは個人でも集団でもいい）に，その行為者がもともとは行う意図がなかった行為を行わせる能力」と定義しておこう。実は，第2章で詳しく検討するように，権力にはこれとは異なったとらえ方もあるが，権力をも

って政治を特色づけるというときは，このような権力の観念を前提にしていることが多い。そこで，とりあえず本章では，このように権力をとらえることにしたい。

　それでは，なぜこのような権力が必要なのだろうか。それは，異なる利害や価値観をもった複数の人々が，社会においてそれぞれ自己の意図を実現しようとする場合には，争いが避けられず，それゆえに，他者を自己の意図に従わせる能力が必要となるからである。つまり，社会における対立の不可避性が，権力を必要とさせているといえるだろう。

　このように，権力をもって政治の特色とする政治観の背景には，社会における対立の不可避性という認識がある。ところで，対立が不可避だということは，争われている問題に対して唯一の答えがないということである。もちろん，争い合う当事者たちは，しばしば自らの主張を，科学的あるいは宗教的な真理や絶対的・普遍的な正義に基づいていると主張し合う。しかし，対立している問題がもしそのように唯一の真理や正義，つまり唯一の「正解」があるたぐいのものであるならば，当事者たちがその「正解」を理解すれば，対立そのものが解消することになる。そうであれば，実は対立は不可避ではなく，いずれ正しい認識が社会全体に広まれば解消されるということになる。それに対して，そうした最終的な「正解」がないとすれば，対立は政治においてそもそも本質的に解消不可能であり，不可避だということになるのである。

　もちろん，唯一の「正解」を掲げる行為者たちは，この「正解」を受け入れない相手に対して，自らの正しさを受け入れさせるべく説得する一方で，頑固な敵対者に対しては，否が応でも強制的に従わせることも十分にありうる。自らの信じる科学的あるいは宗教的な真理を背景に絶対的・普遍的な正義を主張する政治勢力は，しばしば反対者に対して苛烈にふるまう。その場合，「正解」を強制す

る当事者からみれば，対立の原因は相手方の「誤り」である。だが，こうした強制は，強制される当事者はもとより観察者の目にも，彼らの主張する「正解」なるものの疑わしさを印象づけることになる。

このように，権力をもって政治の特色とする政治観の根底には，社会的関係における対立の不可避性，解消不可能性という考え方があり，そのことは，政治における「正解」のなさを意味しているのである。だが，このことは，見方を変えれば，現にある社会秩序が絶対に正しいものでもなければ，変更不可能なものでもないということを示している。社会のあり方は現状とは違うものでもありうる。つまり，社会のあり方は作為的なものであって，私たちはそれを変更する自由をもっているということをも意味しているのである。

このように，政治を権力によって特色づけるという見方は，一方で社会における対立の不可避性・解消不可能性という認識と結びついているが，他方では，社会の可変性・作為性の認識と，そうした変更を行う私たちの自由とも結びついているのである。

| 公 共 性 |

次に，政治を特色づける第二の要素として，公共性を挙げたい。公共性については，詳しくは第9章で検討するが，ここではとりあえず，ごく簡単に，ある集団の構成員に共通に関係する秩序のあり方に関わる事柄と定義しておこう。政治を国家や地方自治体と結びつけて理解する場合には，この意味での公共性が政治の特色だということに説明はいらないだろう。だが，政治を社会の至るところに見出しうるものと考える場合にも，対象となっている社会の構成員に共通に関係する秩序のあり方に関わるという意味での公共性は，存在している。

こうした公共性は，当の構成員たちによって必ずしも常に自覚されているとは限らない。ある社会的関係や問題を，自分には関係がないと構成員自身が感じているということはいくらでもある。だが，

ひとたび構成員によって共通の秩序に関わる問題として認識されると、社会的行為や社会的状態は「公正さ」を要求されることになる。

もちろん、すべての構成員を満足させられる「公正さ」が実現できるとは限らない。むしろ対立の不可避性を考えればその可能性は低く、いかなる「公正さ」も批判にさらされる。それが調達できるのは、せいぜい一時的な同意やしぶしぶの黙従かもしれない。しかし、いかに不十分で偏ったものであっても、「公正さ」の理由づけをもって人々を納得させようとすることと、それをしないこととの間にはきわめて大きな差がある。というのも、この理由づけという行為によって、はじめて、ある行為や状態が公共的な、つまりはその社会の構成員に共通に関係する事柄に関わるものとして、明確に意味づけられるからである。

この公共性を認めることは、その秩序が他人事ではなくて私たちの秩序だと認めることである。つまり、公共性という特色に着目したとき、政治という観点から社会的現実をみる・に関わるということは、その現実が、私たちの秩序に関わるものとしてみるということを意味しているのである。

だが、政治を権力と公共性という観点で特色づけるといっても、権力という観点は社会における対立の要素を強調するのに対して、公共性は協調や合意と親和的なようにみえる。そうだとすると、その関係はどうなるのだろうか。実は、この対立と協調という相矛盾する要素の絡み合いこそが、政治をみる・に関わるときの最も難しい、また興味深い問題である。これからの各章で論じられるあらゆるテーマにおいて、この両者の絡み合いをみることができるだろう。そして本当は、権力も公共性も、ここで簡単に述べたように一筋縄ではいかない。権力にも協調と合意の要素があり、公共性にも対立と争いの要素がある。そのことについて、詳しくは第2章や第9章で述べる。ここでは、政治における対立と協調の関係について、三

人の政治思想家の議論を手がかりにもう少し考えてみたい。

政治学における
対立と協調

先に，権力を政治の特色とする政治観の背景には，社会における対立の不可避性という認識があると述べた。この対立の不可避性を政治認識の中心においた代表的な思想家が，ドイツの公法学者C. シュミットである。彼はワイマール共和国時代に書いた『政治的なものの概念』（シュミット，2022／原著初版1927）の中で，政治においては，「味方と敵」（「友と敵」）との区別こそが本質的だと述べている。そうした「味方と敵」との対立は，経済的・文化的・宗教的等のさまざまな差異や対立から起こりうるという。このことは，彼が，さまざまなかたちで不可避的に起こる対立を，政治の中心においたことを示している。もっとも，シュミットにおいては，こうした対立がそのまま政治的対立なのではない。それらの対立は，「物理的殺戮の現実的可能性」と関わるほど激しく重大になる場合，つまり内戦や戦争の危険が現実化するような場合に，はじめて政治的対立になるというのである。

　シュミットのこのような認識には，この本が書かれた1920年代後半のドイツの政治状況が色濃く反映している。それに対して1990年代以降，シュミットの影響を受けつつ，現代のデモクラシーにおいて，対立の不可避性という認識を中心にすえた議論を展開したのが，イギリス等で活躍する政治理論家C. ムフである。ムフは『政治的なるものの再興』（ムフ，1998／原著1993）において，さまざまな対立の不可避性を与件とした上で，その対立が暴力的なものにならないように制御することこそが政治にとって最も本質的だと述べている。そのために，彼女は，シュミット的な，つまり暴力的な争いの相手たる「敵」とは区別された，デモクラシーにおける論争相手としての「対抗者」という観念を導入し，対立の不可避性

の認識とデモクラシーのルールや制度とを結びつけた「アゴーン（闘技）の多元主義」（agonistic pluralism）を主唱している（なお，ムフについて詳しくは第6章で述べる）。

　他方，政治を公共性という観点から特色づけた代表的な20世紀の政治思想家は，ドイツ生まれでアメリカに亡命したH.アレントである。彼女は『人間の条件』（アレント，2023／原著初版1958）において，主に古典古代ギリシアのポリスの政治をモデルに，自らの政治観を述べている。彼女によると，ポリス＝「公的領域」と，家＝「私的領域」との明確な峻別がポリスの政治の特徴である。そして政治は「公的領域」における人々の「行為（活動）」，すなわち複数の人々の間で言葉を通じてなされる相互行為によって成り立つ。こうしたアレントの政治観には，政治を暴力的な抗争や一方的支配の関係としてみる見方や，政治を私的な利害を実現するための手段としてのみ考えたり，そのような利害対立の調整としてみたりするような見方（アレントによれば，それが近代の政治思想の通説的な見方である）に対する根本的な批判が込められている。

★用語解説

□「行為（活動）」と「複数性」　アレントの政治思想の中心を占めるきわめて重要な概念。アレントは，人が物に対して行う営みのあり方と，人と人との間で相互的に行われる営みのあり方を区別して，後者を「行為」（action「活動」とも訳される）という彼女独自の用語でよんでいる。つまり「行為（活動）」とは，対等な複数の人々の間で，主に言葉を通じたコミュニケーションによってなされる相互行為である。そしてこうした「行為（活動）」こそが本来の政治にふさわしい営みのあり方だというのである。

　この「行為（活動）」にとって不可欠の条件が「複数性」（plurality）である。「複数性」とは，「地球上に生き世界に住むのが単数の人間ではなく，複数の人間であるという事実」をさす。そして，この複数の個人たちは，一方で相互に対等な者として平等の関係にあるが，他方でそれぞれが異なる独自性（差異）をもったユニークな人々である。したがって，「行為（活動）」とは，平等かつ差異をもった人々の間で営まれる相互行為なのである。

哲学的・宗教的・科学的理論に基づいた唯一の「正しい」政治というものはあるのかという問題は，政治学の歴史において常に論争をよんできた。こうした「正しい」政治の存在を擁護する人々は，正しい理論に裏づけられた理想の社会の実現こそが政治の使命だと考え，それに懐疑的な立場はニヒリズムにつながり，不正や暴力の支配を容認するものとして批判する。他方，こうした理論的に「正しい」政治の存在に懐疑的な人々は，「正しい」政治を擁護する人々こそが狂信と不寛容の政治をもたらすとして批判する。20世紀の政治思想でも，この問題は「全体主義」(*Column⑨*参照)の経験を背景に，論争の的であった。

すなわち，一方では，政治が倫理的な理想を失い，権力偏重のニヒリズムに陥ったという批判がなされた。こうしたニヒリズムの政治学の代表とみられたのがシュミットである。本文でもふれたように彼は，善や真理の擁護ではなく，決定的な対立状況において敵と味方とを区別することこそが政治の本質だと述べた。そして，この敵味方の区別の決断を行う者こそが主権者であるとされ，結局，主権者の決断が絶対化される。彼はこうした政治観に基づいて，ワイマール共和国の時

このように，アレントにとって政治における「公共性」とは，何よりもポリスをモデルとした「公的領域」のことである。ところで，彼女はこの「公的領域」を特色づける「公的」性格として二つの特徴を挙げている。すなわち，第一に，それがすべての人々によってみられ聞かれるべく開かれているということ，第二に，それがすべての人々に共通するもの，共有されているものだということを挙げている。つまり「公的領域」とは，複数の人々が自由に自らの意見を語り，また他者の意見に耳を傾けることができるように，開かれた共通の場なのである。そして，そうであるがゆえに，アレントは，そうした共通の場で表明されるべきものは，各自の経済的利益のよ

代にはその当時の政権を，そしてヒトラーの政権掌握後には今度はヒトラー政権を正当化した。こうした彼自身の無節操ともみえる行動も相まって，第二次世界大戦後には，ナチズムを招き入れたニヒリズムの政治学として批判されることになる。

しかし，それとは反対に，理論的に「正しい」政治なるものへの熱狂こそが全体主義の元凶だとみる人々も少なくない。階級闘争を通じたプロレタリアート（労働者階級）の勝利を必然視するマルクス主義の「歴史法則」や，人種間の自然淘汰の末の「アーリア人種」の勝利を掲げるナチズムの「理論」などが政治を支配したとき，恐るべき狂信と暴力，不寛容が正当化された。それゆえ，アレントは，政治において唯一の「真理」を求めることの危険性を批判し，人々の間の意見の多様性，「複数性」の擁護こそが政治において最も重要だと主張した。こうした多様性，多元性の擁護は，第4章で紹介するI.バーリンの議論などにもみられる。

一方で狂信や独善，不寛容を回避しつつ，他方で倫理的なニヒリズムや無責任な相対主義に陥らないことはいかにして可能なのか。この問題は21世紀の政治理論にとっても論争の的となり続けるだろう。

うな私的利害ではなく，この共通の場（例えばポリス）自体の利益や関心に関わることでなければならないというのである（なおアレントの公共性論については，第9章であらためて取り上げる）。

こうしてみると，一見，シュミットやムフが政治をもっぱら対立的にとらえているのに対して，アレントはもっぱら協調的にとらえているかのようにみえる。だがそれだけだろうか。確かにシュミットの政治観は「味方と敵」の間の対立を強調する。ところが，いったん「味方」とされた「われわれ」の内側に関しては，その中にある対立や多様性を彼はみようとしない。「敵」の存在の前に「われわれ」は極端に同質化され，そこには「共通性」しかなくなってし

まう。それに対して，ムフはまさにそこを問題とし，「われわれ」の中の多様性に目を向ける。しかし，その多様性が暴力へと至らないためには，そこにルールの共有が要請されることになる。つまり，対立の政治学も共同性や協調関係と無縁ではないのである。

他方，アレントにおける公共性は，必ずしも協調関係やコンセンサス（合意）だけを意味しない。アレントの「公的領域」は，多様な意見が闘わされる差異表出の空間である。何よりも，この空間で行われるべき「行為（活動）」は，個人個人がそれぞれ異なった多様性をもつこと（「複数性」，13頁の用語解説参照）を前提とする，個人のユニークさの表出なのである。だがそうだとすれば，この多様性が対立へと，極端な場合には「公的領域」の共有を不可能にするような対立へとさえ陥らないという保証はないのである。

このことは，政治において対立と協調という二つの要素が裏表になって絡み合うものであることを示している。シュミットもムフもアレントも，この絡み合った二つの要素に，それぞれの側面から光を当てているのである。

3 政治が現れるとき，政治が隠れるとき

政治性の顕在化と隠蔽

これまで，政治を，私たちが社会をみるときのものの見方・社会に対する関わり方として把握し，その特色を，権力ならびに公共性への注目に見出してきた。したがって，このことを踏まえて，政治を定義するならば，次のようになるだろう。

政治とは，さまざまな社会的現実に対して，公共性をもった権力関係として見たり関わったりする，社会に対する私たちの見方・関

わり方である。

　先にも述べたように，権力関係や公共性は社会の至るところで見出すことができ，ほとんどあらゆる社会的現実は政治という視点からみることができる。その意味で政治は至るところにある。だが，その同じ社会的現実は，政治以外の側面からもみることができる。したがって，そこに政治性を見出す者と見出さない者とがいても，何ら不思議ではない。実は，何を政治的にみるべきかということ自体が，きわめて重要な争点なのである。

　その社会の多くの人々が政治性を見出す事柄は，現代のデモクラシーの社会においては，議員や政党などを通じて，国や地方の議会のような場に持ち込まれることが期待されている。そうなれば誰しもが政治的な争点として認知する。しかし，政党や議会があらゆる問題に敏感に対応するわけではない。まして政治性を見出す人々が少数派であるならば，その問題が政治的な争点として広く認知される可能性は低くなる。

　さらに，政治性の顕在化は，意図的にまたは無意識にさまざまなかたちで妨げられることがある。例えば，ある社会的現実について，対立が不可避だとみなされない場合，あるいはその現実が変更可能だとみなされない場合には，それを政治的にみるというのは筋違いだということにされる。それは政治的な「争点」ではなく，科学的・技術的に解決すべき課題とされるかもしれない。あるいはまた，慣習や文化，宗教や道徳に関わるゆえに任意に変更できる問題ではないとされるかもしれない。さらに，「争点」自体の公共性が否定されるという場合もある。つまり，その問題は私事だとされたり，あるいは争点化しようとする人々に対して，その人々に関係する問題ではないとして当事者性が否定されたりするということもある。

　それに対して，ある現実を政治的に認知し，扱うことを求める側

は，その現実が必然的なものではなく何らかの変更の選択肢があること，そしてその選択肢をめぐって，技術的な当否に解消できない対立があることを示そうとする。また，現状が不公正であること，あるいは本来利害関係のある当事者が決定や公正さへの配慮から締め出されていることを示そうとする。こうして，対立が自覚され公正さが問い直されるときに，隠れていた政治性が現れる。しかし逆に，対立がとりあえず解消され，何らかのルールのもとに一応の合意が得られたとき，人々は，再びその合意が問い直されるときまで，その問題を政治的にみることをしなくなる。政治性は再び隠れるのである。

社会の中の政治と国家の政治

このように，政治性は，顕在化したり隠蔽(いんぺい)されたりするものだと考えることは，社会に遍在する政治と，国家と結びつけて語られる政治との間の関係についても，ある示唆を与えてくれる。すなわち，国家や地方自治体のような公権力の機構は，社会の中で政治化された問題が争われ，その上で何らかの合意を形成するための中心的な装置であると考えることができる。それは社会に潜在的に遍在する政治性を，制度を通じて表出させる装置なのである。

だが国家は，社会の動向を受動的に反映するわけではない。国家自身が，積極的に政治性を顕在化させたり隠蔽したりするきわめて重要な主体でもある。ある問題を政治的にみている人々がいるにもかかわらず，議会や行政府が政治的課題として関心を示したり取り上げたりしないとき，そこに政治性の作為的な隠蔽が働いている可能性はいくらでもある。また，逆に，議会や行政府などが率先して問題を「発見」し，政治化することもある。

とはいえ，国家だけが政治的問題の所在を公に表出する場ではないし，国家がその問題に対する解決能力を必ずもっているわけでも

ない。のちに第9章や第11章でみるように，現代においては，マス・メディアやNGOなどの「市民社会」の諸制度や主体が，国家と並んで，ときにはそれ以上にこうした役割を担うこともある。だが，そのことは，国家の役割の重要性を軽視していいということではない。国家がいかなる役割を果たすべきなのか，逆に，何をしてはならないのか。この問題は「政治とは何か」という問いの今なお中心である。この教科書の第3章以降では，さまざまな方向からこの問題が論じられることになるだろう。しかしその前に，権力とは何かについて，もう少し掘り下げることにしよう。

第2章 権　力

強制と自発性

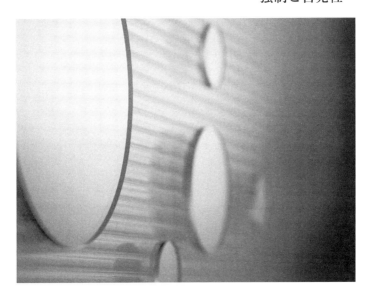

　人はなぜ他人を従わせることができるのだろうか。それとも，本当は従ってくれる人々がいるから，従わせているような気分になっているだけなのだろうか。もしかしたら王様は裸なのか？　けれども，従っているつもりがなくても，安心はできない。自由にふるまっているはずのこの私が，気づかないうちに操られているとしたら……。権力という迷宮の中で，支配と同意，操作と自発性がせめぎ合い，絡み合う。

1 権力のさまざまなかたち

権力の諸形態　第 1 章では，権力を，政治を特色づける第一の要素として説明した。そして暫定的に，権力を，「自分以外の行為者（個人または集団）に，その行為者がもともとは行う意図がなかった行為を行わせる能力」と定義しておいた。けれども，権力については，多様な見方やさまざまな論争があり，この定義に収まりきらない重要な要素や見方も少なくない。その上，用語法も論者によってさまざまである。おそらく，それらすべてに当てはまる定義を探そうとすれば，「さまざまな社会的変化・帰結をもたらす何ものか」とでもいうような，きわめて茫漠としたものになるだろう。そこで，確定的な定義を探すのではなく，先の暫定的な定義を出発点として，権力についての見方の多様さとそこにはらまれる問題をみていくことにしたい（権力論の多様性について，詳しくは盛山〔2000〕を参照のこと）。

　権力というと，しばしば，軍隊や警察のような暴力・物理的強制力を背景とした命令のような事態を連想しがちである。けれども，権力のあり方はそれだけではない。権力の形態の分類にはさまざまなものがあるが，ここでは，アメリカの経済学者 J. K. ガルブレイス（ガルブレイス，1984／原著 1983）や R. ダール（ダール，2012／原著初版 1963）などの整理を参考に，威嚇型・報償型・説得型の三つのタイプに分類したい。

　威嚇型とは，行為者 A が行為者 B に対して，「X をせよ。さもなければ，君（B）がしてほしくない行為 Y をする」というメッセージを伝えることによって，B に A が望む行為 X をさせるというタイプである。つまり，回避したい制裁が発動される可能性を相手

に示すことによって相手に何かをさせるわけである。その最も典型的なイメージは，ピストルやナイフを突きつけた強盗による脅迫であろう。そして先に述べた軍隊や警察の例はもとより，組織における上司の権力もこのタイプとしての要素が強い。こうした権力はしばしば「強制」として認識される。

　報償型とは，AがBに対して，「Xをせよ。そうすれば，君（B）がしてほしい行為Zをしてやる」というメッセージを伝えることによって，BにAが望む行為Xをさせるというタイプである。つまり，威嚇型とは反対に，望ましい報償が提供される可能性を示すことによって相手に何かをさせるわけである。利益の供与を見返りに相手にいうことをきかせるということが典型例だが，組織における上司の権力などにはこの要素もある。実のところ，報償と威嚇は一見正反対にみえるが，見方を変えれば，報償型の権力とは，服従しなかった場合は報償を剝奪するという威嚇としてみることもできる。そして現実には，当事者がその状況を威嚇型と受け取るか報償型と受け取るかは流動的である。

　報償型の権力は，強制というよりも「取引」として受け取られる場合が少なくない。つまり，AがZをすることとBがXをすることとが「交換」される，というわけである。だが，そうだとすれば，どちらが「いうことをきかせた」ことになるのだろうか。また，威嚇と報償とが表裏の関係にあるとすれば，威嚇も「取引」なのだろうか。この問題については，のちにあらためてふれることにしよう。

　説得型とは，AがBに対して，Bが自発的にAが望む行為Xをするようにしむけるというタイプである。この説得型が威嚇型や報償型と決定的に異なる点は，行為Xそのものに対するBの評価や「好み」が変わるということである。すなわち，威嚇型や報償型の場合にはXに対するBの評価や「好み」は変わらないことを前提として，より避けたいYやより好ましいZと対比させることでB

の行為を変えさせるのに対して，説得型は，Bの選好（複数の対象の間の「好み」の順序づけ）を変えることで行為を変えさせるのである。

　一見，「説得」は権力と対極にあるように思われる。けれども，ある行為者Aが何らかの働きかけをすることによって他の行為者Bに「その行為者（B）がもともとは行う意図がなかった行為を行わせる」という意味では，説得もまた権力の一つの型とみることができる。しかし，「説得」の具体的なあり方はきわめて多様である。説得し説得される当事者同士が，対等な関係にあるとは限らない。上司が部下を説得したり，医者が患者を説得したりするような場合もあれば，自分たちは対等だと感じている友人の間で忠告をするような場合もある。また，理性的な説得もあれば情緒的な説得もある。こうした「説得」の多様性を考えると，実は，説得型と威嚇型や報償型との間もまた流動的であることがわかる。善意の忠告が脅しとして受け取られることもあれば，相手に気に入られたいだけのために「好み」を変えることもある。

　このように，ここに示した権力の類型はあくまでもモデルである。現実の具体的な権力の状況はどれか一つの類型に一義的に当てはまる場合は少なく，たいていは混合的な性格をもっている。そこには，威嚇や取引や説得，また「意に反して」服従させられることと「自発的に」同意することといった，一見対立するさまざまな要素が複雑に絡み合っているのである。

　それではこうした分類には意味がないのだろうか。そうではない。むしろこうした分類を行うことで権力のさまざまな要素が抽出され，それによって複雑で多面的な性格がかえって明らかになるのである。

権力の資源　　ところで，ここに示した権力の類型は，相手にいうことをきかせる，服従を引き出す

根拠と対応しているとしばしばいわれる。この権力の根拠となる事態は権力の資源とよばれる。権力の政治学を追究したアメリカの政治学者 H. ラスウェルも指摘しているように，個人や集団がもつ実に多様な能力や資質，属性が権力の資源になりうる。彼は，富，知識，技能，尊敬，愛情，徳といったさまざまな例を挙げている（ラスウェル，1954／原著1948）。物理的な強制力や経済力だけが権力の資源なのではない。国際政治においてさえ，軍事力や経済力だけでなく，「ソフト・パワー」すなわち「他者の選好を形成する能力」としての文化や価値の力もまた国力の重要な要素であることを強調する議論がある（ナイ，2004／原著2004）。

　しかし，注意すべきなのは，これら権力の資源がそのまま権力の「実体」ではないということである。A が何らかの権力資源をもっていたとしても，その目的（例えば B に X をさせる）のために資源を投入する意図が A にあるか，また A の資源が B に認識されているか，さらに A の資源投入の意図が B に伝わるかといったいくつかの条件がそろって，はじめて権力資源は権力へと転化する。

　例えば，A は B の昇進を左右できる力があるとしよう。そして A は B に X をするよう求めたとしよう。しかし，A は B が X をしなかったからといって B の昇進を妨げたり，反対に B が X をしたからといって B の昇進を支援したりするとは限らない。また，もし A にそのような意図があるとしても，A にそのような力と意図があることを B が認識していなければ，A の権力資源は B に対する権力を生み出さない。それに加えて，そもそも B が昇進に何ら価値をおいていない場合には，A の能力は B に対しては権力資源にならない。つまり，何が権力資源になるかも，目的と相手によって変わるのである。

　これらのことは権力が確実に所有できるものではなく，あくまでも関係であるということを示している。さらにその関係は物の間の

力学的関係とは異なって，あくまでもコミュニケーションの関係だということを示しているのである。威嚇型の典型的状況においてさえ，威嚇者 A の意に反した行為をする自由を，行為者 B から完全に奪うことはできない。ピストルを突きつけた強盗との関係でさえ，強盗に従うか否かの自由は最小限とはいえ存在しているのである。このように，権力が文字どおりの「強制」ではなく，コミュニケーションである以上，そこには誤解や失敗の可能性も避けられない。

**非対称的権力観と
共同的権力観**

ところで，本章の冒頭で示した権力の暫定的定義は，行為者 A と行為者 B の間の意図の対立を前提としている。第 1 章でも述べたように，権力は当事者間の対立の状況を前提として語られることが通例である。「自己の意思を他人の行動に対して押しつける可能性」（ウェーバー，1960，5頁／原著初版 1921-22）というドイツの社会学者 M. ウェーバーの有名な権力の定義も，こうした権力観を示している。このように，当事者間の対立の状況を前提とした権力についての見方を，非対称的権力観あるいはゼロサム的権力観とよぼう。

しかし，当事者間の対立を前提に，行為者 A が一方的に行為者 B に自分の意図を押しつけ，B はいやいやながら一方的に A のいうことをきかされるという関係だけが，権力のあり方だろうか。先にみたように，権力は「取引」という性格を強くもつこともある。その場合には，必ずしも A が B に対して一方的に何かを押しつけるという関係ではないし，また，A に従うことが必ずしも B の不利益とばかりはいえないことにもなる。まして，「説得」によって B が選好を変える場合には，B が A に従うことは納得の上だということになり，当初は存在した対立そのものが解消されることになる。そこで，非対称的・ゼロサム的権力観では適切に把握すること

ができない，権力の異なる側面に着目した見方も必要となってくる。それを，共同的権力観あるいは非ゼロサム的権力観とよぼう（佐々木，2012）。

| 共同的権力観 | 共同的権力観あるいは非ゼロサム的権力観には二つのタイプがある。一つは権力の機

能に着目する見方である。アメリカの社会学者 T. パーソンズは，権力を，集団の目標達成のためにメンバーである諸個人の義務遂行を確保する集団の能力ととらえ，集団の共同の利益に資するという機能を権力が果たしていることに注目している（パーソンズ，1974／原著 1969）。彼は権力を貨幣との類比で説明する。正常な状態では，貨幣が流通するのは，その貨幣そのものの価値（例えば金地金としての価値）によるのではなく，その貨幣を貨幣として成り立たせている制度や発行者への信用による。権力の場合も，正常な状態では，部下が上司のいうことをきくのは，制裁を恐れてではなく，その組織への信用による。したがって，制裁を頻繁にしなければならない権力は，いわば信用の低い貨幣のようなものだという。そして，貨幣が経済活動に不可欠の機能を果たしているように，権力は政治すなわち集団の目標達成（パーソンズは政治の機能をそうみる）のために不可欠の機能を果たしているというのである。

　例えば，会社の中で上司は部下に対して命令する権力をもっている。確かに命令という点だけをとらえれば，上司と部下の関係はゼロサム的である。しかし，命令が正常なものであれば，上司の命令に部下が従うことで，会社組織は能率的に運営され収益を上げられる。そうであるならば，それは上司だけでなく部下にとっても利益であり，部下はそれを知っているがゆえに納得して従うというわけである。

　国家の権力に関しても，こうした説明は可能である。例えば警察

は，国民の生活を規制し，物理的な強制力を行使するという意味で，取り締まりの対象となる人々に対しては，まぎれもなく非対称的・ゼロサム的に作用する。しかし，警察のそうした活動が治安の確保を可能にするという意味では，社会全体にとって共通の利益を提供する機能を果たしている。したがって，警察が国民にそう思われていれば，自発的な協力が期待できるというわけである。

　第二のタイプは，権力の生成・創出に着目する見方である。こうした議論の現代における代表例は，H. アレントの権力観である。彼女は権力を以下のように定義している。

　　　権力は，ただたんに行為（活動）するだけでなく（他者と）協力して行為（活動）する人間の能力に対応する。権力はけっして個人の性質ではない。それは集団に属すものであり，集団が集団として維持されているかぎりにおいてのみ存在しつづける。われわれは，だれかが「権力の座について」いるというとき，それは実際のところ，かれがある一定の数の人からかれらに代わって行為（活動）する権能を与えられていることを指しているのである。権力がはじめにそこから生じてきた集団（〈権力は人民にあり〉人民もしくは集団なくして権力は存在しない）が姿を消すやいなや「かれの権力」もまた消滅する。（アレント，2000，133頁／原著1972）

　つまり，アレントにとって権力とは，人間が他者と協力して行為（活動）（13頁，用語解説参照）する能力に基礎をもつ，複数の人間からなる集団の能力である。そして，そうした集団の能力としての権力は，集団の成員たち自身の自発的な協力によって創出されるのである。アレントはこうした権力観を，権力を究極的には暴力を背景とした強制とみるような権力観に対置している。

　このような見方は，非対称的な権力観になじんだ目には奇異なものにみえるかもしれないが，組織や集団における権力をとらえる上では重要な示唆を含んでいる。集団の指導者が指導者たりうるのは，他のメンバーがそれを認め，進んで彼に従うからであり，彼がその

信頼を失ったときには「彼の権力」は失われるというアレントの説明は，自発的につくられた集団の場合には違和感がないだろう。しかし，実はこのことは，明確な上下関係をもった官僚制的な組織においても当てはまる。アレント自身も述べているように，例えば軍隊のような厳然たる上下関係をもち，かつ暴力的な強制力を行使する組織でさえ，その上下関係は暴力を背景とした威嚇のみによって保たれているのではない。上官が部下の信頼を失ったとき，そして究極的には政府が兵士たちの信頼を失ったとき，軍隊は作動しないという例は，必ずしも珍しいことではない。

　集団において命令し服従を求めることができる権力は，究極的には服従する人々の支持と同意によって成立するという考え方は，T.ホッブズ，J. ロック，J.=J. ルソーら近代の社会契約説における国家の創設をめぐる議論，政府の正統性をめぐる議論において，広く共有されている。それらの議論は，社会や政府の存立を，力による制裁によって他律的に動機づけられたものとしてでなく，自発的な契約によって論証しようと苦心している。

　ところで，このような共同的・非ゼロサム的権力観からは，権力が単純に自由の反対物としては扱いえないという側面が明らかになる。権力は究極的には自由な協力や同意から生み出され，かつそれは集団を組織することで孤立した個人にはなしえないことをも可能にする。その意味では，権力は自由の現れであるということにもなる。しかし，そうだとすると，非対称的・ゼロサム的権力観と共同的・非ゼロサム的権力観とはどのような関係にあるのだろうか。そして，権力と自由とはどのような関係になるのだろうか。さらには，他律的な服従と自発的な協力とはどのような関係になるのだろうか。

| 他律性と自発性 |

そこで，この二つの権力観の関係を，アレントの権力論に対するドイツの社会哲学者

J. ハーバーマスの批判を参考に整理しておきたい（ハーバーマス，1984／原著1981）。ハーバーマスによれば，権力の創出や機能を説明する際にはパーソンズやアレントのような共同的・非ゼロサム的な見方が有効かつ重要であるが，権力の行使や獲得・維持については非対称的・ゼロサム的な見方のほうが妥当するという。すなわち，根源的には自発的な協力関係によって成立した権力も，その権力の行使においては非対称的関係，つまり，ある行為者が他の行為者に対して一方的に命令し，自らの意図に従わせるという関係を生み出す。さらに，そうした命令を発しうる地位や立場に立ちうるかどうか，つまり権力へのアクセスもゼロサム的である。

　このハーバーマスの議論にも示されているように，非対称的・ゼロサム的権力観と共同的・非ゼロサム的権力観とは，権力の類型の違いとしてよりも，むしろ，権力が生み出され行使される過程のいかなる側面に着目するかの違いとして理解することができる。

　ゼロサム的な権力把握は，法・ルール・文化などの共有や利害の共通性といった，社会におけるコンセンサスに対して異議を申し立て，社会の非対称的な側面を強調するときに大きな役割を果たす。権力という見方で社会をみるときは，誰が決定し誰が服従しているのか，誰が利益を得，誰が不利益を被っているのかという問題意識があることが多い。そして確かにこうした見方は，コンセンサスを装っている社会の中に存在する不平等や抑圧を見つけだし批判する上で大きな意義がある。だが，そうした権力観が，人々のニヒリズムや無力感を助長したり，当事者意識を失わせたりすることもありうる。

　他方，非ゼロサム的な権力把握は，権力の生成において，自発的な同意や支持が存在することを強調することで，かえって既存秩序の可変性を示し，人々の当事者意識を促す作用をもちうる。他者から押しつけられた関係だとみえるものが，実際は自分たちが多かれ

少なかれ進んで支えているということを自覚させるのである。だが，そのことが逆に責任を曖昧にし，既存秩序の中にある不平等や抑圧を隠蔽することにもつながりかねないのである。

　このことは「自発的な」同意や支持なるものの中身とも関わってくる。近代の社会契約説では，権力の生成は，「自然状態」における平等で自由な行為者たちの間の契約として説明される。しかし，現実における同意や支持は，いかに「自発的」なものであっても，このようなまったくの白紙状態からなされることはありえず，政治的・経済的・道徳的・文化的などのさまざまな所与を前提としてなされる。つまり，そこにはすでにさまざまな権力資源の不平等が存在しているのである。そうした中で生み出される「同意」は，特定の当事者に一方的に有利なものである可能性がある。

　さらに，同意は「説得」によってつくりだされうる。それゆえ，その説得において，当事者たちの権力資源の間にどれほどの格差があるのか，また情報や事実を誠実に開示してなされるのか，それとも虚偽や隠蔽を利用して相手を「操作」しているのか，さらには，その説得は理性的なものか情緒的なものかといったさまざまな要素が問題になりうる。

　では，権力資源が著しく異なる者同士の間での「同意」や「操作」された「同意」は，やはり同意なのだろうか。集団の権力やその集団を指導する人や組織の権力の基礎にある同意や支持は，本物であったり偽物であったりするのだろうか。つまり，権力の「正しさ」を問うことはできるのだろうか。この問いは，権力の「正統性」（legitimacy）についての問いのようにも思われる。だが，正統性とは何だろうか。

| 正　統　性 | 人々に命令し服従を求める権力は，服従する人々の支持と同意に依存するという考え |

　官僚制（bureaucracy）という言葉は，もともと官房（bureau）の支配（-cracy）という語源から造語された，官吏による支配，官僚支配をさす言葉であり，通例そこには非難の意味が色濃く含まれていた。

　現代政治学の官僚制概念に決定的影響を与えたウェーバーは，近代的官僚制を，規則に定められた権限に基づいて業務が行われ，指揮命令系統に一元的なヒエラルヒーが確立されていることや，官職の私物化，世襲や売官が禁止されていることなどによって特徴づけている。こうした官僚制像には，かつての非難の要素はみられず，むしろ官僚制は，行政組織としては他のあらゆるかたちに比べて，正確性・迅速性・継続性などにおいて優れ，その普及は機械による生産の普及に類比されている。つまり官僚制は近代を特色づける合理性を体現しているというのである。さらに，官僚制は国家の行政組織に限られた現象ではなく社会の至るところに見出されるものであり，それどころか，近代資本主義の企業こそが厳格な官僚制的組織の模範だとされ，資本主義の発展こそが近代的官僚制の普及を必要としたとされている。ただし他方で，ウェーバーは，こうした合理化・官僚制化の進展が「精神のない専門人」の蔓延を招き，ひいては社会の閉塞と化石化をもたらすことへの危惧をしばしば表明している。また彼は，現実政治を論じる中では，当時（第二帝政）のドイツにおける官僚支配の政治を痛烈に批判している。

　現代の官僚制論においても，官僚制が，行政組織としてその機能を十分に果たしつつ，官僚支配の弊害をどうすれば回避できるのかという問題が，政治（議会や選挙で選ばれた政治家，政党）と行政（官僚制）との役割分担をどうするかという問題として，あらためて問われている。

方は，権力のもつ共同的性格としてだけでなく，しばしば，権力や支配の「正統性」という概念によって語られることが少なくない。そして，現代の政治学における正統性論に対して決定的な影響を与

えたのがウェーバーの議論である（ウェーバー，1960，1970／原著初版1921-22）。彼は，自分の命令に他者を服従させるという意味での「支配」は，服従者側のさまざまな動機によって，すなわち利害得失の計算や習俗や情緒的動機や理念的動機などによっても成り立ちうるが，この「支配」が安定したものになるためには，支配に対する服従者側の「正統性の信仰」によって内面から支持されなければならないと主張した。

　その上でウェーバーはこの正統性の信仰の根拠に基づいて，合法的支配，伝統的支配，カリスマ的支配という有名な支配の三類型を提示した。合法的支配とは，「制定された諸秩序の合法性と，これらの秩序によって支配の行使の任務を与えられた者の命令権の合法性とに対する，信仰にもとづいたもの」であり，その典型は官僚制的支配だとされる。伝統的支配とは，「昔から妥当してきた伝統の神聖性と，これらの伝統によって権威を与えられた者の正統性とに対する，日常的信仰にもとづいたもの」であり，典型は家父長制的支配だとされる。カリスマ的支配とは「ある人と彼によって啓示されあるいは作られた諸秩序との神聖性・または英雄的力・または模範性，に対する非日常的な帰依にもとづいたもの」であり，既存秩序に反逆する革命的な力をもつものとされる（ウェーバー，1970，10頁）。

　支配者，指導者はこうした根拠に基づいて，自らへの服従が倫理的・規範的に「正しい」ものであると主張して服従を求める。したがって，一見そこには権力の「正しさ」の客観的な基準が提示されているようにみえる。けれども「正統性の信仰」をもつ，あるいはもたないのは，あくまでも被支配者・服従者の側である。つまり支配者が何らかの基準を満たすことではなく，被支配者にそう思われること，思わせることが重要なのである。ウェーバーの正統性論のポイントは，あくまでも被支配者・服従者の側の支持にこそある。

　　権力や正統性と関連の深い概念に「権威」がある。しかし，権威の概念も，権力に勝るとも劣らず多義的であり，論争をはらんでいる。その最大の理由は，それが，権力と自由，より正確には強制と自発性の両者にまたがる境界的な性質をもっているからである。ある思想史家によると，「元来，権威の観念は，主として強制力や理性的な説得とは区別された根拠に基づいて，自発的な服従や同意を喚起する能力のことを意味した」（クリーガー，1990，3頁／原著1968）。つまり，自発的服従が強調される点において通常のゼロサム的な意味での「権力」と区別される。

　　だが，それならばアレント的な意味での権力と近いのか。アレントによればそうではない。権威は，力による強制と議論による説得に対置され，「それに従うように求められた者が疑問を差し挟むことなくそれを承認すること」がその特徴だとされる（アレント，2000，134-35頁）。重要なことは，権威の承認はそれに従う側の自由なのではないということである。アレント的な意味での権力を生み出す人々の水平的な関係とは違って，権威においては従わせる者と従う者の関係はあらかじめ決まっており，いわば垂直的である（アレント，1994／原

　　このような，被支配者・服従者の側の支持に力点をおく正統性論は，現代の政治学にも基本的に受け継がれている。例えばダールは，「〈政府〉の構造，手続き，行為，決定，政策，官吏，指導者などが『正しさ』，適切さ，倫理的善などの性質を備えている——ひと口にいえば拘束力ある決定を行う権利をもつ——と命令を受ける側の人びとが信じるとき，その〈政府〉は『正統的』とされる」と述べている（ダール，2012，114頁）。ここでも，正統性の決め手は「命令を受ける側の人びと」が「信じる」か，支持するかどうかである。

　　このことは，ウェーバー以来一般的な「正統性」という観念が，結局のところ，集団の権力やその集団を指導する人や組織の権力の

著初版 1961)。

　しかしそれゆえ，その権威を認めない者，その権威に抵抗する者からみると，権威も（通常のゼロサム的な意味での）権力も，同意しがたい要求への服従を迫るという点で違いはない。まして「権威主義」に自発的承認の要素は希薄である。かくして，「現在では，権威の観念の主たる意味は，強制力に公式の権利を付与し，理性的な説得に命令的な力を与えるような根拠に基づいて，それが自発的であるか否かにかかわりなく服従や同意を喚起する能力のことである」（クリーガー，1990，3頁）ということになる。

　もっとも，現代政治学においても，権威は自発的服従によって特色づけられることが少なくない。「指導者の影響力が正統性という衣をまとったとき，それは，通常，権威として扱われる。したがって権威は，影響力の特殊な形態，すなわち正統的な影響力である」（ダール，2012，115頁）。ここでは，権威は正統性に，つまり服従者の承認・同意に完全に吸収されてしまっている。

　このように，権威は，それがどのような意味で使われているのかに，とりわけ気をつけなければならない概念なのである。

基礎にある「同意」や「支持」なるものが「本物」かどうか，「正しい」かどうかという問いに答えるものではないということを示している。それは「同意」や「支持」の存在を示すものではあっても，その質の基準とはならない。それどころか，正統性の概念は「コンセンサスや政治的社会化とほとんど重なってしまうのみならず，権力者による『動員』や操作，プロパガンダに還元されてしまう可能性」さえ高いのである（佐々木，2012，94頁）。

　これに対して，権力の基礎にある「同意」や「支持」の真正さ，つまり権力の「正しさ」の基準として，正統性の概念に規範的な実質を盛り込もうとしたのがハーバーマスである。彼の試みの中身に

ついては第9章であらためてみることにしたい。ただ，ここで注意してほしいことは，実は，リベラル・デモクラシーを基本原理とする社会においては，この問題は，まさにリベラリズムとデモクラシーが答えなければならない問題だということである。のちにみるように，ハーバーマスの正統性論も，リベラリズムとデモクラシーの再検討を通じて展開されているのである。

2 意図と構造

権力と意図

本章冒頭に示した権力の暫定的定義，「自分以外の行為者（個人または集団）に，その行為者がもともとは行う意図がなかった行為を行わせる能力」という定義にもう一度立ち戻ってみよう。この定義は，行為者Aと行為者Bとの間の意図の対立を前提としていた。もっとも，すでにみたように，権力の共同的・非ゼロサム的把握においては，こうした対立は当てはまらない。しかし，その場合でも，明確な意図をもった行為者が存在することを前提として権力を論じていた。けれども，権力を論じる上で，こうした前提はどこまで当てはまるのだろうか。

権力を，明確な（対立する）意図をもった行為者間の関係として考えるというモデルは，第二次世界大戦後のアメリカの政治学における権力概念をめぐる論争の中で洗練され，そしてその限界も明らかになった。そこで，この一連の論争に関するイギリスの社会学者・政治学者S.ルークスによる整理を通じて，その意味をみてみたい（ルークス，1995／原著1974）。

この論争は，権力の存在をどうすれば確認できるのかという問題をめぐって争われた。ルークスはそれを三つの立場に分類している。

第一は，ダールら戦後アメリカ政治学の主流をなす多元主義・「行動論」の立場に立つ人々に広く共有された権力観で，ルークスはそれを「一次元的権力観」とよぶ。それによれば，権力の存在は，顕在化した争点に関する決定において，誰の意見が採用されたかという決定過程に着目することで確認できるという。すなわち，ある問題に対して複数の行為者が対立する見解をもっており，かつその対立が公になっているような争点に関して何らかの公的な決定が下されたときに，誰の意見が通ったかをみれば権力のありかがわかる，というのである。この権力観は，権力のありかを経験主義的・実証的に把握したいというその当時の「行動論」的政治学の要請と強く結びついている。

　しかし，こうした主流派の権力観にはアメリカの政治学者 P. バクラックと M. バラッツによる有力な批判が存在する。ルークスは彼らの権力観を「二次元的権力観」と名づけている。バクラックとバラッツの批判は，ダールらのように顕在化した争点における決定だけに着目していたのでは，重要な権力のあり方を見逃すことになるという点に向けられる。確かに，顕在化した争点に関する決定で自分の意見を通せる者に権力があるのは間違いない。だが，それでは紛争や対立を表沙汰にさせない，争点を隠蔽することができる者はどうだろうか。例えば，何らかの苦情や紛争があることを知りながら，そのことがメディアで取り上げられたり議会や行政機関が対応しようとしたりするような「政治問題」になることを妨げることができるとしたらどうだろう。そのような，争点の顕在化自体を阻止する力をもつ者は，決定において自分の意見を通すことができる者と同等もしくはそれ以上の権力があるというべきではないだろうか。ところが，「一次元的権力観」では，こうした権力が見逃されてしまう。それゆえ，権力には，顕在化した争点についての決定において現れる第一の顔だけでなく，争点の顕在化そのものを阻むよ

うな決定，すなわち「非決定の決定」において現れる第二の顔があると考えるべきだというのが，「二次元的権力観」なのである。

ルークス自身はこの批判をさらに徹底して，「三次元的権力観」を提示する。「二次元的権力観」においては，あくまでも当事者双方に対立や紛争の自覚があることが前提とされている。対立や紛争が隠蔽されるとしても，それは「非決定の決定」という自覚的な決定の結果だとされるのである。しかし，相手方の意図や欲求や認識それ自体を変えさせることで，対立そのもの，もしくは対立の認識を消滅させてしまうような場合はどうなるのだろうか。紛争の存在そのもの，あるいは少なくとも紛争の存在の認識を消滅させてしまえる権力は，顕在化した争点で決定できる権力や，争点の顕在化を阻止できる権力よりも確実かつ効果的である。それなのに，そうした現象を射程に入れることができないという点において「一次元的権力観」はもとより「二次元的権力観」も不十分だというのである。

主意主義的権力観
の限界

「三次元的権力観」から「一次元的権力観」および「二次元的権力観」へと向けられた批判と，それに伴う権力概念の射程の拡大そのものは確かに説得的である。しかし，「三次元的権力観」も重大な問題をはらんでいる。

第一の問題は，顕在化した争点としてはもとより，潜在的争点としてさえ当事者に認識されていない場合に，権力の存在を経験主義的・実証的に確定することは困難だ，ということである。そのとき，何を根拠に権力の存在を主張できるのだろうか。このことは「二次元的権力観」においてもある程度当てはまる問題であるが，「非決定の決定」さえ必要ではないという「三次元的権力観」においてはいよいよ深刻である。

第二に，対立の意識がなくなるといっても，それには，相手方に

よる「説得」に納得して自分自身の意図や選好を変え，その結果本当に対立が解消される場合と，対立は依然あるにもかかわらず，「操作」されることによって，対立があるという認識や自覚だけがなくなる場合とがある。しかし，本当に納得しているのか「操作」されているのかの区別は，どうすればできるのだろうか。

　第三に，そもそも初めから両当事者に対立の自覚がないような場合，それでもなお権力の存在を論じる必要があるのか，という問題がある。「非決定の決定」はもとより，「操作」さえ問題とならないような状況についても，なお権力の存在を認めるべきなのだろうか。

　ルークスは，これらの問題に対して，当事者が自覚している意図の対立ではなく，「利害」の対立こそが権力の存在を示す指標だと答えている。ただし，この場合の各自の「利害」とは，当事者が「主観的」に自分にとっての利益だと考えているものではなく，「客観的」に判定すべきものだというのである。これに対して，そのような「客観的」利害の判定は可能なのか，それは特定の理論や価値観の押しつけにならないかといった疑問が当然提起しうる。しかし，そもそもこうしたルークスの見解は，主意主義的な権力観，すなわち，権力を明確な意図をもった行為者間の関係として考えるという権力観からはみ出してはいないだろうか。

構造としての権力
　確かにルークスは，行為者の間の「利害」の対立をもって権力の存在の証（あかし）としようとしており，その点では権力をあくまでも行為者間の関係として把握しようとしている。しかし，その「利害」は「客観的」に決まるのだと彼がいうとき，主意主義的なモデルとは異なった権力への視角が示唆されている。それを，ここでは「構造としての権力」とよぶことにする。

　特定の社会的現実を創出したり維持したり変化させたりすること

が，当事者たちがそれを意図しているか否かにかかわりなく行われていると考えられるとき，そこにはそうした現実を創出・維持・変化させるような何らかの「構造」が存在するといわれる。当事者の意図とかかわりなく特定の社会的現実をつくり続けるこうした構造を，権力のあり方の一つとして理解するのが，ここでいう構造としての権力という考え方である。

こうした構造としての権力についての最も典型的な理論は，マルクス主義である（マルクス主義の基本的な考え方についてはとりあえず『共産党宣言』〔マルクス・エンゲルス，1951／原著1848〕の第1，2章を参照）。マルクス主義においては，資本主義社会は資本家階級と労働者階級の間の不平等を持続的かつ蓄積的に生み出すとされるが，それは資本家が労働者に無理やり低賃金を押しつけるといった悪意や強欲に由来するのではない。むしろ，個々の資本家や労働者は法的には自由で対等な個人として契約を結ぶ。しかし，生産手段をもつ側ともたない側，すなわち資本家と労働者の間には決定的な権力資源の差があり，それが個々人の意図や事情にかかわりなく資本家による労働者への支配を生み出しているとされるのである。

マルクス主義は，生産関係における階級対立と階級支配が，政治のあり方をも決定づけていると考える。政治においても個々の行為者たちは，それぞれの意図をもって自由に行為する「主体」であるよりも，あるいは当人はそういう自己認識をもっているとしても，資本主義社会の構造に規定されているのである。つまりマルクス主義は，人間の行為や思考に，その自発性・主体性よりも，むしろ構造的な被規定性という側面から光を当てる。それゆえ，権力の概念も，それぞれの意図をもった行為者たちの関係ではなく，むしろこうした行為者たちの行為や思考を背後から規定する構造に，関心の中心を向けているのである。

実は，ルークスがいう「客観的利害」という観念は，個々人の意

図を超えた構造が，ある社会的関係におかれた人の利害を，その人の認識のいかんにかかわらず規定するという考え方，つまり構造的な被規定性という考え方をその背景にもっているのである。

フーコーの権力論 このような「構造としての権力」という発想をより包括的に推し進め，現代の権力論に大きな影響を与えたのが，フランスの哲学者 M. フーコーである（もっとも，のちにみるように，彼の権力論がすべての点で「構造としての権力」という発想の内部に収まるとは言い切れない）。彼は『監獄の誕生』において，「規律」（discipline）としての権力という観念を提示した（フーコー，2020／原著 1975）。フーコーによると，18〜19 世紀において刑罰の観念は劇的な転換を遂げた。すなわち，それまでの公開処刑やむち打ちのような見せしめ的な刑罰に代わって，処刑は非公開となり，犯罪者を監獄に隔離する禁固や懲役が広く行われるようになった。そして刑罰の意味づけも犯罪行為に対する報復・応報から，犯罪者の人間性を矯正し更正させるという教育的な意味が強調されるようになった。この時期に整備され近代化された監獄はまさにそのための施設なのである。そこでは，厳しい監視のもとで，正常な社会人としての生活を，身体から習得させるべく訓練することがめざされた。そしてこの訓練が成功したならば，人間は，もはや外的な監視や指導がなくても，自らをこの正しい生活のあり方に規律できるようになるというのである。こうした働きを行う権力を，彼は「規律権力」とよんだ。彼によれば，18〜19 世紀のイギリスの哲学者 J. ベンサムによって考案された「パノプティコン（一望監視施設）」という集団監視施設は，こうした権力とその技術の象徴的な事例である（*Column⑥*参照）。

このように「規律権力」は，監視と指導を通じて，人々に「正しい」行為の規範をその精神と身体に植えつけ，内面化・身体化させ

る。そしてついには，自発的に「規律正しい」ふるまいができる人間をつくることをめざすのである。けれども，これは何も監獄における犯罪者の矯正だけの話ではない。こうした規律化の技術は，軍隊，学校，病院，工場といったさまざまな集団の管理と運営の場においても同じように発達した。つまり，近代の社会は，まさに監視と規律化が社会全体に行き渡った社会だというのである。

　注意すべきなのは，規律化は単に一方的に従うことだけではないということである。むしろ規律化されることではじめて，人は，自律した主体としての能力を身につけた，社会的に一人前の者として認められるのである。つまり，「規律権力」の目的は，主体の自律性・自主性を通じて集団を統制することなのである。

　自律性を通じての統制というこの考え方は，「臣下＝主体化」（assujettissement）という概念によく示されている。それは，人々を，単に特定の行為を禁止することによって規制するのではなく，むしろ望ましい行為を自発的かつ積極的に行う「主体」とすることによって，社会を方向づけ，より効率的に統制する権力のあり方である。こうした権力観は『性の歴史』（フーコー，1986／原著 1976）においてさらに展開され，推し進められた。

　それでは，このような権力は誰が行使するのだろうか。普通に考えれば，監獄ならば国家だし工場ならば資本家だということになるだろう。しかし，フーコーはそうはいわない。そうした権力は国家や主権者の意図や，階級関係などに由来するものではないというのである。ちょうど，マルクス主義における国家や資本家が，恣意的にふるまう支配者ではなく，資本主義社会の構造によって規定された存在であったのと同様に，フーコーの世界における国家や資本家，具体的には官僚や工場経営者たちは，誰よりも近代社会が求める規律化に貫かれているのである。そうである以上，彼らは規律権力の担い手ではあるとしても，主体ではないのである。こうして，彼の

権力論においては，権力の主体や客体を特定することではなく，ある社会における人間の行為の規律化，定型化という事実そのもの，そしてそれを具体的に可能にする制度や知識，技術こそが主要な問題だとされるのである。

フーコーの権力論は，従来，権力という観点からとらえられることのなかった文化や学問，性生活や健康といったさまざまな領域を権力という観点から論じることを可能にし，現代のカルチュラル・スタディーズやフェミニズムにも重大な影響を与えている。つまり，第1章で述べたように，かつては文化や慣習とされたものや私生活の領域とされたものを，政治や権力の問題としてとらえ直すという新たな視角を切り開いたのである。

しかし，このようなフーコーの権力観に対しては重大な批判も存在する。すなわち，もしフーコーがいうように，主体が特定できない権力によって社会全体が貫かれ規定されているというのなら，こうした権力から自由になること，それどころか，それを外部から批判することさえできなくなりはしないのか。自律的な主体そのものが権力の産物だというのなら，もはや自由など意味がなくなってしまうのではないだろうか。

権力と自由　　そこで，権力と自由との関係についての重要な論点を，これまでに述べた点も含めて，整理しておきたい。なお自由についてのより立ち入った考察は第4章で行うため，ここでは，権力と自由の関係について考える上で注意しなければならない論点をいくつか挙げるだけにとどめたい。

第一の論点は，ゼロサム的権力観と非ゼロサム的権力観の違いである。権力と自由の関係についての最も常識的な理解は，権力と自由は対立する，権力の及ばないところにこそ自由があるという見方である。こうした理解はゼロサム的な権力観を前提としている。他

方，非ゼロサム的権力観においては，権力は共通の目的をめざすものであり，自発的な共同の行為から生まれるものである。そうである以上，それは自由と対立するというよりも，個々人の自由の現れであり，かつ人々に個人としてはもちえない能力を可能にするという意味で，自由と不可分だということになるのである。

　第二の論点は，人間を自らの意思に基づいて行為する自由な主体としてみるのか，それとも，自分自身では気づかないうちにさまざまな力や制度によって規定されたものとしてみるのかという違いである。一次元的権力観は当事者が自分自身で自覚しているもの，いわばみえるもののみを権力とみなす。裏を返せば，目にみえない，当人に自覚のないものによっても人間は規定されているのではないかという問題が正面から論じられることはない。そこには，自由な主体としての人間という人間観が暗黙に前提されている。他方，三次元的権力観や構造としての権力論，さらにはフーコーの権力論は，人間の意思や行為が，自覚しえないもの，みえないものによって強く規定されていることを強調する。むしろ，自由な主体というのはそれ自体が幻想だ，というのである。すでにみたように，この問題は，ゼロサム的権力観だけでなく非ゼロサム的権力観においても，支持や同意の自発性と他律性の関係をどう考えるかということにとって重要である。

　第三の論点は，権力と秩序の可変性との関係である。第1章で指摘したように，権力という視角から社会をみることは，その社会秩序が変更可能だという認識としばしば結びついており，それゆえに自由とつながる。このことは重要である。実は，マルクス主義にせよ，あるいはフーコーの権力論の影響を受けたさまざまな「構造としての権力」の理論にせよ，それらは構造による規定性を強調するからといって，必ずしもその変更不可能性を主張しているわけではない。むしろ逆に，資本主義や文化や男女の関係といった個々人の

意図を超えた構造を権力の作用としてとらえ返すことで，その人為性・変更可能性を強調しているというべきである。特定の個人や集団の意図に還元できないということと，「自然的な」変更不可能なものだということとは別のことなのである。

　もっとも，フーコー自身についていうならば，規律化や臣下＝主体化を引き起こす「主体」だけでなく，マルクス主義などと違って，その「構造」も特定されているわけではない。したがって，構造が権力としてとらえ返されるという構図は，必ずしも当てはまらないのである。実のところフーコーの権力論には，「構造としての権力」という発想と共通する要素とそうでない要素とがある。そしてそのことが，彼の権力論において，権力と自由の関係をよりいっそう複雑にしているのである（この点については第４章であらためてふれたい）。

　第四の論点は，権力と責任の関係である。主意主義的でない権力観，個人の意図に還元できない権力という観念への不満は，しばしば出来事の「責任者」が特定できなくなるという点にある。権力の主体の探求の目的は，出来事の責任を誰に問えばいいのかという関心と結びつくことが現実には多い。その場合には，主意主義的な権力観は適合的である。なぜなら，明確な意図をもった自由な主体だからこそ完全な責任を問えるからである。しかし，「責任者」を追及するために権力のありかを求めようとすることは，しばしば，出来事の複雑な原因を過度に単純化し，擬制的な「権力者」＝「責任者」をつくりだしてしまうということにも注意しなければならない（杉田，2015, 24–30頁）。

　権力は政治を特色づける重要な概念であり，それゆえ，権力についての議論は，その実質に入れば入るほど，さまざまな問題へと広がっていく。権力と自由の関係をさらにみようとすれば，自由についての考え方の多様性や，そうした自由観を具体化したリベラリズ

ムの広がりをみなければならない。また，人々が同意していると欺瞞的でなくいえるためには，そもそも複数の人間たちの間の合意はいかにして可能なのか，という問題が問われなければならない。デモクラシーや公共性，市民社会（それはもはや一国内にとどまらない）をめぐる議論は，まさにこの問題を根本的に問うために不可欠である。さらに，権力をもつ集団や人々の決定や政策の「正しさ」について実質的な議論をするためには，自由で公正な社会とはそもそも何か，についての議論が不可欠である。現代リベラリズムの平等論やフェミニズムは，まさにそのための理論を展開しているのである。

第3章

リベラリズムの展開

その振幅と変容

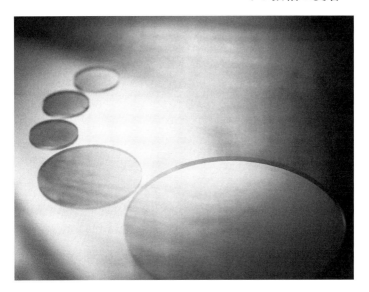

　19世紀以来今日まで，政治的議論の焦点であるリベラリズムは，多彩な内容を含み，時代とともに変貌してきた。国家からの自由を主眼におく潮流とは別に，個人の人格発展を重視するリベラリズムの流れがある。前者は，社会進化論とも交錯しつつ，最近の自由放任論にまでつながる。後者は，社会主義と関係しつつ，福祉国家論を形成することになる。イギリスにおけるリベラリズムの展開過程をみながら，政治的対立軸の所在について考えてみよう。

1 自然権のリベラリズムから功利のリベラリズムへ

歴史的構築物としてのリベラリズム　一般にリベラリズム（liberalism）とよばれている理論は，特定の思想家によって考え出されたものではない。ときには対立する立場にある人々が，リベラルな政治を解釈することによって提出したいくつもの原理や理念から組み立てられた歴史的構築物である。したがって，それは必ずしも体系的な理論ではない。また，明快な定義を与えることも困難である。しかし，リベラリズムとよばれる構築物に共通する特徴として，個人の自由と自律性を尊重する個人主義の理念に基づいて，絶対的権威や権力を拒絶する思想であるということができるだろう。個人の生命や財産を保障し，信仰や思想の自由を守り，権力を分立することなどを通じて，この思想は実現される。しかし，その具体的な方法はきわめて多様である。

　リベラリズムの政治理論がこれほど複雑で多様なものである理由の一つは，リベラリズムがそれぞれの時代の要求に応えて変容し続けてきたことである。このことは，リベラリズムがきわめて柔軟な理論であることを示しているが，それだけに時代的制約を受けやすい理論であるということもできる。19世紀イギリスに成立したリベラリズムは，新興ブルジョワジーの台頭，労働者階級の窮乏化と社会問題の発生，大衆社会の到来，そして20世紀の二つの戦争と「全体主義」体制の出現といった事態を通じて，大きく転換することを余儀なくされたのである。

　本章では，19世紀から20世紀中期にかけてのイギリスのリベラリズムの理論的転換をたどりながら，古典的リベラリズムがどのような紆余曲折を経た後で，1970年代以後のリベラリズムをめぐる

論争が始められることになったのかをみていくことにしたい。

| 自然権の原理 | リベラリズムの源流は，17世紀市民革命期のJ.ロックの政治理論であるとされて

いる（ロック，2010／原著初版1690）。ロックの社会契約論によれば，政治社会が成立する以前の自然状態において，すべての個人は生命・自由・財産についての自然権（natural rights）を有している。これらの権利を侵害することは，人類が遵守すべき神の法であると同時に理性の法でもある自然法（Law of nature）によって禁じられている。しかし人々は，自然法を実効力のあるものにし，自然権の保障をより確実なものにするために，政治社会を形成する契約を結び，政府を設立した。したがって，政府の第一の役割は人々の自然権を保障することであり，その限りで政府の権力行使が正当化される。政府は，個人の利害対立における公平な裁判官，また，自然法の侵害者に対する強制力の執行者という役割を負っているのである。この意味で，ロックのリベラリズムは，個人の諸権利（生命・自由・財産の権利）を基礎とする，自然権のリベラリズムであるということができるだろう。このリベラリズムの目的は，絶対主義時代の恣意的な統治から個人の自由を守ることであった。

　とりわけロックが強調したのは，生命と身体がある個人に固有のものであるように，労働の成果である財産もまたその人に固有のものであるということである。それゆえ私有財産の権利は不可侵の権利である。またロックは，政府の役割が自然権の保護である以上，信仰等の内面の問題について政府は立ち入るべきではないし，人々も政府に対して寛容を要求する権利があると主張した。こうして国家と宗教の分離を通じて，内面的自由の保障と寛容の原理がリベラリズムの伝統の一部になったのである。

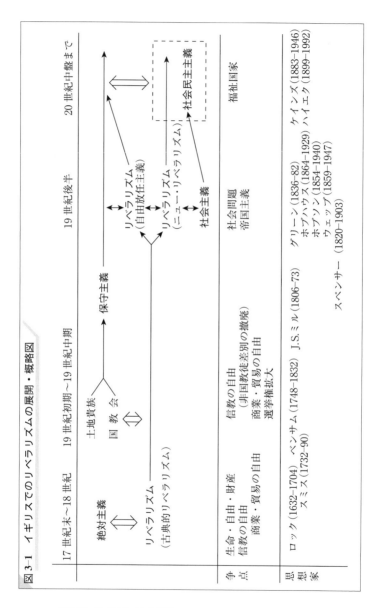

図3-1 イギリスでのリベラリズムの展開・概略図

	17世紀末〜18世紀	19世紀初期〜19世紀中期	19世紀後半	20世紀中盤まで
争点	生命・自由・財産 信教の自由 商業・貿易の自由	信教の自由 (非国教徒差別の撤廃) 商業・貿易の自由 選挙権拡大	社会問題 帝国主義	福祉国家
思想家	ロック (1632-1704)　ベンサム (1748-1832) スミス (1732-90)	J. S. ミル (1806-73)	グリーン (1836-82)　ケインズ (1883-1946) ホブハウス (1864-1929)　ハイエク (1899-1992) ホブソン (1854-1940) ウェッブ (1859-1947) スペンサー (1820-1903)	

| 自然的自由の秩序 | 18世紀になるとリベラリズムは、アダム・スミスによって経済学的な表現を与え |

られることになる（スミス，2000-01／原著初版1776）。スミスは，国家の機能を，分業と経済的自由が可能にした富裕な商業社会を外国の侵略，治安の乱れ，民衆の無知蒙昧や狂信から守ること，および公共施設を維持することに求める。国防，司法，初等教育そして公共事業である。同時にスミスは，人民の利害についての配慮は，人民自身に委ねるべきであると考える。なぜなら，自己の利害については，立法者よりも人民自身のほうがはるかによく判断できるからである。

　人間は，何よりも自分の利益に関心をもち，それを追求する利己的な存在である。伝統的には，このような私的利益の追求は公共の利益を蝕み，社会秩序を崩壊させると考えられてきた。しかしスミスは，むしろ私的利益を追求する個人の経済活動が，その本人の意図とは無関係に，あたかも神の「見えざる手」に導かれるようにして，おのずと調和へと至ると考える。したがって，正義の法を犯さないかぎり，各人が自分の利益を自由に追求し，他の人々と競争することが認められるべきである。そのためには国家はあらゆる特権や制限を撤廃し，経済活動への政府の介入は最小限にとどめなければならない。こうして自然的自由の秩序が成立する。ここで，国家は社会，とりわけ自律的存在としての市場への干渉を避け，放任すべきであるという考え方が，リベラリズムの原理の一つとして加えられることになったのである。

　ところで名誉革命（1688年）によって生まれた議会政治は，革命が大ブルジョワと地主層の妥協の産物であったことを反映して，特権階級が支配権力を実質的に独占するものであった。これに対して18世紀後半にもなると，新興ブルジョワジー層を中心にして政治的・社会的改革を求める運動が広がる。具体的には選挙権の拡大に

よる議会改革，大ブルジョワと地主層に有利な保護主義的経済政策の撤廃と自由競争に基づく市場原理の導入の要求である。この改革を理論的に基礎づけるだけでなく，その具体的な改革プログラムを実行したのが，J. ベンサムに率いられた「哲学的急進派」，あるいはベンサム主義者（ベンサマイト）とよばれる人々であった。

| 功利の原理 |

ベンサムは，自然法はまったくの虚構であり，自然権も「途方もないナンセンス」であると断じる。市民革命期の理論的武器としては有用であった自然権という理念も，今では特権階級の既得利益を守り，新しく勃興した階級の利益追求を妨害するための欺瞞（ぎまん）としてしか機能していない。ベンサムは，自然権という形而上学（けいじじょうがく）的原理ではなく経験的原理に基づいた政治を要求する。この新しい原理が「功利の原理」（principle of utility）である。

ベンサムによれば，苦痛を避けながら快楽を増大させようとするのが人間の行動原理である。したがって，快楽（幸福）を増大するものは善であり，苦痛は悪である。「功利の原理」とは，人間が快楽と苦痛によって支配されていることを前提として，行為の判断基準を功利性に，つまり幸福をより増大させる，あるいは苦痛を減少させることにおくものである。この幸福の内容は，あくまでも個人の判断に任されている。人は自己の幸福の唯一かつ最良の判定者だからである。したがって，それぞれの幸福の優劣を判定できるような客観的基準はない。この意味では，功利主義は個人主義の哲学である。

しかし，ベンサムはこの個人主義的な原理を社会全体に適用する。社会は，それ自体として存在する一つの実体ではなく，多くの個人から構成された一つのフィクションにすぎない。したがって，社会の幸福とは，社会を構成する諸個人の幸福の総和にほかならない。

功利主義からすれば，より多数の人々の幸福が最大になるように配慮することで社会全体の幸福の最大化を図ること，すなわち「最大多数の最大幸福」を実現することこそが正義であり，統治の目的である。ロックにとって自然権の保障が正義の原理であったとすれば，いまや功利の最大化こそが正義の原理となったのである（ベンサム，2022／原著初版 1789）。

　ベンサムが議会改革に取り組んだのは，正義を実現するためには，多数者である新興ブルジョワジーの利害を政治に反映する必要があると考えたからにほかならない。ロックが，市民の原初的同意に基づく統治によってリベラリズムを基礎づけたとすれば，ベンサムは，多数者の同意に基づく統治によってリベラリズムを基礎づける。功利の原理を通じた多数者の満足，つまり幸福の実現こそが正義であるというデモクラシー的な理念がリベラリズムに持ち込まれたのである。

自由放任と社会改革　しばしばベンサムの功利主義は，権力からの自由，安価な政府，夜警国家，自由貿易等によって特徴づけられる，19 世紀中期の一連の自由放任政策に理論的基礎を与えたとされる。確かに，スミスの信奉者であったベンサムは，国家が市場の自由競争へ介入することに強く反対し，自由放任と自由貿易を主張した。各人が自己の幸福の最良の判定者であるとすれば，各人が自由に幸福を追求することによって，おのずと最大幸福が実現される。政府の保護や干渉はできるかぎり排除されるべきであって，政府には相互に衝突する各人の利益追求活動を調整するというきわめて消極的な役割しか与えられていない。

　しかし，自由競争によって生じる弊害については，ベンサムとスミスの見解は異なっている。スミスは「自然的自由の秩序」のもとでは「見えざる手」の自然な調整作用を通じて問題は解決されると

考えていた。しかしベンサムには，そのような自然的解決は期待できなかった。各人が理性的に行為するかぎりは，利己的に満足を追求したとしても全体の幸福が導かれるだろう。しかし，すべての者が理性的ではないし正しく行為するわけではない。現実には，個人の利益追求はしばしば全体の利益を損なう。だとすれば，自由な競争が「最大多数の最大幸福」へと導かれるように政府が介入しなければならない場合もある。スミスのように諸利益の自然的な一致に期待するのではなく，人為的に一致させることが必要となるのである。

したがって国家は，私益追求を公益実現に結びつけうるような法を制定し，社会全体の利益を損なう行為に対しては「制裁」として刑罰を科すことができる。刑罰が苦痛を与えるものである以上，それ自体は悪であるが，より大きな善を実現するために必要な悪とされるのである。このようにして，ベンサムは「必要悪」としての国家像を提示する。

功利の原理は，自由放任の原理であると同時に国家による社会介入の原理にもなる。ベンサム的な国家は，消極的であることを基本としながらも，ときには積極的な役割も果たす。そのためにベンサムは，より効率的で強力な政府を作り出そうとした。またベンサム主義者は，さまざまな立法による改革を行った。19世紀のイギリスは自由放任の国家として規定されるが，実際には，個人主義の原理の範囲内で「自由放任と国家干渉が同時並行的にかつ拡張的に進行した時代」（岡田，1987）であった。

2 人格発展のリベラリズム

ミルとグリーン

ベンサム以後のリベラリズムは，功利主義によってもたらされた二つの大きな変化に

対応する必要に迫られた。一つは選挙権の拡大であり，もう一つは国家干渉の拡大である。それまで制限されたデモクラシーと消極的政府を前提としてきたリベラリズムにとって，それは市民の範囲と政府の機能の両方を再定義することを意味した。この要請に，J. S. ミルはベンサムの功利主義を修正することによって，T. H. グリーンは理想主義の哲学を提出することによって応えようとした。

自由と多様性 ベンサムは少数の特権階級が支配する議会を改革して，多数者の意思が政治に反映されることをめざした。しかしミルは，ベンサムのようにデモクラシーを素朴に信頼することはできなかった。「最大多数の最大幸福」が正義の原理となるとき，個人の存在は社会的総和の中に解消される。それは，多数者の意思によって少数者の自由が制限される危険を意味している。フランスの政治思想家 A. トクヴィルが指摘したように，デモクラシーは「多数者の専制」にもなりうる（第6章参照）。自由の原理とデモクラシーの原理は対立する可能性があるのである（トクヴィル，2005-08／原著初版 1835-40）。

ミルは，「個性」（individuality）こそ人間における美しく崇高なものであることを強調する。人間は，あらかじめ決められた法則や環境に支配される受動的存在ではなく，自ら望ましい行為や生活様式を選択することを通じて，自己の個性を発揮しながら人格的完成を求めて生きる存在である。したがって，単に各人の満足を実現するのではなく，「個性の育成」こそが自己の人格発展の条件であり，「人間の幸福の主要な構成要素の一つ」である（ミル，2020／原著1859）。

ミルの功利主義にとって，幸福は単に量的に最大化されるべきものではなく，各人の能力と個性を発展させることによって質的に深化されるべきものである。各人の能力と個性の育成は個人の人格を

発展させるだけではない。社会が画一化するのを防ぐことによって多様性を増大させ，社会全体をも進歩させる。能力と個性の育成こそが，社会がめざすべき目標となるのである。したがって，社会は多様な生活様式の試みを許容すべきであるし，他人に危害を加えないかぎり，さまざまな人格に対して自由が与えられるべきである。自由を制限する唯一正当な目的は，「他人に対する危害の防止」にほかならない。これは「危害原理」とよばれる。

　従来，リベラリズムにおいて自由への脅威とされたのはもっぱら政府の権力であった。しかしミルは，多数者の意思に支えられた社会の権力をも自由への脅威ととらえる。個性を押しつぶそうとする力は，それが政府の権力であろうが社会の世論であろうが，いずれも専制に違いない。この意味でミルは，リベラリズムの個人主義の原理を徹底化する。しかしミルは，自由を擁護するために，個人の自律性という前提を繰り返すのではなく，人格的完成という目的に訴えかける。このようにして，人格発展のリベラリズムへの道が開かれることになったのである。

市民の陶冶

　当時イギリスでは，労働者階級の窮乏化と劣悪な生活環境を背景として，選挙権拡大の要求が広がった。大衆デモクラシーの到来が不可避であることを認識していたミルは，労働者階級への選挙権拡大を基本的には支持しながらも，労働者階級の市民的資質，すなわち政治的能力や判断力に深い疑念を抱いていた。現実の労働者たちは，自分たちへの配慮を求めるだけの利己的存在であり，社会全体の利益を配慮する公共精神に欠けている。労働者の知的・道徳的未陶冶は「集団的凡庸」となって，フランス革命後の反動がそうであったように，自ら専制支配を招く危険性さえある。ミルのリベラリズムの課題の一つは，無知な大衆の専制から自由を守るために，自由の原理とデモク

ラシーの原理とが両立する条件を定式化することであった。ミルは
その答えを，凡庸な多数者が知的・道徳的陶冶を遂げることによっ
て，優れた少数者の知性と判断による指導を自ら求めるような「代
議制統治」の理想のうちに見出したのである（ミル，2019／原著初版
1861）。

　したがって，ミルが政治的権利の拡大を支持したのは，単に労働
者の階級的利益を保障するためではなく，政治参加によって労働者
階級が知的・道徳的にも陶冶されることを期待したからである。政
治的権利をもつことによって，労働者は利己的な関心から脱して，
社会全体の利益に関心を抱くようになる。市民的感情の高まりは彼
らの道徳的成熟を促すだろう。また公的事柄に影響力をもつことを
通じて，自尊心を涵養するだけでなく，他者を思いやるようにもな
るだろう。さらに公共的業務に参加することによって，労働者の知
的資質は向上し，デモクラシーに習熟することになる。こうして
「大衆」は公共精神をそなえた市民である「公衆」へと発展する，
とミルは期待したのである。

積極的自由　　　　リベラリズムの理念に人格的完成という道
徳的次元を与えたにしても，ミルの自由の
概念は依然として，政府や多数者の支配や抑圧から免れていること
によって規定される，消極的意味での自由であった（第4章参照）。
市民革命以来，国家によって干渉されない領域の確保という，もっ
ぱら消極的意味で理解されてきた自由の観念に積極的意味を与えた
のは，イギリス理想主義学派の T. H. グリーンである。

　グリーンは，自由とは外的拘束や制約が存在しないことでも，自
分が好きなことを行う能力でもないと主張する。真の自由とは，価
値のあることを私たちが他者とともに行為し，また享受する能力の
ことである。

このような自由のとらえ方の基礎にあるのは，アリストテレス的な「共通善」の理念である。グリーンによれば，人間にとっての究極的な価値基準は人格的価値であり，「人格の完成」は最高の善である。また，すべての人間の「人格の成長」は，誰にとっても共通の善である。なぜなら，この善の実現をめぐって利益の対立が生じることはありえないからである。すべての人間の人格の成長という共通の善は，一人だけで追求できるものではない。それは社会の他の成員たちと協力しながら，彼らとともに追求すべき目的である。グリーンのいう自由とは，人格の成長という共通善を自ら追求する力であると同時に，社会の他の成員たちがそれを追求することを援助する力を意味しているのである。

国家の道徳的機能 国家の機能もまた共通善の理念によって規定される。グリーンによれば国家は本来，共通善を促進するための制度である。したがって，国家はその力を，市民の人格の発展に寄与するために用いるべきである。また，市民の政治的義務は，国家が個人の所有権を保障し安全を維持することから生じるのではなく，国家が個人の道徳的人格の発展に寄与することから生じる。逆にいえば，市民は，道徳的人格を促進し，共通善を自ら追求する能力としての自由を保障するよう国家に求める権利をもち，国家は，それを市民に平等に保障しなければならない。国家は，市民の道徳的人格の発展の障害を除去するために，市民生活に介入する積極的な機能をもつべきである。初等義務教育を行うべきであるし，飲酒制限を行うべきである。また貧困の原因となる不平等な土地私有を規制すべきである。

しかしグリーンは，国家の積極的機能を認めながらも，道徳的介入を全面的に認めたわけではない。ミルと同じようにグリーンも，道徳的に未発達な国民の庇護を名目として国家が支配を正当化する

パターナリズムの危険性を十分に認識していた。国家が行うべきことは、市民の道徳的生活に直接に介入したり、強制したりすることではない。道徳とは自分自身に課した義務を自ら遂行することであって、国家の直接的な介入は市民が自ら道徳的行為を行う自由を奪う。それは、逆に、人格発展を阻害することになるだろう。したがって、政府の真の機能は、「道徳が可能となるような生活条件を維持すること」でしかない。国家がなすべきことは、人格発展の妨げとなる「外的障害の除去」であり、その範囲は個人的領域の「外的行為」に限られる。グリーンは国家に道徳的機能を付与するだけでなく、権力行使に道徳的な制限を加えることによって、個人主義の原理を守るのである（Green, 1986／初版 1886）。

　グリーンが主張する国家介入は、あくまでも個人の人格発展にとっての障害となる諸条件の除去を目的としたものであり、その意味では消極的な、個人主義的価値を擁護するための介入である。しかし、グリーンはミルとともに、リベラリズムに道徳的表現を与えることによって、功利主義的なリベラリズムから理想主義的なリベラリズムへの転換を促した。それは、のちにみるニュー・リベラリズムを準備したということができるのである。

★用語解説

□　パターナリズム　　温情的干渉主義。通常の支配・干渉は、支配者にとっての利益を目的として行われる。これに対して、「子供のため」を慮って父親があれこれ支配・干渉するように、支配される側の利益を目的とした、支配者の温情に発する支配・干渉、あるいはそれを理由に正当化される支配・干渉をパターナリズムという。

3 社会有機体論

個人主義から
集産主義へ
19世紀後半，アメリカ，ドイツの急速な
経済発展，諸外国の関税障壁などによって
イギリス経済にも次第に陰りがみられるよ
うになった。特に1870年代から90年代にかけてイギリスは長期の
不況におそわれ，失業者の増加と労働条件の悪化等から，社会主義
運動が活発化する。この状況に，政府は社会政策の拡充や労働者保
護の立法によって対処しようとした。こうして政策は，放任主義か
ら介入主義へと転換し，いわゆる「集産主義の時代」（A. V. ダイシ
ー）が到来した。個人主義から集産主義へという流れの中で理論的
に大きな役割を果たしたのは，社会を単なる個人の集合体ではなく，
一つの生命体としてとらえる社会有機体論である。

　社会進化論の主唱者であった H. スペンサーは，徹底した個人主
義の原理に基づく自由放任思想を説いたが，彼の後には，それとは
逆に，有機体論を基礎として個人主義を克服しようとする二つの試
みが登場する。「フェビアン主義」（Fabianism）と「ニュー・リベ
ラリズム」（new liberalism）である。フェビアン主義は社会主義運
動の一つであり，本章の主題にはそぐわないように思われるかもし
れない。しかし，フェビアンの理念がリベラリズムの改革運動に与
えた影響は大きい。またその福祉思想が，のちのリベラルな福祉国
家の内容にも流れ込んでいることは否定できない。そのため，本節
ではフェビアン主義の理論についてもふれておきたい。

平等な自由の原理
スペンサーは，「すべての人は，他人の等
しい自由を侵さないかぎり，望むことを何

でもする自由がある」という「平等な自由の法」(the law of equal freedom) が道徳の「第一原理」であり，あらゆる社会の根底にある「正義の感情」であると考える（スペンサー，2017a／原著1850）。各人は自分自身の幸福を追求する自由という神聖な権利を有しており，それは最大限に尊重されるべきである。国家の果たすべき機能は，第一に，各人を隣人の侵害から守ること，第二に，共同体全体を外国の侵略から守ることであって，それだけが国家によってなされる正義である。したがってベンサムと同じくスペンサーにとっても，国家は悪を鎮めるために悪しき手段を用いる本質的に不道徳な存在であり，「必要悪」でしかない。

　しかし，スペンサーはベンサムと違って，正義の管理を超えたいかなる権力行使も個人の自由の縮減を招くとして認めない。スペンサーは改正救貧法や公衆衛生法のような，立法をもって社会悪を除去し，最大幸福を実現しようとするベンサム主義的な介入の試みを厳しく批判した。それらは，いずれもその目的を達成しえないばかりか，その失敗を糊塗しようとしてさらに新たな法律をつくるという「立法の過剰」に陥る。さらに介入は，やがて非効率な行政組織を肥大させ，少数の行政官が専制的支配を行う「官僚の寡頭制」へと至る。国家の社会への介入は，その意図がいかに善意から発したものであれ，「平等な自由の法」という正義に反する。このような徹底した自由放任の思想を支えたのが，彼の社会有機体論と進化論である（スペンサー，2017b／原著1853）。

| 適者生存 | スペンサーは，社会それ自体が，生命をもつ一個の有機体であると考える。人間は， |

外部環境からさまざまな影響を受けながら，自己と環境との均衡をめざして適応し続ける存在である。環境との均衡状態に達することが，生命維持に寄与するからである。そうした個人から構成される

人間社会もまた，各個人の生命維持のための活動が相互依存的な関係として実現されるような社会的均衡をめざして絶え間なく進化する。これは，自然の法則である。

　社会の進化が自然の論理に従うものである以上，国家はその過程に介入すべきではない。むしろ社会に対する一切の規制を廃して放任すれば，社会を構成する諸部分は相互に適切に調整しながら進化を続けるだろう。そしてその過程で，環境への適応に成功した優れた個人は生き残り，劣った個人は適応できずに淘汰されることになる（「適者生存」）。それと同時に，社会の害悪もおのずと消滅していくのである。

　したがって，スペンサーにとっての国家は，行うべき機能によってよりも，行うべきではない機能によって，より適切に定義される。国家は産業を規制したり，運営したりしてはならないし，国教会を設立したり，公教育を整備したり，公衆衛生を管理したり貧民を救済したりすべきではない。そうした介入は政府の本来の義務を著しく逸脱するばかりでなく，適応できない個人を生存させることによって社会の進歩を妨げるのである（スペンサー，2017b／原著 1853）。

　スペンサーは，社会進化論によって古典的リベラリズムの自由放任の思想を基礎づけ直したということができる。しかし，彼の理論は，集産主義への傾斜を強めるイギリスでよりも，むしろアメリカにおいて広く受容され，現代アメリカのリバタリアニズムの思想的基礎の一つとなるのである（第5章参照）。

個人主義の問題

フェビアン協会は，当初は，人間の道徳的・精神的再生を通じて新しい社会的連帯を創造しようとする倫理主義的な改革運動として出発した。しかし次第に土地の国有化や産業資本の公営化などの社会改革プログラムを打ち出して，独自の社会主義を標榜するようになった。フェビア

　19世紀に発生した社会主義の思想と運動には，多種多様な立場があり，一般化して説明することは難しいが，20世紀の政治に大きな影響を与えた次の二つの立場の違いを理解しておく必要がある。

　一つはソ連東欧型の社会主義であり，「共産主義」とよばれることもある。マルクス・レーニン主義を基礎としており，労働者の武装蜂起も含む階級闘争によって国家権力を奪取し（革命），共産党による一党独裁の下に，計画経済，生産手段の国有化，社会管理を通じて社会変革を行う。もう一つは，イギリス労働党（フェビアン協会の流れをくむ）やスウェーデン社会民主党，（西）ドイツ社会民主党などにみられる西欧型の社会主義であり，「社会民主主義」とよばれる場合もある。議会政治を通じた政権獲得をめざし，ケインズ主義的な財政政策などによって市場経済に一定の計画性を加え，所得の再分配と社会保障の充実によって，より平等な社会の実現を図るものである。

　現在では，東欧革命，ソヴィエト連邦の崩壊によって共産主義の勢力は弱まっており，中華人民共和国も市場化を強く推進している。他方，社会民主主義も福祉国家体制の行き詰まりとグローバル経済への対応として，市場主義を取り入れた「第三の道」路線へと進んでいる。

ン主義の特徴は，暴力革命を否定し，具体的な政策提言を通じて，議会政治を基礎とした漸進的改革をめざしたことである。

　フェビアン協会の理論的指導者であったS. ウェッブは，現代の個人主義文化が引き起こした無秩序で熾烈な生存競争が，イギリス社会を，失業と貧困にあえぐ労働者と，富を過剰に蓄積する富裕者からなる「二つの国民」へと分裂させたと主張した。それは，労働者階級の身体的能力の低下，精神的荒廃をもたらしただけではなく，「健康で恒久的な社会有機体としてのわれわれの生存」を脅かしており，いずれは国際社会におけるイギリスの地位を危うくすると考えたのである（Webb, 2006／初版1889）。

ウェッブの思想にはスペンサー流の社会有機体論の明らかな影響がみられるが，彼はそれをスペンサー流の自由放任とはまったく反対の政治的理念へと転換する。社会は単なる個々人の集合体ではない。社会はその個々の部分的生命とは区別されるべき一つの生命をもつ有機体であり，むしろ各部分の生命は全体としての社会有機体によって支えられている。だからこそ，社会にとっては個人的利益よりも全体の利益が重要となるのである。フェビアン主義は知識人の運動であり，労働者階級に基盤をもたなかったが，それはフェビアン主義にとって重要なのは労働者の階級的利益よりも，むしろ社会有機体を形成する国民的利益（「公共の福祉」）だったからにほかならない。

　フェビアン主義とは，有機体としてとらえられた新しい社会関係の表現であり，また社会が生存し，さらに健全な社会へと進化することが可能になるような社会の組織化の論理の表現である。無制限な個人的自由，無制限な生産手段の私有は，公共の福祉とは相容れない。また，公共の福祉は個人の福祉に優先する。なぜなら，有機体としての社会が健全でなければ，人間はもはや生存も成長も不可能だからである。個人主義的な無秩序な自由競争を「各有機体の諸単位間の意識的に規制された協同」に変えることによって公共の福祉を実現すること，これが社会の進歩を可能にするのである。

公共の福祉　　　社会は，もはや放任されるべきものではない。社会は，国家による慎重な配慮と適切な管理を通じて，健康な社会へと育成されるべきものである。公共の福祉を実現するために，国家には大きな役割が与えられる。公共の福祉は，具体的には，産業資本と土地の公有化，および国民全体に提供される公共サービスを通じて実現される。したがって，現代国家に求められる機能は，かつてのような治安維持を唯一の目的と

する「警察的機能」ではない。国家の第一の機能は，国民に快適な生活を提供することを目的とする「家政的機能」である。現代社会における政治の営みは，「公共サービスの統制管理」を通じた「全国的規模での家政」にほかならない，とウェッブは主張する。

　ところで，フェビアン主義によれば公共の福祉のための統制管理は，とりわけ高度に発展した産業社会においては，専門家の統治によってのみ運営しうるものである。フェビアン主義が，労働者階級にその基礎をおかなかったもう一つの理由は，労働者自身には高度産業社会を統治する能力がないと考えていたからである。それゆえ，フェビアン主義は，少数のエリートによる上からの社会改革の推進と，優秀な官僚による国家統治を柱とする一元的かつ中央集権的な性格をもつものであった。

　ウェッブは，優れた統治の基準を「国民的効率」（national efficiency）の理念に求める。これはあらゆる分野での効率的な社会の組織化を意味すると同時に，国民の身体的・精神的健康を意味するものでもあった。こうして，国民の最低限度の健康で文化的な生活の確保を意味する「ナショナル・ミニマム」の理念を実現することが，最も重要な政策となる。フェビアン主義にとって最良の統治とは，古典的なリベラリズムが考えるような最小の支配ではなく，社会全体の効率的な管理である。そのためには，社会の組織化，合理的行政組織，計画的な管理運営が必要となる。

　フェビアン主義による社会改革は社会主義を標榜してはいるが，そのエリート主義的な統治スタイルは，むしろベンサム主義に近い。ベンサム主義者たちが政治的・法的改革を進めたのに対して，フェビアン主義者たちは経済的・社会的改革を進めた。またベンサム主義における功利の最大化というテーゼが，フェビアン主義では効率の最大化というテーゼに置き換えられる。この意味でフェビアン主義は，ベンサム主義がもっていた介入主義的側面を，社会主義的帰

結にまで推し進めたものであると考えることもできる。

調和の原理　フェビアン主義の社会主義的改革プログラムは，社会改革の必要性を痛感していた中産階級の進歩的知識人の共感を得た。こうして，リベラリズムの立場から社会改革を進めようとするL. T. ホブハウスやJ. A. ホブソンらの「ニュー・リベラリズム」が登場する。

　ホブハウスが，新しいリベラリズムを導く原理としたのは，「調和の原理」（principle of harmony）である。ホブハウスによれば，人間にとって社会生活の理想は「倫理的調和」を達成することであるが，それは規律と生活条件の改善を通じて実現される。理想社会とは，ある部分の発達が他の部分の発達を促しながら全体が調和的に成長・繁栄するような有機的連関をもつ一つの全体である。そのためには，単に諸個人の間に衝突が存在しないというだけでは十分ではない。他人の発展を積極的に促進するような可能性を各人に与えなくてはならないのである。

　ホブハウスは，グリーンの自由の概念を継承して，自由の基礎に人格発展の理念をおく。有機体としての社会にとって人格の発展は「共通善」であり，それを追求することは公共の責任であると同時に，個人の権利であり義務でもある。しかし人格の発展を促すのは道徳的統制や強制ではなく，あくまでも個々の人格がもつ自律的能力である。したがって国家の機能は，人格の自律的発展に必要とされるすべての条件を市民に保障することである。

　ホブハウスは，市民の人格発展の「外的障害」を除去することを求めたグリーンの考えをさらに進めて，人格発展の条件を積極的に生み出すように努めなければならないと主張する。それは慈善を通じて与えられるものではなく，国民の権利として要求されるものである。ホブハウスの「積極的国家」の概念は，この公的責任を果た

すために国家機能を著しく拡大する。国家の義務とは「普通の健全な市民が自己管理をするための条件を確保すること」であって，その条件が整ってはじめて，リベラリズムの基礎である「人格の自己決定能力」が開花することになるのである（ホブハウス，2010／原著1911）。

| 再 分 配 |

ニュー・リベラリズムの「積極的国家」の概念は，市民の「権利」の拡大を伴う。人権や所有権のみならず，「健康で文化的な生存にとって必要な基礎的ニード」を満たすための「労働への権利」や「生活給の権利」も認められなければならない。そのためには，私有財産にも一定の制限が必要となる。その理論的基礎となるのが「財産の社会的概念」（social conception of property）である。ホブハウスによれば，あらゆる財産あるいは富は「個人的基礎」だけではなく「社会的基礎」をもっており，その意味ですべての財産は社会的である。にもかかわらず，それまでリベラリズムにおいては，もっぱら個人的基礎から「財産権」が構成されたために，社会全体が有している「一般的財産権」は無視されてきた。

　財産や富は，それを保有する個人だけに帰属するものではない。個人の財産を維持するためには，その安全が社会組織によって保障される必要があるし，また富を蓄積するためには経済発展を可能にする平和な秩序や交通の安全，熟練労働力や知識や発明といった幾世代にもわたる「文化遺産の総体」が不可欠である。したがって，社会的基礎を利用して得られた成果の一部，つまり現在生きている個人の努力によるものではない富は，課税を通じて社会に正しく還元されるべきである。投機や相続，不労所得には課税されるべきであるし，また一定額以上の所得には累進的に課税すべきである。それによって得られた公共財源を基にして，公衆衛生の改善や公教育，

失業者救済などの公共目的に支出し，富の再分配を行うことは正当なことなのである。

　ホブハウスは，このような新しいリベラリズムを，「自由主義的社会主義」（Liberal-Socialism）と称した。しかしホブハウスは，ニュー・リベラリズムが，誤った歴史解釈と経済分析に基づくマルクス主義的な「機械的社会主義」，あるいは自由の理念の軽視と大衆蔑視に基づくフェビアン主義の「官僚的社会主義」とも異なることを強調する。ニュー・リベラリズムは，あくまでも個人の自由の尊重とデモクラシーの擁護，大衆の積極的な参加に基づく。このようにリベラリズムの原理を大胆に修正することによって，ニュー・リベラリズムは，20世紀のリベラルな福祉国家の思想的基礎を提供することになったのである。

4 福祉国家とその批判

自由放任の終焉　1920–30年代の不況と失業問題に経済学的説明を与えることによって，経済学者J. M. ケインズは，自由放任と国家介入をめぐる議論に終止符を打ち，ニュー・リベラリズムの理念を具体的政策へと展開することを可能にした。ケインズは，自由放任政策の論拠とされた原理は形而上学的原理でしかなかったと指摘する。自由で競争的な市場が完全雇用を達成するという古典的な前提は，現実には機能していない。私的利益の実現をめざす利己的行動が公共利益をもたらすという保証はどこにもないのである。だとすれば，国家の介入が常に不用であり有害であると考えることもできない。不況は有効需要の不足から生じる。不況を解決するためには，政府が市場に介入して消費性向と投資誘因を刺激し，完全雇用を実現して経済活動を活性化させる必

要がある。

　国家は，利子率を操作する金融政策や通貨供給量を調整する通貨政策によって需要を増加させることができる。しかしもっと効果的なことは，道路・住宅・電力・農業などの社会的に有用な事業に大規模な投資を行うことと，国家が失業者を直接雇用することである。つまり「投資の社会化」が，完全雇用を可能にする。完全雇用と経済成長の維持のために経済をマクロ的に管理することは可能であり，また管理すべきである。ケインズ以降，マクロ経済の管理が，政府の重要な課題となったのである。

　ケインズ経済学によって，リベラリズムは，社会主義政策を採用することなく自由放任政策を放棄することが可能になった。フェビアン主義のように，土地と産業の国有化と計画経済を採用しなくとも，資本主義の経済活動から生まれる無秩序（経済効率と生産性の低下）に対処し，経済活動の適切な水準を維持することは可能である。しかもこの管理は，市場経済システムを維持しつつ，経済の大部分を私的所有と私的活動に任せるという点で，あくまでもリベラリズムの枠内にとどまる。ケインズのリベラリズムは，自由放任主義と社会主義の間で，管理された資本主義によってリベラリズム体制を維持するという構想であった（ケインズ，1971a／原著初版 1926）。

福祉国家の構想 　ケインズは，現代における政治問題が，経済的効率と社会正義と個人的自由の三つの要素を統合することにあると指摘している。政府機能の拡張は，個人的自由への脅威となるものではなく，資本主義経済が全面的に崩壊するのを回避する手段であると同時に，「個人の創意を効果的に機能させる条件」となる。つまり，管理経済は経済的効率と個人的自由を両立させるための方法なのである（ケインズ，1971b／原著1925）。

社会正義の実現についてのケインズの構想は，1942年の『ベヴァリッジ報告』として実現されたと考えてよいだろう。ここでW.ベヴァリッジによって示された構想は，均一拠出・均一給付（加入者が所得に関係なく均一額の保険料を拠出し，均一のサービスを給付される）を原則とする社会保険を中心に，独力では生活できない人々への公的扶助と任意保険を組み合わせることによって，国家責任による国民全体に対する最低限度の生活保障（ウェッブのいう「ナショナル・ミニマム」）を行うというものであった。また，こうした社会保障の前提として，児童手当，強制保険による包括的保健サービス，そして雇用の維持が強調されている（ベヴァリッジ，1969／原著1942）。

　ケインズはこの報告を積極的に支持し，その実現のために議会・政府に強く働きかけた。戦後のイギリス型福祉国家は，ケインズの経済理論とベヴァリッジの社会保障計画を基礎にしているといわれる。経済効率と社会正義と個人的自由を統合するというケインズの構想は，自由市場経済を前提として完全雇用が実現され，社会保障制度の整備された福祉国家として結実することになったのである。

　しかし，ケインズとベヴァリッジが構想した社会保障は，所得の不平等を前提とした上での保障であって，必ずしも所得の平等化を意図したものではなかった。その意味では，リベラリズムの枠内の，干渉を最小限にとどめようとする「消極的集産主義」であった。しかし，第二次世界大戦後の福祉国家の発展に伴って，古典的リベラリズムの立場からの批判が登場することになるのである。

集産主義批判　オーストリア生まれの経済学者F. A.ハイエクは，第二次世界大戦の終結以前に，ドイツ，イタリアやソ連を覆う全体主義（ナチズム，ファシズムと共産主義）が，リベラリズムを標榜する国々にとっても決して無縁ではないという指摘をしている。それは彼が，全体主義をナチズムやフ

ァシズムや共産主義だけに固有な現象としてではなく、「集産主義」の政治的帰結と考えるからである。ハイエクからすれば、19世紀から20世紀前半にかけての個人主義から集産主義との妥協へというリベラリズムの転換は、全体主義へと至る道の第一歩であった。ナチズムやファシズムや共産主義がたどったこの「隷属への道」を、福祉国家建設をめざすリベラリズムが再び歩みつつある。これがハイエクによるリベラリズムの現状認識であった。これに対してハイエクは、個人主義、経済的自由と私有財産制に基づく「本来の」リベラリズムを再構築しようとした。ハイエクのリベラリズムは、全体主義との対決の中で形成されたのである。

　ハイエクは、集産主義を「社会全体とその全資源を単一の目的へと向けて組織化」する思想であると規定する。社会主義はこの集産主義の一形態であり、社会に「共通の目的」を達成するために、単一の計画に従ってあらゆる経済活動を中央集権的に統制管理する「計画経済」の手法をとる。その際、社会を組織化する目標や目的は、通常「公共の利益」あるいは「全体的福祉」のように漠然としか表現されない。

　しかし、そのような共通の目標や目的について合意を形成することは現実には不可能である。それを可能にする包括的で単一の価値体系や、完全な倫理的規範などは存在しないからである。現実に合意が存在していないにもかかわらず、ある目的のための計画を実行に移すには、デモクラシーよりも独裁のほうがふさわしい。そして

★用語解説

□ **集産主義**　広義には、個人的利益を強調する個人主義に対して、集団的利益を優先する理論や実践をいうが、通常は、個人の福祉について集団として責任を負い、実現しようとする体制や政策をさす。また、土地や産業の国有化あるいは国家管理を行う体制をさすこともある。ただしハイエクは、中央計画経済の手法をとる体制すべてを「集産主義」とよんでいる。

経済統制は，経済生活のみならず生活全体の統制となり，経済的自由を侵害するだけではなく，やがて個人的・政治的自由をも抑圧することになるのである（ハイエク，1992／原著1944）。

福祉国家批判 ハイエクは個人主義と経済的自由を擁護しながらも，決して自由放任を支持したわけではない。政府の役割は基本的には「法と秩序の維持」だが，市場が効率的に供給できないような公共財は提供する必要があるし，また市場の内部で生活できない困窮者に対して何らかの保護は必要である。例えば，度量衡の整備，貨幣制度の整備，保健・衛生サービス，都市環境サービス，そして公的扶助などの社会保障政策は現代国家においては欠かせない。いずれにせよ，現代においてもはや自由放任の原則は時代遅れの定式である。

　ただし社会保障は，ケインズがいうように，社会正義によって正当化されるのではなく，社会秩序を維持するためのコストとしてのみ正当化される。ハイエクは，国民全員に一定の最低限度の生活保障をするナショナル・ミニマムの必要性は認めるものの，国民の間での財の公正な分配を保障するような所得再分配制度は，自由の原理とは両立しないと主張する。当初は最低限度の保障を意図するものでしかなかったべヴァリッジの社会保障制度も，国民の歓心を買う政治的手段として利用された結果，次第に歯止めのない所得再分配制度へと変質した。こうして，社会正義の実現を旗印にする福祉国家は，真の公共の利益ではなく個別利益のために無原則な給付を拡大することになったのだ，とハイエクは批判するのである（ハイエク，1987a／原著1960）。

社会正義の幻想 ハイエクは，スミスが擁護したリベラリズムの「偉大な社会」の基礎は，自然発生的

な市場制度に基づいて形成された自生的秩序（カタラクシー）にあると考える。自生的秩序とは，ある個人あるいは集団が設計・構築したものではなく，人間行為の意図しない結果として生じ，それ自体が自律的に機能しているような秩序である。例えば，言語や慣習法，そして市場などである。ケインズ主義的な福祉国家は，この自生的秩序を管理しようとする試みにほかならない。その前提にあるのは，あらゆる社会制度は人間の合理的設計によってつくられ，またよりよいものにすることができると考える「設計主義的合理主義」である。しかし，いかなる政府であっても，市場における個々の決定について十分な知識をもつことはできない。ハイエクからみれば，市場に介入することは個人的自由を侵害するだけではなく，そもそも市場を管理することそれ自体が不可能なのである。

　さらにいえば，市場への介入を正当化している社会正義，つまり分配的正義という理念も幻想でしかない。正義という道徳的基準は，ある特定の主体の行動について，その手続きに関してのみ適用されるものであって，個人の行動の結果について適用できるものではない。したがって，市場における行動の結果として富の不平等が生じたとしても，それを不正義であるということはできないし，富を再分配することが正義にかなうということもできない。そればかりか，

★用語解説

□ 二つの「新」リベラリズム　一つは，20世紀初頭に登場したホブハウスたちの「ニュー・リベラリズム」である。ニュー・リベラリズムが主流になると，「ニュー」がとれて単に「リベラリズム」となり，それとともに以前からのリベラリズムを「古典的リベラリズム」とよんで区別するようになった。もう一つは，1980年代以後登場した「ネオ・リベラリズム」である。市場原理を優先して政府機能の縮小を唱える経済思想および政策をさしており，古典的リベラリズムの自由放任政策の現代における「再興」と考えることができる。したがって，ともに「新自由主義」と訳されるこの二つの「新」リベラリズムは対照的な性格をもっていることに注意してほしい。

富の再分配は新しい特権や自由の制限といった不正義を生むのである（ハイエク，1987b／原著1960）。

1970年代後半，先進資本主義諸国が財政危機に見舞われる中で沸き起こった福祉国家批判は，80年代のサッチャリズムやレーガノミックスへとつながった。これらの政治を経済面で支えたのは，国家介入を批判し，市場の役割を重視する「ネオ・リベラリズム」（neo-liberalism）だが，ハイエクのリベラリズム論はその先駆的業績として注目されることになったのである。

現代リベラリズムへ

ここまで18世紀以後のリベラリズムの展開をたどってきたが，ここで取り上げたさまざまな原理や理念（自然権，功利，人格発展，個人主義と集産主義，自由放任と国家干渉，社会有機体論，公共の福祉，再分配，福祉など）のいずれも，リベラリズムの理論の中で誰も異論を唱えることのない確固とした地位を占めるものにはなっていないという事実に注目すべきだろう。初めに述べたように，リベラリズムの政治理論は，時代の要請に応じてさまざまな，ときには相互に対立する要素を取り込みながら自己修正をしてきた柔軟な理論であるが，そのことによって，この理論には常に曖昧な性格がつきまとっている。したがってリベラリズムは，その原理と本質をめぐる永続的な論争から逃れられないのである。

ケインズが指摘したように，自由と効率と社会正義の関係をめぐる問題が，今なおリベラリズムにとって最も重要な課題であることはいうまでもない。

そこで以下の章では，第4章において，自由の概念にさらなる検討を加えるとともに，第5章においては，J. ロールズらを中心とした，社会正義つまり平等の問題に関する現代の諸理論を検討することにしたい。

現代の自由論

自律とは何か

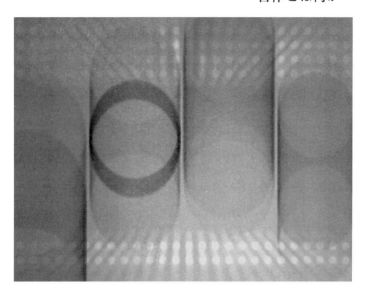

　自由は最も重要な政治的概念の一つであるが，それが何を意味するかについては，さまざまな意見がある。バーリンは，外部から干渉されないことと，自分自身を支配することという，二つの自由観の存在を示した。自由観をめぐる対立は，人間を合理的主体としてとらえるか，道徳的主体としてとらえるかという人間観の違いと関連する。それはそのまま，あるべき政治制度についての私たちの想像力をも規定することになるのである。

1 二つの自由の概念

自由とは何か　古代ギリシア以来，「自由」(liberty, free-
dom) は，政治の営みにおいても，政治の
研究においても重要な価値の一つとされてきた。現在でも，人々を
圧政から解放することは重要な政治の役割とされ，自由を享受でき
る社会はよい社会であると考えられている。自由は政治の本質的価
値であるばかりではなく，近代文化を形成している中心的価値でさ
えある。

　しかし，これほど重要な価値あるいは理念であるにもかかわらず，
「自由とは何か」という問いに答えることは思いのほか容易でない。
政治的な議論をしていてしばしば私たちは，同じ言葉を使ってまっ
たく別の事柄について語っていることに気づくことがある。自由と
いう言葉もそのような，混乱を招きやすい言葉の一つである。多く
の人々が，このとらえどころのない言葉に何とかして明確な定義を
与えようと努力してきた。しかし，これまでのところ明確になった
ことは，自由という言葉の意味内容については根深い見解の不一致
があるということだけである。

　それでも，自由をめぐって議論するための共通の基盤は存在する。
それは，イギリスの政治思想史家 I. バーリンが 1958 年に行った講
演「二つの自由の概念」(バーリン，1971／原著1969) である。以来，
彼が提出した消極的・積極的自由の概念に即して，政治的自由をめ
ぐる活発な議論がなされてきた。その結果，少なくとも，政治的自
由についての見解の不一致が何に由来するものか，また対立する見
解の間で実際に問題となっているのは何かが次第に明らかになって
きた。ここでも，まずバーリンの二つの自由の概念についてみるこ

とから始めよう。

> 自由の本質と
> 二つの自由

バーリンによれば，政治的・社会的自由の本質は，「私」の領域（私が行う行為や私のあり様）に他人や事物が介入しないようにしておくことにある。もちろん，思考の領域における自由である哲学的自由とは違って，現実の生活で私たちが他人と一緒に生活している以上，政治的あるいは社会的自由は全面的なものにも絶対的なものにもなることはない。このことから，自由の本質をめぐっては，①ある行為主体が干渉されることなく放任されている，あるいは放任されるべき範囲はどこまでか，②行為主体に干渉する場合，その根拠は何か，あるいは干渉するのは誰か，という二つの問いを立てることができる。

　①の問いからは，行為に干渉する権威（権力）そのものを抑制することで自由を確保しようとする「干渉の欠如としての自由」という考え方が導かれる。この考え方によれば，自由とは，誰にも妨害されたり強制されたりすることなく，自分がしたいと思うやり方で，自分がしたいと思うことを行えることである。逆に，誰かの意図的な干渉や妨害，合法的な禁止や威嚇(いかく)によって，自分がしたいことをしたいと思うやり方でできない場合は，自由であるとはいえない。自由についてのこのような考え方を「自由の消極的概念」（消極的自由）とよぶ。

　②の問いからは，自分自身が，行為に干渉する権力（権威）となることによって，自由であろうとする「自己支配としての自由」という考え方が導かれる。私が自由でないのは，何かを行うことを他人に妨害されたり禁止されたりするからである。だとすれば，何をどのように行うか，何を行ってはならないかを自分自身で決定し，それに自ら従う場合は，その決定がどれほど行為を制限したり禁止

したりするものであっても，私は自由である。逆に，私が，内面的問題を抱えていて自分自身で責任をもって決定できない場合，また資力や能力が欠けているために，自ら決定したことを行うことができない場合には，私は自由ではない。自由についてのこのような考え方を「自由の積極的概念」（積極的自由）とよぶ。

積極的自由の意味転換

だが，干渉されないということと，自分で決定できるということが違うとは，普通は考えにくいだろう。これはどういうことだろうか。バーリン自身も，もともと消極的自由と積極的自由の概念は同じことを意味していたと述べている。また，それぞれが筋の通った概念であって，いずれか一方が正しく他方が誤っているというわけではないともいう。しかし，積極的概念は意味転換を起こし，自由と対立するものを意味するようになったのだとバーリンはいうのである。

自由の積極的概念の基底には，私が他人に支配されているのではなく私自身に支配されているということを意味する「自己支配」の観念がある。しかし，この観念は一人の人間を二つの自己へと分裂させてしまう。すなわち，一方に真の，正しい，理想的，理性的，自律的な自己があり，他方には偽りの，誤った，情念的，経験的，他律的な自己がある。そして，正しい自己が誤った自己を支配している状態こそが真の自己支配であることになるのである。

また，「自己支配としての自由」は，合理主義の教説と結びつくことによって，「自己実現としての自由」というかたちをとる。合理主義的教説は，理性を通じて世界を支配している論理を把握できると考える。私が，情念や欲望，偏見や誤謬から自分自身を解放し，この世界を支配する論理に従って自分の行うべきことを決定できることが「理性的な自己支配」であり，本当の意味での自由の実現であると考えられるようになったのである。

さらに理性的な自己支配は個人を超えて社会全体へと拡張される可能性がある。社会は理性的な自己支配をめざす人々と，そうではない非理性的な人々に二分される。理性的な自己支配をめざす人々の間では，目的は必然的に一致する。そして理性的な人々が法を制定することによって，理性的ではない人々に理性的秩序に従うよう強制したとしても，それは彼らを抑圧しているのではない。むしろ真の自由を強制しているにすぎない。「自由への強制」というルソーの逆説的な自由の理念は，このようにして正当化される。その結果，本来は私の領域に他人が介入しないようにすることを本質とするはずであった自由の教説が，理性の名のもとに権威（権力）の決定に服従することを真の自己支配と同一視し，支配と抑圧を正当化するような教説へと転換したのである。

リベラリズムと全体主義

　では，なぜこのような意味転換が起こったのだろうか。バーリンの説明によれば，その背景には，西洋の形而上学的伝統に深く根を下ろす価値一元論がある。価値一元論とは，価値の問題には究極的・最終的解決が存在し，私たちはそれを理性的に選択することが可能であるという信念である。つまり，真理はただ一つであり，たとえ多様な価値や意見の間で対立があるとしても，人々が十分に理性的になりさえすれば，究極的に一つの価値へと収斂すると考えるのである。

　バーリンは，価値一元論が，20世紀の全体主義の温床になったと考える。全体主義は，合理性や民族の栄光，人間本性の完成といった高邁な理想を掲げ，その理想の名のもとに，人々の生活から不可欠なものを奪い，残酷な行為を強制してきた。そしてそれは，これらの理想のために行為することこそが真の自由であるとする教説に支えられていたのである。

これに対して消極的自由は価値多元論の立場から生じる。人間の生の目的は本質的に多様であり，何であれただ一つの価値によって満たすことはできない。個々人のさまざまな目的や活動が究極的に一致することなどありえないからこそ，自由に行動することが許される範囲がルールによって限定されなければならない。しかしその際にも，「どうしても侵犯されてはならない最小限の個人的自由の範囲」が存在すべきである。このような最小限の自由がなければ，各人は自分の自然的能力を発展させることも，自分の信じる価値や目的を追求することもできないからである。

　バーリンは，価値多元論を前提とする消極的自由が，J. ロックやJ. S. ミル，A. トクヴィルといったリベラリズムの伝統に属する思想家たちに共通する自由のとらえ方であると考える。リベラリズムにとって重要なことは，できるだけ多くの個人が，お互いに他人の目的を妨げないかぎり，その目的については道徳的に評価することなく，できるだけ多くの目的が実現できるような社会を維持することなのである（バーリン，1971）。

自由の概念と政治の構想

　バーリンの自由論は，政治的自由の精緻な定義を提出したものではない。むしろ，リベラリズムと全体主義という二つの政治の理念が，「生の目的に対する二つのまったく異質な，和解不可能な態度」に由来するものであることを説明しようとしたものである。それによってバーリンの自由論は，二つの政治構想の意味，とりわけリベラリズムの政治的伝統をめぐる意義のある洞察となっている。しかしその一方で，バーリンの議論が自由のある一面をきわめて図式的に描き出したものであることは否定できない。さらに，アメリカとソヴィエト連邦を軸とした東西冷戦という時代背景を考えれば，バーリンの議論を「冷戦期リベラリズム」の主張として読むことも

できる。

　また，このような明快な図式的説明が価値や理念に適用されるとき，しばしば概念の特質やダイナミズムが見落とされることも忘れてはならない。例えばドイツ出身の社会心理学者 E. フロムは，バーリンに先立って，自我の実現を目的とする自発的行為として現れる「への自由」と，社会的 紐 帯からの解放による個人化として現れる「からの自由」を，自由の積極的態度と消極的態度として区別している。そしてファシズムの成立を，前近代的な紐帯から解放されたことから生じた孤独や不安，無力感にさいなまれた個人が，それを克服しようと自ら新しい権威に服従するようになるという心理的メカニズムの結果として説明している。フロムの分析に従えば，積極的自由が全体主義に特徴的な自由であるにしても，全体主義を招いたのはむしろ消極的自由であるということになるだろう（フロム，1965／原著1941）。

　いずれにせよ，二つの自由の概念が自由を考えるために有効な図式であるとしても，それだけで政治的自由をめぐる多様な側面を理解することはできない。そこで，バーリンの図式の中で見落とされた自由の側面を明らかにするために，別の角度から自由の問題を考えてみることにしよう。その際，バーリンが消極的自由と積極的自由をリベラリズムと全体主義の対立として描いたことにならって，自由の諸概念を政治的理念の対立の文脈の中で描き出すことにしよう。

2 自律性の条件

自律としての自由　I. カントは，人間にとっての自由を，動物が自然の法則（物理法則や動物的本能）に規

定されるのに対して，人間が理性の働きによって得られた自由の法則に従うことに求めた。人間は，与えられた法則ではなく自分自身で決めた法則に服従することによって自由である。この意味で，自由とは「自律」（autonomy）である。

　ところで，それが理性の法則にかなっているかどうかは別にしても，少なくとも自分自身に関わることについては，他人から指図を受けたくない，自分が決めたことだけに従って行為したいという想いは，そもそもの自由の要求の発端にあったものである。したがって，自律性の観念こそさまざまな自由の概念の共通の前提であるということができる。しかし，自律性の観念にも多様なとらえ方があり，そこからいくつもの自由の概念が生じている。そこで，自律性の条件と自由の概念の関連について考えてみることにしよう。

行使概念と機会概念　カナダ出身の政治哲学者 C. テイラーは，消極的自由と積極的自由の違いを説明するために，自分自身と自分の生の様態（生活，生き方）を実際に効果的に決定できることを意味する「行使概念」としての自由と，単にさまざまな生の形態の可能性があるというだけで，実際にそれができるかどうかを問題としない「機会概念」としての自由を区別する。自由の積極的概念では，私に干渉や妨害を受けることなく行為する機会が存在しているだけでなく，私がそうした機会を利用して実際に自分自身の望ましい生のあり方を形成することができる場合に，自由であると考える。この意味で，積極的自由は本質的に行使概念である（Taylor, 1979）。

　一般に自由の消極的概念では，私が干渉や妨害を受けることなく行為する機会（選択肢）が存在している場合に，私は自由であると考える。したがって，それを利用して実際に何かを行っても行わなくても，選択肢が多ければ多いほど自由は増大することになる。こ

の意味で，消極的自由は機会概念である。しかし，テイラーからみれば，自由を機会概念として理解することには問題がある。それは，消極的自由の論者が，「人間とはどのような存在であるのか」について，十分かつ適切に理解していないからである。

　私たちはさまざまな欲求を抱えており，それをさまざまなやり方で満足させようとして行為する。だとすれば，できるだけ多くの選択肢があることは，人間をより自由にすると思われるだろう。しかし，私たちは自分のすべての欲求をそのまま満足させようとするわけではない。自分の人生の目標に照らしてそれらに優先順位をつけたり，そもそも満足させる価値のある欲求かどうかを考えて取捨選択したりする。つまり人間は，何らかの価値の実現をめざす「目的志向的存在」であり，自分が志向する価値について道徳的選択をする存在である。そのような選択を通じて，人間は，道徳的な自己のあり方を表現する。テイラーはこのように主張する。

　人間を本質的に道徳的存在として理解するならば，どれほど多くの選択肢をもつことができたとしても，それを通じて道徳的な自己のあり方を表現できなければ，本当の意味での自由を享受していることにはならない。つまり，消極的自由が前提とする主体は，自分の欲求や動機について適切な道徳的判断をすることを要求されておらず，本来の意味で自由を享受することのできる自律的主体ではないことになるだろう。

　積極的自由の概念は，しばしばこのような道徳的存在としての人間を前提としており，人間は本質的に何らかの道徳的理想に関与する存在であるという「倫理的自然主義」を含んでいる。それゆえに，道徳的理想に従って生きることによってのみ自由を享受することができる，という道徳的自由の理念に立っているのである。

しかし消極的概念が，このような道徳的存在としての人間のあり方を原理的に排除しているわけではないし，実際，リベラリズムが一般にあらゆる道徳的理想の実現や人格的完成を否定しているわけではない（第3章参照）。むしろ，各人がその道徳的理想を自ら実現しうるような自律的な存在であるためにこそ，自由の領域は不可欠であると考えているのである。したがって，道徳的存在としての自己実現という理念そのものに，消極的自由と積極的自由の根本的な対立があるわけではない。

テイラーの議論に戻れば，彼は，自由を享受できる自律的な主体は，道徳的判断を通じて自分の道徳的なあり方を表現するような本来的な自己であると考える。しかし同時に，主体自身は，自己の道徳的なあり方について判断する最終的権威としての資格をもたないことを強調する。道徳的判断は個人の恣意に任されるのではなく，個人を超えた基準に照らされたものでなくてはならない。

人間は社会的・政治的存在である。つまり本質的に相互依存的な存在であって，その道徳的能力が行使されるのも，他者との関係の中で，他者を契機とした反省によってである。したがって個人がその道徳的能力を開花させるためには，彼あるいは彼女が帰属する共同体のうちに位置づけられていなければならない。個人が道徳的自己のあり方を理解する際の基礎となるのは，共同体の道徳的伝統である。したがって，共同体が自由の条件であることになる。

このような見方からすれば，消極的自由の基礎である個人主義こそが問題である。つまり，消極的自由の概念では，個人を尊厳ある自由な主体としてとらえ，道徳的判断を個人の恣意的な決定に委ねている。そして自由の行使を，個人の権利として認めている。しかし，まさしくこのような個人主義的な自由が，自由の条件であるはずの共同体を破壊しているのである。

しかし消極的自由の立場からすれば，自由をそのように共同体の道徳的伝統に結びつけてとらえることは，結局は諸個人からそれぞれの善き生のあり方を追求する自由を奪い，個人の生を共同体の決定に従属させるものにほかならない。また，道徳性を自律性の条件にすることによって，真の意味で自律的な選択ができないから，という理由で，個人の判断への介入を正当化する道徳的パターナリズムや不寛容を引き起こすことになりかねない。ここで消極的自由と積極的自由の対立は，権利を基礎とする個人主義の政治と，善を基礎とするコミュニタリアニズム（communitarianism：共同体主義あるいは共同体論とも訳される）の政治の対立となって現れるのである（第5章参照）。

| 道徳性と合理性 | 　積極的自由が前提とする自律性の条件が道徳性であるとすれば，消極的自由の場合に |

は自律性を条件づけているのは何だろうか。実は，消極的自由の論者も，必ずしも干渉や妨害を受けることなく行為する機会（選択肢）が存在しさえすれば自由であると考えているわけではない。というのは，どれほどたくさんの選択肢があっても，それが私にとって望ましくない選択肢であれば，私は自分の自由が増大したとは思わないからである。私が自由であると思うのは，私にとって意味のある，望ましい選択肢があり，しかもそれを強制や干渉を受けることなく自分自身で選択できる場合だけである。したがって消極的概念においてさえ，自由は干渉や妨害が存在するかどうかだけでなく，行為主体がもつ目的や価値，実現しようとする欲求と密接に関連している，ということができる。

　ただし，積極的自由において望ましい選択肢とは道徳的にみて望ましいものであったのに対して，消極的自由における望ましい選択肢とは，合理的にみて望ましいものである。すなわち誰が考えても

不適切なものであるとはいえないような欲求を，それなりに道理にかなったやり方で実現することができるようなものでなければならない。このような条件を満たす選択肢が複数あり，行為主体がそれらの中から自分にとって望ましいものを選択することができるとき，主体は自由である。その際に主体は，自分自身の欲求や価値を合理的に評価することができ，また自分がおかれている状況や能力，与えられた選択肢について一定程度の知識と理解があり，それらを勘案して合理的に判断できなければならない。

　消極的概念において，自律的な主体とは合理的な選択ができる者である。道徳的理想を含まず，ただ人間知性の自由な行使だけを要求する，このような自律性の観念を「開かれた自律性」（グレイ，1991／原著 1986）とよぶことができる。リベラリズムの伝統に深く浸透しているのは，このような緩やかな自律性の概念なのである。

　したがって一般に，消極的自由では合理性が，積極的自由では道徳性が自律性の条件とされているということができる。消極的自由と積極的自由の対立の根底には，自由を享受する主体を，合理的選択を通じて利益を追求する人間としてとらえるか，道徳的選択を通じて善く生きることを追求する人間としてとらえるか，という人間観をめぐる深い対立がある。そして，まさしくこのような人間観の対立から生じているものであるがゆえに，消極的自由と積極的自由の対立は和解不可能なものに思えるのである。

　しかし，自由の概念の対立を人間観の対立にまで遡ることは，政治的自由を考える上では不適切であるようにも思われる。政治的自由を実際に享受しているのは抽象的な「人間」ではなく，むしろ具体的な「市民」だからである。したがって，自律性をめぐる問いを，人間の条件から市民の条件へと向け直す必要があるだろう。いかなる市民が自律性をそなえた市民であるかという問いから，シティズンシップ（市民の資格要件）の問題が提起されるのである。

| 支配の欠如 | イギリスの政治学者 B. クリックによれば，古代ギリシアにおいて自由とは，他者に隷属しない人間である市民（自由人）という地位に付随するものとして理解されていた。このような自由観は，N. マキアヴェリを近代における代表とする共和主義の伝統の中に引き継がれている（クリック，1974／原著 1972）。

　共和主義では，しばしば人間の身体と政体とが類推的(アナロジカル)にとらえられる。自由人がそうであるように，外部に従属せず，自分たちの意思に従って自分たち自身を統治する国家，つまり独立を維持し自治を確立した政体だけが自由な国家である。そしてまた，自由な国家はその市民に，国家が享受するのと同じ自由，すなわち自分の意思に基づいて自分自身が設定した目的を追求する自由を保障する。この意味で，政体が自治を享受することと個人が自由を享受することとは密接不可分な関係にある。したがって，自由とは，市民が自分たちの手で自由な政治体を営む共同の行為，つまり政治参加に深く根ざすものであった。個人の自律と国家の自律とが結びつけられ，自由と参加が結びつけられていたのである。

　消極的自由が「干渉の欠如」として定義されるのに対して，共和主義的自由は「支配の欠如」として定義することができる。自由人は，たとえその行為が何らかの理由で制限されたり干渉されたりしても，自由人としての地位を保持しているかぎり自由である。これに対して，奴隷は，たとえその行為が他人から制限されたり干渉されたりしていなくとも，主人の支配を受けているかぎり自由ではないからである（Petitt, 2002）。

　また，共和主義的自由は，市民が政治的共同体の共通の権力に与る(あずか)ことを通じて，自己支配を確立するという意味では，積極的自由に近いように思われる。しかし一般に，積極的自由が何らかの道徳的理想を含むのに対して，共和主義的自由は政治的共同体の独

立と自治による市民的自由を確保するという理念以上のものを本質的には含んでいない。したがって積極的自由とは違って，共和主義的自由は道徳や理性の名による自由の強制に陥ることはない，と考えることができるのである。

消極的自由の観念は，国家あるいは政治権力から逃れた領域を自由の領域として確保しようとする。その結果，しばしば自由を享受する市民は私的領域に閉じこもり，公共的活動に参加することを忌避するようになる。これに対して共和主義的自由では，共通の権力を確立し維持するための公共的活動に積極的に参加することが，個人的な自由の確保につながるということが強調される。ここでは，干渉の欠如としての自由と支配の欠如としての自由との対立が，「国家からの自由」に基づくリベラリズムと「政治への自由」に基づく共和主義の対立として現れるのである。

参加と同質化

しかし，共和主義的な自由の概念は，必ずしもリベラリズムの理念と両立不可能ではない。リベラリズムにおいても，市民が公的問題に背を向けて私的領域に閉じこもるならば，市民が享受する消極的自由の基礎である政治的共同体そのものが危機に瀕することになるだろう。消極的自由を維持するためには，公的生活への市民の参加が不可欠であるという考えは，リベラリズムも共有することができるはずである。

しかし，共和主義の参加にはもう一つの側面がある。しばしば共和主義的伝統には，広範で活発な政治生活への参加こそが人間本性の十全な実現の条件であるとする理念が伴っている。政治への積極的参加という特定の生き方に対して特権的地位を与える点で，この考え方はリベラリズムの価値多元論的前提とは両立しない。

共和主義では，自由が市民の地位に付随するものとされるために，政治的自由の問題はシティズンシップの問題に連動する。共和主義

Column⑤　共和制と共和主義

　共和制（republic）は一般的には君主制の対立概念であり，共和主義（republicanism）も単に共和制を支持する思想だと思われるかもしれない。けれども，政治思想史や現代政治理論においては，それだけでは収まらない意味の広がりがある。

　政治思想史や現代政治理論において，共和主義の概念の中心におかれるのは，古典古代ギリシアのポリスやとりわけ古代ローマの共和制に政治のあるべき姿を求める思想である。こうした思想の源流は，マキアヴェリに代表されるルネサンス期の「政治的ヒューマニズム」だといわれる。共和主義の思想は，政治が支配者など一部の人々の私的な利益のためでなく，市民（国民）全体の共通の利益のために，つまり「公共のもの」のために為されるべきだということを強調する（それゆえ，もしそうした政治が為されるのならば君主の存在を必ずしも否定しないという用語法もある）。だが，そうした政治はどうすれば可能なのだろうか。一つの立場は，個々の市民が「徳」を身につけること，すなわち個々の市民が政治参加への積極的な意志と能力をもち，かつそれが私的な利益や野心の実現ではなく共通の利益の実現へと方向づけられるというメンタリティ（公共精神）をもつことこそが重要だとする。もう一つの立場は，個々の市民の資質に期待するのではなく，制度の工夫によって専制的支配や政治権力の私物化を防ぐという考え方であり，混合政体論や権力分立論はこうした工夫として評価されることになる。

　現代政治理論の文脈で「共和主義」という言葉が使われる場合にも，第一の「徳」に注目する考え方と第二の（一方的な）支配の欠如に注目する考え方という二つの用法が共存していることに注意されたい。なお，本書では，第6章の文脈での「共和制」という言葉には主として第二の意味が濃厚であるが，第9章の「共和主義」は第一の意味の系譜にある。

的伝統では，国家の独立と自由を確保するために，すべての市民が私的利益よりも公的利益の追求を優先し，公共的活動に積極的に貢献するような精神と能力である「公民的徳性」(civic virtue) をそなえていることが不可欠であるとされてきた。しかし，すべての個人が，生まれながらにそのような資質をそなえているわけではない。したがって，市民の公民的徳性は陶冶（とうや）されなければならない。公民的徳性の陶冶は法律や教育などを通じて行われ，直接的にであれ間接的にであれ，しばしば強制を伴う。たとえ道徳や理性の名によるものではないとしても，これもまた「自由の強制」であることに違いはない。その一方で，市民の理想に適合しない人々は，自由の十全な享有主体とは認められないことになるだろう。

　共和主義が提示する理想的市民像は，公民的徳性の涵養（かんよう）を通じて諸個人が集合的アイデンティティを獲得するための政治的装置として機能する。理想的市民像に市民が強く同化することによって政治的共同体の統合が進むが，反面では，それに同化しえない人々，同化を拒む人々が政治的共同体から排除される。彼らは，非市民として，あるいは二級市民として公的空間から排除され，その市民的自由も十全なものになることはないだろう。実際，古代の共和主義においては，奴隷はもとより女性も完全な市民として認められなかったし，近代の共和主義においては女性に加えて，貧民，労働者や民族的・文化的少数派が公的空間から排除されてきた。共和主義的な自由の概念が市民の理想像を内包するものであるかぎり，それは一元的で排他的なものにもなる危険をどうしてもはらんでしまうのである。

自由の具体的条件　ところで，すでにみたように，消極的自由では，自律性は合理的な選択に基づく行為の問題として考えられている。しかし，主体がその行為を実際に行

うことができるかどうかは問題とされていない。つまり私が他人から干渉されたり妨害されたりしないかぎり、私は自由を享受しているのであり、行為する機会さえあれば、その他の何らかの理由でその機会を使って実際に行為することができなかったとしても、私の自由が制限されたことにはならない。

　しかし例えば、極度の貧困状態にある人々、基礎的教育さえ受けていない個人、身体的・精神的に重大なハンディキャップを抱えている市民は、たとえ誰からも干渉されたり妨害されたりしていないとしても、実際に与えられた自由を使って自分にとって意味のある生の構想をもつことは期待できない。たとえもてたとしても、それを自分の力で追求することはほとんど不可能だろう。その人が実際に行うことができる行為の機会は非常に限られたものになるか、あるいは、いくつかの機会を使って自由を行使できたとしても、自分の目的を実現する可能性はきわめて低いことになる。そのような市民が享受する自由は貧困なものでしかないだろう。自由を享受しているといえるためには、私は単に選択ができるだけなく、それを使って自分の目的を自ら追求することができるだけの、自律的な生活を営んでいる必要がある。自由の問題は、自律性を保障する具体的な経済的・社会的条件の問題でもあるのである。

　バーリンは、貧困や失業といった経済的障害が消極的自由に対する制限となることを認めている。とりわけ 19 世紀の極端な自由放任政策は消極的自由や人権の侵害をもたらし、労働者階級の権利を無効なものにした。しかし、それでも彼は、そうした経済的障害によって奪われたのは自由そのものではなく、それなくしては自由がほとんど無価値なものになってしまう「必要最小限の条件」が損なわれたのだと主張する。また、そのような自由の具体的条件がどのように保障されるのかという問題は、社会正義つまり平等の問題であって自由の問題ではないという。

しかしカナダの政治学者C.マクファーソンは，資本主義に内在する「生活および労働手段への不平等な接近」は，そのような接近を制限されたり不可能にされたりしている人々にとっては自由の障害物にほかならないと主張する（マクファーソン，1978／原著1973）。つまり，政治的自由が具体的で実効性のあるものでなければならないとすれば，自由と自由の条件を区別することには意味がないばかりか，しばしば政治的欺瞞にさえなるのである。たとえバーリンがいうように，自由の条件の保障は自由の問題ではなく社会正義の問題であることを認めるとしても，それは，自由と社会正義とを切り離しては論じることができないということだろう。

福祉リベラリズム　古典的なリベラリズムでは，自由は「国家からの自由」としてとらえられてきた。だからこそ，干渉の欠如としての消極的自由が重んじられてきたのである。しかし，第3章でみたように20世紀のニュー・リベラリズムの登場以後，リベラリズムは野放図な個人主義を制限し，社会的・経済的平等の実現に努力してきた。それは，リベラリズムが自律的な市民の存在を前提としているにもかかわらず，生活の具体的基盤の保障なしには大半の市民が自律的な存在とはなりえないからである。

　現代のリベラルな国家では，市民が自律的生活を営む上で必要な条件の保障を求めることは市民の権利であるとされ，財の再分配と多様な公共サービスの提供を通じてこうした市民の権利を保障することが重要な政治的目標の一つであるとされている。19世紀の自由放任国家が自律的な市民生活に干渉しないことによって自由を保障しようとしたのに対して，20世紀の福祉国家は，市民生活が自律的なものになるように市民の広範な生活領域の隅々にわたってさまざまな形式で介入することを通じて，より具体的に自由を保障し

ているのである。つまり，現代のリベラリズムでは，自由は「国家からの自由」だけではなく「国家による自由」としても保障されているということができるだろう。

しかし，古典的なリベラリズムの原理に立脚する人々からみれば，「国家による自由」という考え方は，リベラリズムの伝統からの逸脱にほかならない。財の再分配は社会正義の名のもとに個人の基本的権利を侵害するものであるばかりか，国家による福祉サービスの提供は本来自律的存在であるべき個人の国家への依存を促し，結果的にリベラリズムの前提を切り崩すことになる。ここでは自由をめぐる対立は，古典的リベラリズムと現代の福祉リベラリズムの対立，自由放任と福祉国家の対立となる。

さらに，福祉国家による介入は，市民の同等な処遇を保障するものであると同時に，共通の生活を提供するものでもある。福祉国家では，社会の標準的な生活水準に照らして健康で文化的な生活を送る権利が保障される。そのために政府は，教育や医療・年金などの社会保障を提供するだけでなく，市民の健康，居住や家族関係，余暇の過ごし方などきわめて広範な生活領域についてさまざまなかたちで介入する。行政的な介入が市民の私的生活領域の隅々に浸透すると，市民の生活は次第に規格化され，標準化される。しばしば現代の福祉国家が掲げる「健康な生活」という市民生活の理想は，市民の私的生活のあり方を判定する規格として機能し，この規格に適合しない生活を送る個人は不健康な主体という烙印を押される。そして国家は，健康の向上という名目のもとに，さらに広範な領域で細部にわたる介入をする。M. フーコーが「生命権力」と名づけたこのような介入は，個人の自律性の条件を提供するものであると同時に，自由を奪うものにもなりうるのである。

3 主体と自由／権力

|権力と自由| リベラリズムの伝統では，権力は，市民の選択や行為を禁止したり制限したりするという意味で，本質的に禁圧的なものであると考えられてきた。そのため自由と権力が対置され，権力からの自由という消極的自由観が強調されてきた。しかし，権力は必ずしもそのような禁圧的な側面だけをもっているわけではない。権力には，自由と対立しないばかりか，自由を促進する側面も存在する（第2章参照）。

　例えば道徳的自由においては，権力は，道徳的理想への市民の参加を促すことによって，道徳的自由を保障する。共和主義においては，権力が公的活動への積極的参加を促すことで，市民は自由な政治的共同体の中で個人的自由を享受することができる。あるいは福祉国家においては，市民の生活の基礎的諸条件を保障することを通じて，市民が享受しうる自由を具体的なものに変えることができるのである。

　しかし，このような権力による自由を享受するためには，必然的に，個人はあるタイプの自己のあり方と生活様式を受け入れる必要がある。道徳的自由を享受する主体であるためには，自分が帰属する共同体の道徳的地平を内面化した道徳的主体になる必要があるし，共和制の市民として自由を享受するためには，公民的徳性をそなえ，市民としての自覚をもつ主体にならなければならない。また福祉国家が提供する自由を享受するためには，生活の保障と引き換えに，規制や指導といったかたちでの生活の規格化を受け入れる健康な個人でなければならない。自由は，このような権力が要求する自律性の条件に個人がかなうことを前提としている。

| 主体化する権力 |

しかし，消極的自由の主体にはそのような条件が課せられていないというわけではない。消極的自由を享有する主体は，緩やかではあるにしても一定の合理性をそなえた自律的主体であることが当然の条件とみなされている。したがって，合理性という意味での自律性が欠如していることを理由にして，ある人々の自由を否定することは可能であるばかりでなく，ある人々を自律的存在へと変えるために強制を加えることも常に可能である。

実際，フーコーが描き出したように，リベラリズムは，諸個人をある目的にかなう合理性をそなえた自律的存在へと規律化するために考案された，近代のさまざまな権力装置（監獄，軍隊，学校，病院，工場）と切り離すことができない。フーコーが描く近代の権力装置の典型例である「パノプティコン（一望監視施設）」が，J. ベンサムの発明であったことは象徴的である。リベラリズムでは，権力は個人の自由と鋭く対立するものとしてとらえられている。しかしそれは，自律性をそなえた市民的主体の形成に作用する権力の働きを隠蔽した上で，あたかも権力作用とは無関係にそのような市民が初めから存在しているものとして，権力と自由の対抗関係を説明しているからである。

権力は，単に諸個人の行為を制限したり禁止したりするだけではない。権力は，諸個人の行為様式を方向づけ，特定のタイプの主体のあり方を促すことによって主体を形成する。自由であるということは，あるタイプの主体へと形成されることでもある。共同体の道徳的伝統や共有された実践の中に自己を位置づけながら選択しようと努める市民であること，集団的意思決定と公共的な事柄への奉仕に積極的に参加する公民的徳性をそなえようと努める市民であること，国家が提供する規格化されたサービスを享受して標準的で健康な生活を営む市民であること，そしてまた，自己利益を合理的に判

Column⑥ パノプティコン（Panopticon）

　ベンサムが考案した監獄システムで「一望監視施設」と訳される。効率的に囚人を監視でき，また囚人が自ら更生できる施設として計画された。囚人が収容される独房は円周状に配置され，その中央にはすべての独房を見渡すことができる監視塔が立つ。独房の窓は監視塔に向かって開かれているために，囚人の行動は常に〈見られる〉状態にある。また監視塔の窓は巧妙に隠されているので，囚人には看守の姿を見ることはできないし，実際に見られているかどうかさえもわからない。つまり看守と囚人の関係は，一方的な〈見る－見られる〉の関係にある。したがって，囚人は自分の行動に，看守に〈見られている〉可能性を常に織り込まなければならない。こうして，囚人は看守の視線を内面化し，自分の行動を自らコントロールすることができるようになる。自律的主体を生産する規律化を，近代社会の特徴の一つとしてとらえるフーコーは，『監獄の誕生』の中でパノプティコンを規律化のための象徴的な装置として取り上げている。

図　パノプティコンの設計図

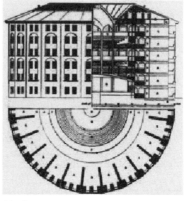

　［出所］　Bowring, J. ed., 1843, *The Works of Jeremy Bentham*, vol.4, pp. 172–173（原著 Bentham, 1789）.

断した上でそれを追求できる市民であること。このような市民であることが，自由を享受するための条件なのである。

　主体化する権力は，私たちの生活のさまざまな場面に浸透している。しかし禁圧的な権力や強制的な権力に比べると，主体化する権力を名指したり，抵抗したりすることは容易ではない。というのは，それが諸個人の行為を制限したり選択を強制したりするのではなく，諸個人の主体形成やアイデンティティ形成に働きかけることによって，個人を統治しているからである。また，必ずしも国家装置だけを通じて作用するわけではなく，さまざまな社会装置を通じても作用しているからである。

自由の戦略としての「実存の美学」

　主体化する権力に対抗するための自由の戦略として，晩年のフーコーが追求したのが「実存の美学」である。フーコーは，古代ギリシア・ローマの道徳的実践として，「実存の技法」を見出した。それによって人は自分の生を「ある種の美的価値を担うとともに，ある種の生き方の様式についての特定の基準にかなった一つの作品」としてつくりあげようと努めるのである。それは，与えられた普遍的な法や道徳規範に自分自身を合致させるような受動的な自己形成ではなく，自分自身の固有の生の規範に従って，能動的に自分自身で自己を一つの主体として形成し，統御することを意味している。つまり，既成の，規格化された生の様式から自分自身を引きはがし，自分自身で自己の生の様式をつくりあげていく表現のうちにこそ，自由は存在する。そしてこのようにして表現された主体の「ふるまいの作法」ないし「実存の様式」を，フーコーは「倫理」とよぶ。つまり，自ら自分自身を主体化して自己に固有の倫理をもつことによって，個人は，主体化する権力の規範化の圧力から逃れて，自由を享受することができるわけである（フーコー，1999／原著

1988)。

　このような新しい自由の要求がどこまで実現できるかは，そのような自由を唱える人々がどのような政治構想を提示することができるか，またそれがどれほど追求するに値するかにかかっている。自由の概念と政治の構想はここでも深い関係をもっている。したがって，このような新しい自由の要求はおのずと新しい政治のあり方の探求という課題につながるのである。

第 5 章

平　等

正義を求めて

　現代のリベラリズムの平等論の中心にあるのは，ロールズの『正義論』である。ロールズは，自分自身の社会的立場を知らないと想定しさえすれば，人々は一定程度の平等主義を選択すると「証明」した。これに対しては，さまざまな批判が寄せられ，論争が巻き起った。平等論の分野でもロールズ的な立場である資源主義が理論的に深められる一方で，生活の質そのものの平等化を説く福利主義も登場し，平等主義をめぐる議論は続いている。

1 ロールズ『正義論』とアメリカのリベラリズム

ロールズ『正義論』の
歴史的意義

本章では，現代アメリカのリベラリズム論における，最も重要な著作として知られる，J. ロールズ（アメリカの倫理学・政治哲学者）の『正義論』（ロールズ，2010／原著1971）と，それを出発点として展開された現代政治理論における平等論の展開を概観する。

第3章でJ. M. ケインズの指摘として紹介したように，個人の自由と経済的効率と社会正義の三つの要素の統合こそは，今なお現代リベラリズムの最も重要な課題である。自由，効率，正義のそれぞれの要素に関して，さらにその三者相互の関係をめぐって，学問の世界においても，またジャーナリズムや現実政治においても，さまざまな論争が活発に繰り広げられている。

ロールズの『正義論』は，社会正義の問題を正面から取り上げた。そこで問われた「正義」の中心にあるのは，「平等」で「公正」な社会とは何かという問題である。そして，こうした『正義論』の問いかけに刺激を受けて，ロールズ以降，さまざまな論者が，「平等」をめぐる論争に参加することとなった。現代の平等論を扱う本章がロールズの『正義論』をその中心におくのもそのためである。

今日，ロールズの議論に対する関心は，単にアメリカの内部だけにとどまらず，世界的な広がりをみせている。『正義論』に対する直接の賛成・反対意見や，『正義論』の問題意識を発展させたリベラリズムや平等に関する研究は，ヨーロッパや日本をはじめとした世界各国で生み出され続けている。しかも，のちにみるように，『正義論』は，功利主義の平等観や，古典的な機会・結果の平等観など，アメリカ以外の思想的伝統が生み出したさまざまな議論との

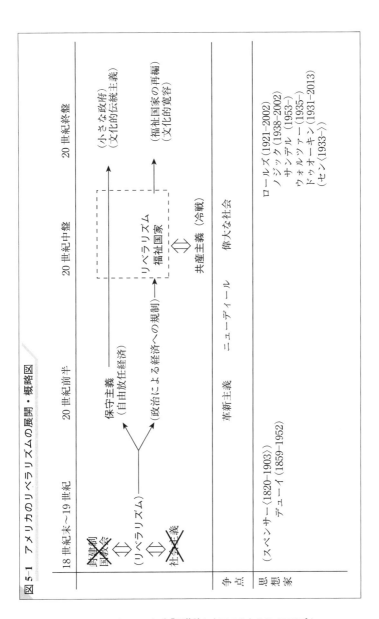

図5-1 アメリカのリベラリズムの展開・概略図

	18世紀末〜19世紀	20世紀前半	20世紀中盤	20世紀終盤
	封建制 国家 ✕ ⇔（リベラリズム）⇔ 社会主義 ✕	保守主義 （自由放任経済） （政治による経済への規制）	リベラリズム 福祉国家 ⇕ 共産主義（冷戦）	（小さな政府） （文化的伝統主義） （福祉国家の再編） （文化的寛容）
争点		革新主義	ニューディール　偉大な社会	
思想家	〈スペンサー〈1820-1903〉〉 デューイ（1859-1952）			ロールズ（1921-2002） ノジック（1938-2002） サンデル（1953-） ウォルツァー（1935-） ドゥオーキン（1931-2013） 〈セン〈1933-〉〉

対話から生まれた色彩も強い。だが同時に,『正義論』は, 20世紀後半のアメリカという, 特定の時代・場所の中で生み出された議論であることもまぎれもない事実である。したがって, この本の成立の背景やその内容・影響を的確に理解するためには, 現代アメリカの思想的文脈に関する一定程度の知識が必要である。

　そこで以下では, 第1節でアメリカのリベラリズムの歴史を簡単に振り返り, そこにロールズの『正義論』を位置づける。第2節ではロールズの『正義論』の内容を概観する。第3節では『正義論』が呼び起こした代表的な論争として, リバタリアニズムとコミュニタリアニズムからの批判を紹介する。その上で第4節と第5節では, ロールズを継承する平等主義的なリベラリズムのその後の展開を概観することにしたい。

アメリカの「自然的リベラリズム」

第3章でイギリスについてみたように, リベラリズムは歴史的に意味を変遷させてきた。そのため, リベラリズムについて一義的で単純な定義や性格づけを行うことは不可能であった。このことはアメリカのリベラリズムについても当てはまるが, それに加えて, アメリカの場合には, リベラリズムという概念がとりわけ多義的な概念として用いられるに至った, 特有の事情が存在した（なお, 以下の叙述においては, ロシター〔1964／原著1955〕, 佐々木〔1993〕, 古矢〔2004〕を参考にしている）。

　アメリカの思想史家 L. ハーツが,『アメリカ自由主義の伝統』（ハーツ, 1994／原著1955）の中で用いた的確な表現を借りれば, 19世紀末までのアメリカ社会の特色の一つは, それが「自然的リベラリズム」とよびうるものを受け入れていた点にある。すなわち, アメリカには, ヨーロッパ諸国と違って, 古典的なリベラリズムが批判の的とした, 世俗権力と結びついた教会や身分制秩序などの封建

的勢力が存在しなかった。また19世紀後半以降リベラリズムの主要な敵となった，強力な社会主義勢力も根づかなかった。その結果，アメリカにおいては，政治権力からの個人の自由を強調する，古典的な意味でのリベラリズムが，「自然」で自明なものとして万人に広く共有されていたというのである。

　ハーツによれば，こうした19世紀末までのアメリカのリベラリズムの特色は，アメリカが平等で均質的な移民国家として出発したという，その独立の経緯と深い関係にある。すなわち，ヨーロッパにおけるリベラリズムは，中世以来の封建的秩序という，現実の格差社会の解体をめざして近代当初に形成された。そのため，ヨーロッパのリベラリズムは，19世紀末頃に至っても，一方で封建的秩序に連なる「伝統」を強調する保守主義と，他方で社会主義との間で，激しい論争と勢力争いを繰り広げ続けた。それに対して，アメリカ社会は，そうした伝統的価値と決別し，自由な個人として生きる決意をした平等な移民の集合体として建国され，そこでは当初からリベラルな政治的価値への圧倒的な合意が存在した。そのために，アメリカにおいては，19世紀末に至っても，リベラリズムの敵となるべき保守主義に関しても，社会主義に関しても，それがリベラリズムと対等の勢力をもつ余地など存在しなかったのである。

　このように，リベラリズムに対する幅広い合意が存在したからといって，もちろん，アメリカに政治的な対立がなかったというわけではない。しかしそうした対立は，リベラリズムと保守主義や社会主義との争いとしてではなく，「自明」のリベラリズム内部の争いとして争われた。そのために，アメリカでは，リベラリズムという概念は，多くの異なった政治的立場を表現する，きわめて多義的な概念として用いられるようになる。そして，こうした19世紀のアメリカにおける多様なリベラリズムの多くに共有されていた共通項とは，大まかにいえば，政府とりわけ連邦政府の干渉を嫌い，個人

の自由と機会の平等を強調する個人主義の精神であった。ただし，この個人主義は，同時期のヨーロッパのリベラリズムにみられるような，自由貿易と商工業の自由，市場経済の賛美につながるものでは必ずしもなく，むしろ当時のアメリカ社会が産業化以前の段階であったことを反映して，農民などを含む「一般市民」に対する信頼を求めるものであった。

リベラリズムの自覚化　しかし，こうした社会的前提が崩れるとき，リベラリズムの中身が問い直されることになる。すなわち，19世紀後半から本格化する産業化は，アメリカの工業生産力の向上と富とをもたらしたが，同時にそれは，貧富の格差の拡大，独占資本の登場，劣悪な都市の住環境などの社会問題をももたらした。こうした状況を前に，産業の発展と市場経済の社会的帰結をどう評価するかをめぐって，鋭い政治的・思想的対立が生じることとなった。

　一方の立場は，産業化と市場経済における競争の結果生じた格差や不平等を倫理的に正当なものとみなした。すなわち，アメリカでは成功のための機会は万人に開かれており，それゆえに成功は個人の努力の成果，貧困は個人の怠惰の帰結であり，それはあくまでも個人の責任であって，政治が介入すべき問題ではないというのである。そして，ダーウィンの進化論を社会に当てはめて，社会での競争における適者の生存と不適格者の淘汰の必然性を説いたイギリスの思想家H. スペンサーの社会ダーウィニズムが，こうした立場を正当化するものとして一世を風靡した。

　こうした立場は，産業化のもたらす変化をそのまま肯定するという意味では，変化の要素に富んだ社会観であり，伝統や安定的な秩序の維持を重視する，ヨーロッパ的な保守主義とは異なっている。しかし，アメリカでは，こうした立場は今日に至るまで「保守主

義」とよばれる。その理由は，こうした立場が市場経済における競争の結果としての「現状」を倫理的に追認することにある。つまり，競争の結果を，格差や不平等も含めて，既存秩序として正当化するという意味において，それは現状維持的で保守的なのである。

　他方，こうした産業化に伴う格差や不平等を倫理的に正当化されない状況としてとらえ，そうした問題をすべて個人の責任として放置せずに，政治が自覚的に対応すべきだとする立場も現れる。そして，19世紀末以降のアメリカにおいては，もっぱらこうした立場が「リベラリズム」とよばれることになる。つまり，自覚化された「リベラリズム」は，個人への政治の不介入や市場経済の放任ではなく，むしろ政治による社会改革と結びついたのである。

　このような産業化が引き起こした問題への自覚的対応という意味において，また具体的な政策や主張においても，19世紀末から20世紀初頭にかけて自覚化され始めたアメリカのリベラリズムは，第3章で紹介したイギリスの「ニュー・リベラリズム」と共通性をもっている。そして，イギリスにおいては，「ニュー・リベラリズム」が福祉国家の構想や建設に大きな役割を果たしたように，アメリカにおけるリベラリズムもまた，福祉国家的政策の推進の担い手となった。さらに，イギリスを含む西ヨーロッパ諸国では，第二次世界大戦後には，主に社会民主主義勢力が福祉国家の推進を担ったのに対して，有力な社会主義勢力が存在しないアメリカにおいては，リベラリズムが引き続きその主要な推進役となったのである。

　こうした，市場経済の枠組みの中で社会問題への対応をめざす，改革主義的なリベラリズムは，20世紀初頭以降，さまざまな具体的主張や政治的運動を生み出すこととなった。例えば，20世紀初頭には，革新主義者とよばれる人々が，市場における独占の防止，移民の社会統合の促進，都市環境の改善など，産業化に伴う諸問題への対応の必要性を主張した。あるいは1929年に始まる大恐慌の

のちには，F. ルーズベルト政権のニューディール政策に代表されるように，連邦政府の財政的な介入を通じた，景気変動への積極的な対応を求める立場が現れた。さらに60年代には，L. ジョンソン政権の「偉大な社会」計画のもと，奴隷解放という黒人の法的・形式的平等化とともに，いわば解決済みの問題として長く放置されてきた黒人への差別と貧困の問題が，連邦政府の公的な政策課題とされるに至った。現代アメリカ政治におけるリベラリズムの基本的なイメージはこうしてできあがったのである。

リベラリズム批判と『正義論』の誕生

このように，アメリカ政治の現実をみるかぎり，政治による資源の再分配と社会への積極的な介入を伴う改革主義的なリベラリズムは，『正義論』出版の直前である1960年代に一つの絶頂期を迎えた。しかし，それと同時に，こうしたリベラリズムへの反発や疑問が，保守主義の側から，さまざまなかたちで提起されることとなった。第一に，リベラリズムは，平等を志向するあまり，経済の効率や活力に悪影響を及ぼすという批判を受けた。すなわち，それは経済的な強者からみれば，さまざまな規制や高額の税金を伴うため，個人が創意工夫や努力を重ね，活力ある経済を維持しようとする誘因を奪うと批判された。また，それは弱者の側からみても，行き過ぎた福祉政策の結果，貧困者や失業者を福祉依存的にしてしまい，貧困対策としても失敗だったのではないかという批判も受けた。第二に，保守主義の側では，リベラリズムが少数派の新しい文化やライフスタイルに比較的寛容である点をとらえて，それが国家や社会の文化的統一性に悪影響を与えるとの批判も展開された。

こうしたさまざまな批判の結果，リベラリズムの現実政治上における影響力は，1960年代頃以降，次第に減少した。そして，80年代に入ると，アメリカの現実政治においては，保守主義の影響力が

次第に増大した。今日，アメリカにおけるリベラリズムは，その現実政治での役割からみるかぎり，かつての圧倒的な影響力を失いつつあるとも指摘されている。

　それでは，ロールズ『正義論』は，こうした現実政治上におけるリベラリズムの影響力の変化にもかかわらず，なぜ世界的な大ブームを巻き起こすことになったのか。ここでは次の二点を確認しておこう。第一に，『正義論』に対する高い関心は，逆説的なようであるが，こうしたリベラリズムの影響力の衰退と不可分の関係にある。言い換えれば，ロールズの議論は，リベラリズムの影響力の衰退が人々の間で広く意識される時代に現れたからこそ，狭い学術的な世界だけにとどまらず，多くの人々から強い関心をもって読まれたといえる。確かに，『正義論』の中には，1960年代までのリベラルな政治の繁栄を念頭において書かれた議論が含まれている。だが，ロールズは，そうしたリベラルな政治の繁栄を所与のものとして楽観していたわけでは決してない。だからこそ彼は，自由と平等の関係など，それまで曖昧（あいまい）にされていたリベラリズムの基本原理を，きわめて根本的な次元にまで遡（さかのぼ）って問い直した。その結果，『正義論』は，リベラリズム再生のための唯一の手がかりを与える書物として不動の地位を確立するに至ったからこそ，リベラリズムに賛成する側と反対する側の双方から，賞賛や批判を浴びることとなったのである。

　第二に，『正義論』に対する関心の高まりの背景としては，こうしたアメリカ国内の政治的状況の変遷に加えて，ヨーロッパを中心とした，他国の思想的伝統との関係にも注目する必要がある。すなわち，『正義論』の形成過程においては，アメリカの政治的現実や学問的議論に加えて，1960年代までにイギリスを中心として積み重ねられた，ヨーロッパのリベラリズム研究・平等論研究が大きな影響を与えた。例えば，のちにみるように，ロールズが『正義論』

の主要な批判対象として想定したのは，人々の効用や幸福という次元で平等をとらえる，ヨーロッパ産の平等論としての功利主義の議論である。さらに『正義論』には，平等論の古典的なテーマである，「機会の平等」と「結果の平等」の関係をめぐる争点など，60年代までのイギリス平等論の研究成果が取り込まれている。このように，『正義論』の議論は，ひとたびアメリカとは別個の土俵で発展した，ヨーロッパの豊かな思想的伝統に対する再評価の要素を含んでいた。だからこそ，『正義論』の議論は，単にアメリカという一国の枠組みを超えて，世界的な関心をよんだともいえるのである。

2 ロールズの『正義論』

| 『正義論』と
正義の二原理 | ロールズは，1971年に出版した主著『正義論』において，平等概念と他の政治的価値，とりわけ自由との対立関係を前提に， |

それらの諸価値をいかに調和させ，社会的正義を確立するかという観点から，有名な二つの正義原理を提示した。すなわち，彼によれば，人間が多様な価値を調和的に実現する条件とは，人間の価値実現に不可欠の役割を果たすある種の財が，社会内で適切に配分されることにほかならない。この財は，「社会的基本財」（social primary goods）と名づけられ，その具体的な内容には，権利と自由，機会と権力，富や所得，さらに自尊心が含まれる。社会的基本財は，人間がいかなる生き方を価値ある生とみなす場合でも，常にそうした価値ある生の実現に不可欠の役割を果たす財であり，すべての合理的な人間がそれを欲する。そのため，この財の配分を適切に行うことが，社会正義実現の条件となる。

その上で，ロールズは，社会的基本財の配分に関係する人間の具

体的な社会的活動を，①政治的・市民的自由を典型とする基本的自由の擁護と，②社会・経済的資源の配分という，二つの領域に区別する。そして彼は，この二つの活動領域においては，異なった正義の原理が成立すると主張した。

　第一に，基本的自由の擁護は，社会・経済的資源配分の問題に常に優先する，正義論の最優先の課題である。すべての人は平等に，最大限の基本的自由をもつべきであり，ある人間の基本的自由を制約することは，他者の基本的自由を擁護する場合にのみ可能である。ロールズによれば「各人は，すべての人々にとっての同様な基本的自由の体系と両立しうる，最大限の基本的自由への平等な権利を持たなければなら」ず，社会・経済的不平等解消のために自由を制限することは許されない（正義の第一原理，平等な自由原理）。

　第二に，社会・経済的資源配分に関して，ロールズは，次の二つの条件が満たされる場合には，一定の不平等を許容することが正義にかなうと主張した。その条件とは，③社会・経済的資源の獲得に有利な職業や地位につくことができる可能性が，「公正な機会の均等という条件の下で，すべての人に開かれた」ものであること（公正な機会均等原理）と，⑤不平等の存在が，社会内の「最も恵まれない人々の最大限の利益となる」こと（格差原理）である（正義の第二原理）。

**原初状態と
無知のベール**

　以上のように，ロールズは，古典的な機会や結果の平等論とはおよそ異なった，きわめて独創的な正義原理の構想が可能だと主張する。しかもそこでは，一定の条件のもとで，一定程度の不平等までが認められるという。それでは，ロールズ自身は，いったいどのような議論を経て，こうした独創的な正義原理を導き出すに至ったのだろうか。

Column⑦ ロールズの功利主義批判 ━‑━‑━‑━‑━‑━‑━‑

　ロールズの『正義論』は，きわめて大部の書物であり，彼が論争相手として想定した議論は多数存在する。なかでも，特にロールズが論敵として強く意識するのが，功利主義の議論である。では，ロールズはなぜ，功利主義をそれほどまで問題視するのだろうか。

　ロールズによれば，功利主義の最大の魅力は，それが，「最大多数の最大幸福」という，一見単純明快な正義の判定基準を提示したことにある。この立場によれば，社会内の諸個人の幸福の度合いを，何らかの形で知ることさえできれば，そうした諸個人の幸福の総和を最大化する社会体制こそが正義にかなったものと判定できるからである。

　こうした功利主義の議論に対して，考えられる反論は多数ある。例えば，個人の幸福の度合いを知ることはそれほど簡単ではないであろうし，異なった個人の幸福を単純に合計できるかという問題もある。だが，ロールズ自身が最も恐れるのは，この功利主義の正義論が個々人の最低限の権利を抑圧してしまう可能性である。

　こうした可能性について，ロールズと並ぶリベラリズムの論客，R. ドゥオーキンの功利主義批判に登場する，人種差別の例を用いて考えよう。今 10 人の集団の中で，一人だけ少数人種に属する人が人種差別の被害に遭う場合を想定する。この場合，差別をする側は，差別の結果一人当たり 10 度の幸福を得ると仮定する。他方，差別の被

　ロールズはまず，正義原理を導き出すための出発点となる作業として，人間がそこに身をおくことにより，互いに平等な立場から正義原理の選択を行うことが可能となるような，社会的な状況のあり方を考察する。この状況は，人間の社会的協力関係が成立し，正義原理の構想が開始される以前の状況という意味で，「原初状態」（original position）と名づけられる。原初状態にいる人間は，あたかもベールに覆われたように，自らが資質や能力の点で社会全体からみてどれほど恵まれ，あるいは不利な地位にあるかを見通す知識をもたない。そして，原初状態にいる人間は，社会の全体的な構造

害者が被る苦痛をそれと同列に比較することは到底困難ではあるが，議論を簡略化するために，ここでは10度の幸福の損失を被ると仮定する。この場合，差別を行えば，社会全体の幸福の総和は，10度×9人－10度＝80度となるが，差別を止めれば，社会全体で得られる幸福の総和は0となり，功利主義は，差別を奨励せざるをえなくなる。

　ロールズによれば，功利主義が，こうした不当な結論を導くのは，功利主義が功利の総計のみを重視し，個人に対する配分のあり方に関心をもたないからである。確かに，功利の総計も重要ではあるが，それと同時に，人間が十分に生きるに値する豊かな生を送るためには，社会内のすべての個人が最低限度の幸福を保障されていることが不可欠である。ある少数者がまったく幸福を実現できない社会体制は，不当な犠牲を彼らに強いている。そして，ロールズによれば，諸個人に保障される，最低限の幸福のあり方を規定したものが，多様な人権にほかならない。

　このように，ロールズらのリベラリズムは，権利の概念を中心に組み立てられるところから，権利論的リベラリズムとよばれることがある。そして事実，ドゥオーキンは，自らのリベラリズムのこうした性格に着目したからこそ，自らの最初の主著を『権利論』と名づけることとなったのである。

や発展の傾向等に関する，きわめて一般的な知識だけを用いながら，正義原理の選択を行うことが要求される。

　こうしたロールズの構想は，「無知のベール」（veil of ignorance）と名づけられるが，その要点は，個人に特有の資質や能力の格差に関する知識の影響力を，正義原理の選択から排除する点にある。というのも，人間がそれらの知識を前提にして社会的配分のあり方を選択した場合，自らに有利な配分を選択する可能性が高いからである。例えば，普通の人の10倍の能力をもった人が，そのことを知って配分原理を選択すれば，ロールズの第二原理よりも，各人の

「業績」に応じた配分の原理を選択するほうが，有利な配分が期待できる。この人は，人々の多くが飢えに苦しむ中で，他者の 10 倍の資源を独占してもなお，この配分が「業績」に応じた正当な配分だと主張できるからである。

　しかし，ロールズは，有能な人間が，自らの有能さを自覚しながら社会的な配分の選択を行った場合，強者に不当に有利な配分が実現することを警戒する。なぜなら，個人が生まれつきもつ資質の差は，本人の努力や責任によって生じたとはいえず，そうした差異の影響力を排除することは，正義原理の構想に際して，最も重要なことだからである。

不確実状況と
マキシミン・ルール

　それでは，原初状態においてはなぜ，先の二つの原理が，最も正義にかなう原理として選択されることとなるのか。一言でいえば，ロールズは，原初状態を，人間が自らの資質の優劣すら知らされない，生の見通しがきわめて不確実な状況と理解した上で，以下のような推論から，人々がこの二つの正義原理に到達すると説明する。

　第一に，正義の第一原理が，第二原理に優先するリベラリズムの最優先の課題である理由について，ロールズは，第一原理が擁護する自由価値の特質に注目して説明を加えている。すなわち，第一原理が擁護する基本的自由とは，より具体的には，自由一般よりも限定された，最低限の市民的・政治的自由である。ここには，選挙権や公職につく権利，適正な刑事手続きを要求する権利，言論・集会・信仰の自由，さらに私有財産を所有する権利等が含まれる。これらの自由は，人間が，自らの生の目的や理想を，他人や政府から押しつけられることなく自らの視点から考え出し，必要に応じて批判的に再吟味することを可能にする点で，リベラリズムの自由価値

の核心をなしている。言い換えれば，基本的自由を擁護することは，リベラルな社会が形成・維持されるための最低限の必要条件であり，第二原理がめざす社会・経済的平等化と引き換えにこれらの自由を放棄する選択は，およそ正当化することができない。

　第二に，ロールズの第二原理は，古典的な平等概念である機会の平等論や結果の平等論に対するより直接的な批判を含んでおり，多くの論争を引き起こした。この原理は，有能な人間が社会的活動に参加する意欲を確保するために，彼らに一定の特権的な社会的配分を認めながらも，そうした社会的活動の成果を最弱者にも最大限還元しようとする点で，機会の平等論などよりもはるかに強く結果の平等を志向する。だが，それだけに，はたしてそうした原理に対して，社会内の全員，とりわけ社会的に有能で強い立場にいる者からの合意が得られるかどうかは，ロールズ正義論の重大な問題とならざるをえない。

　ロールズは，こうした弱者有利の合意が可能となる理由について，ゲーム理論において用いられた，「マキシミン・ルール」（maximin rule）とよばれる議論を応用しながら説明を加えた。すなわち，彼によれば，原初状態のような不確実状況において，人間がまずめざすのは，ものごとが最も理想的に進んだ場合ではなく，予想外の不幸な場合でも最低限の生や安全が確保できる，リスクを回避する控えめな選択である。つまり，不確実状況では，幸運なら高い見返りが得られるが，不運なら死というリスクを伴うような，当たり外れの激しい選択よりも，成功報酬も低いが，最悪でも死には至らない，安全確実な選択が行われやすい。こうした人間の合理的な選択のための戦略は，最悪のシナリオにおいて得られる結果を最大にするという意味で，マキシミン・ルールと名づけられる。これに従えば，原初状態下の人間は，自らが社会的強者であるという強気な想定よりも，自らは最弱者であるという控えめな想定に立って，弱者有利

の正義原理を選択する，というのである。

3 リバタリアニズムとコミュニタリアニズム

ノジックと最小国家　　ロールズ『正義論』は，きわめて簡単な二つの原理を用いて，正義に関する体系的な議論を提示することによって，その刊行当初から，さまざまな反響を呼び起こした。そのため，ロールズ以降の政治哲学の議論はすべて，多かれ少なかれ，ロールズに対する評価や批判を含んでいるとさえいわれるほどである。その中で，本節では，『正義論』刊行の比較的直後に提起され，その後のロールズ解釈にも大きな影響を及ぼした，二つの批判を簡単に検討しよう。

　第一の批判は，ロールズの福祉国家的な側面を批判し，それが本当の意味での自由の実現を妨げているとする立場である。こうした批判の代表的論者として挙げられるのが，R.ノジック（アメリカの倫理学者・哲学者）である。彼は，『アナーキー・国家・ユートピア』（ノージック，1985-89／原著1974）の中で，福祉国家的役割をおよそもたない，古典的な夜警国家こそが正義にかなうとする立場から，痛烈にロールズの議論を批判した。

　ノジックの議論の出発点となるのは，J.ロックなど社会契約説の古典的論者が想定した，国家形成以前の状態である，「自然状態」である。ノジックはこの状態を無政府状態と想定する。そして彼は，ここからいかなる政府が形成され，正当化されるかを，彼自身が正義に合致する唯一の政府と考える，「最小国家」の誕生過程を通して考察しようとする。

　ノジックによれば，自然状態のもとで，人々の生命や財産に関する権利の侵害が発生した場合，それに対して個々人が私的に対処し，

権利の回復や自己防衛を行うことには限界がある。そこで，人々は，お互いの協力を通じて，権利の侵害に対処する私的団体を形成することが予想され，それをノジックは「保護協会」と名づける。保護協会は，国家とは異なって，一つの地域の中に多数形成されるため，その後，異なった保護協会のメンバー相互の間に，権利の衝突や紛争が発生し，保護協会同士が紛争の解決力を競い合う状況が生まれてくる。こうした保護協会同士の競争の結果，保護協会の中でも特に紛争の解決力に優れ，ある地域内における人間の大半が，自らの保護を依頼するような保護協会が生まれることとなる。ノジックは，それを「支配的保護協会」と名づける。

　こうして生まれた支配的保護協会は，単なる私的団体であり，それがいかに一地域において支配的な存在になったとしても，そこに加入することを拒否し，自らの権利は自力で守る独立人がなお残る可能性がある。だが，こうした独立人が私的に行う権利の実現は，しばしば勝手な判断に基づいていて，それを放置すれば，支配的保護協会のメンバーに不当な危害が加えられることが多い。また，不当な危害が現実に起こらないとしても，その可能性があるだけで，人々は漠然とした不安を抱くことになり，そのような不安は支配的保護協会としても放置できない。そこで，支配的保護協会は，独立人のそうした行動が現実に起きたときにそれを阻止することはもちろん，そもそも独立人の私的権利行使をすべて事前に抑止してしまい，その代わり，独立人に対しては，無料で権利の保護サービスを提供するという取引を行う。こうしてすべての独立人を取り込んで，警察・国防と賠償機能を独占する「最小国家」が完成する。最小国家が独立人に対して無料の保護サービスを提供することは，一見，費用負担を行う支配的保護協会のメンバーから，独立人に対する一種の再配分の側面をもっているかのようにも思われる。しかし，ノジックによれば，こうした無料の保護は結局，国家の存在を脅かす

潜在的な挑戦者を減らし、国家の安定に寄与するものであり、それは十分に彼の考える正義にかなっていることになる。

| 権原理論 | このように、ノジックは自然状態の想定から、警察・国防業務と私的な契約の執行という役割を担う、最小国家の構想を提示した。そして彼は、福祉国家的な政策に必要な再配分の機能など、最小国家以上の機能をそなえた国家を、「拡張国家」と名づけて、それは正義の観点から正当化されないと批判した。

ノジックは、こうした自らの国家観を正当化するために、「権原理論」と名づけられた、正しい資源配分のあり方を判定するための基準を提唱した。この理論は、ある人に対する資源配分のあり方が正義にかなったものといえるか否かを、その人が、自らの資源を保有する何らかの正当な「権原」(entitlement) を有しているか否かに応じて判定する。そしてノジックは、ある人が自らの保有する資源に対して正当な権原を有する場合とは、具体的には、以下の三つの場合に限定されると主張した。すなわち、第一の場合は、ある人が誰にも保有されていないものを占有する、獲得の場合である。第二は、ある人から他の人に保有物が同意の上で譲渡される、移転の場合である。第三は、ある保有物をめぐる過去の取引の過程で、上記の二つの場合に当てはまらない、何らかの不正な取引が行われたことが判明し、その結果、そうした不正の被害者を救済するために、現在の保有者から本来の正当な保有者に対して保有物の返還が行われる、不正の匡正の場合である。

ノジックは、こうした一見抽象的な正義原理を基礎として、ロールズ流の平等主義が生み出す拡張国家を、次のように痛烈に批判した。すなわち、権原理論によるかぎり、国家の福祉国家的な再配分政策を用いて、富裕者の保有資源を貧困層に移転することは、以上

のような三つの場合のいずれにも該当しない，国家による財産権の不当な侵害にほかならない。むしろ，権原理論の観点からみれば，富裕者とそうでない者の不平等がいかに拡大しても，富裕者の富が人々からの正当な財の移転に基づく以上，それは正義に合致する。

この拡張国家批判の正しさをより具体的に説明する例として，ノジックは，アメリカの有名なプロバスケットボール選手，W. チェンバレン選手を用いた例を挙げる。チェンバレン選手が出場する試合においてだけ，通常の入場料に加えて特別の入場料が上乗せされて，その収入の合計は，そのままチェンバレンに支払われたとする。そうした特別入場料を喜んで払うファンが合計何百万人にも達し，貧困にあえぐ多数の市民を横目に，チェンバレンが使いきれない巨万の富を築いたとしても，貧困層への所得の移転を求める余地など何もないというのである。

こうしたノジックの立場は，所有権を中心とした個人の自由を絶対視する点に特色があり，「リバタリアニズム」（libertarianism：完全自由主義，自由至上主義，自由尊重主義などと訳される）とよばれる。リバタリアニズムは，1980 年代以降，現実のアメリカ政治が保守化し，福祉国家の行き過ぎが叫ばれる中で，人々の大きな関心を集めることとなった。

コミュニタリアニズムの自我批判

ノジックの議論は，最終的にロールズへの批判を含むものでありながら，個人の自由な意思の尊重という意味では，ロールズの議論と同様の，リベラリズムの一変種としての性格を有していた。だがこれに対し，ロールズに向けられたもう一つの批判は，そのようなロールズ理論の個人主義的な性格に着目するものであった。この批判は，「コミュニタリアニズム」（communitarianism：共同体主義や共同体論とも訳される。第 4 章 85 頁参照）と名づけられ，何らか

の意味で，個人の自我と対置される，共同体の役割を強調する議論である。この批判は，1980年代頃から複数の論者によって展開され，代表的な論者としては，M.サンデル，M.ウォルツァー，A.マッキンタイア，C.テイラーなどが挙げられる。その議論の具体的な内容はきわめて多種多様であるが，ここでは特に，ロールズ批判という観点から，彼らの議論を，自我観の批判と社会像の批判という二つの主張に要約して理解していこう。

　まず，コミュニタリアニズムがロールズ理論の欠点として問題視したのが，ロールズ正義論の自我に対する考え方である。この点を最も強力に主張したのが，サンデル（アメリカの政治哲学者）の『リベラリズムと正義の限界』（サンデル，2009／原著初版1982）である。サンデルによれば，ロールズ，あるいはリベラリズム一般の自我に対する理解の最大の特色は，それが，非現実的なまでに抽象化され個人化された自我の概念に依拠している点にある。そのことを最も端的に示すのが，ロールズの原初状態の議論である。ロールズはそこで，人間が無知のベールをかぶり，自らのもつ属性や自らのおかれた環境などに関する一切の知識を失って，独立した自我として思考していくことが，平等で正義にかなった意思決定を行うための条件であると主張した。

　しかし，サンデルは，こうしたロールズの想定に疑問を投げかける。第一に，人間の自我のあり方を理解するためには，それがどのような環境におかれているかを考察することが不可欠である。言い換えれば，人間がどのような環境におかれ，どのような共同体の一員として，どのような生の目的をもって生きるかは，人間の自我のあり方を考える際の不可欠の要素である。例えば，私たちが自らの自己紹介をする場合を考えてみよう。この場合，私たちは，単にそのときたまたま思いついた一時的な考えや欲求を語ることで，自己の人生を語ったりはしない。むしろ私たちは，自分がどのような地

域に根ざし，どのようなクラブや集団の一員として生きているかを通じて自己を語る。このことは，人間の自我のあり方が，当人の帰属する共同体と不可分であることの証拠である。

　第二に，サンデルによれば，こうして現実の共同体や生の具体的な目的と切り離されて，きわめて抽象的な存在として人間の自我を構想するロールズ的なリベラリズムの考え方は，自我の理解を困難にするばかりでなく，ロールズ自身の理想とも矛盾する。すなわち，ロールズが理想とする，正義の選択を正しく行える自我を育成するためには，自我が自らの生の正しい目的を把握し，確固とした道徳的な判断力を獲得することが必要となる。しかし，人間が共同体から離れた独立の存在として生活した場合，こうした高い道徳的能力を身につけることは困難になってしまう。むしろ人間は，一定の共同体に帰属し，多様な他者の生の目的や善の構想にふれることで，自らの生の目的をそれらと比較し，自らの自我のあり方に批判的な反省を加えていくことができる。言い換えれば，共同体は，自我の陶冶と自己反省の機会を提供する点で，リベラリズムが理想とする自我の確立に欠かせない。

　こうしたことから，サンデルは，リベラリズムの自我観を，共同体や，共同体のメンバーによって共有された善の構想から独立したという意味で，「独立した自我」（independent self）と総括する。またそれは，共同体からの独立を通じて，理性を自由に使用し，正しい価値判断ができるという意味において，「選択する自我」（choosing self）であるともいわれる。しかし，サンデルによれば，こうした自我のあり方は，むしろ根なし草のように，好き勝手で不安定な生き方に直結する危険性が高い。理想的な自我とは，それが属する共同体や，それが他者と共通して追求する善や生の目的と不可分であり，共同体に確固とした基盤を有するという意味において，「位置づけられた自我」（situated self）にほかならない，とサンデル

は主張するのである。

> ### コミュニタリアニズム
> ### の社会像

コミュニタリアニズムのロールズ批判とし
て，次に問題になるのは，コミュニタリア
ニズムのこうした自我理解が，自我論にお
ける批判をこえて，ロールズが正義論で示したリベラリズムの社会
像・政治像に対する，どのような批判を生み出すかである。この点
に関していえば，コミュニタリアニズムの個々の論者が理想と考え
る具体的な共同体や社会体制はきわめて多様である。しかし，ここ
ではロールズの正義論に対する，最も体系的で周到な批判を行った
論者という観点から，引き続きサンデルの議論に注目したい。

サンデルによれば，ロールズの社会像・政治像がもつ最大の欠陥
は，国家という共同体の存在や，共同体を舞台として行われる政治
の意義を十分に説明できない点にある。こうしたロールズ理論の弱
点を端的に示すのが，リベラリズムが最大の政治的課題とみなした，
「積極的是正策」（affirmative action）の正当化である。積極的是正
策に対しては，それが，政治権力の過大な行使を伴っており，リベ
ラリズムの最大の価値である，個人の自由や権利を不当に侵害して
いるという批判が浴びせられた。例えば，積極的是正策のもとでは，
大学入試において黒人に対する優先入学枠が設けられた結果，同じ
入試で不合格と判定された白人から，能力に応じた学習の権利を侵
害されたという批判が投げかけられた。こうした批判の中には，リ

★用語解説

□ **積極的是正策** 1960 年代のアメリカでは，黒人層を中心とした社
会的弱者の地位改善のために，社会への積極的な国家の介入を行う，
「積極的是正策」とよばれる平等化政策が実施された。積極的是正策の
具体的な内容は，黒人層に対して大学入学の優先枠を設けること，黒人
居住地域の小学生を強制的に白人居住区の小学校にバス通学させ人種の
融和を図ることなど，幅広い政策分野にわたっていた。

　アメリカの政治哲学者ウォルツァーは，著書『正義の領分』（ウォルツアー，1999／原著 1983）の中で，ロールズの正義論が，さまざまな財の配分を，すべて単一の正義原理によって決定していることを批判し，多様な財には，それに応じた固有の配分基準が設けられるべきであると主張した。例えば，金銭という財には，そのあり方を論じてきた固有の歴史があり，それは官職という財や，教育という財に関する議論の歴史とは異なっている。このように，多様な財が，異なった論争共同体の中で確立された，異なった基準に従って配分されることにより，ある特定の人間が，社会内のすべての財を独占することは不可能となる。そして，多くの人間は，何らかの財の配分に関して，優越的な地位を占めることが可能になる。ウォルツァーは，こうした多元的な財の分散状況を，「複合的平等」（complex equality）と名づけ，それがロールズの正義概念の有力な代替モデルになると主張したのである。

ベラリズムの政治観や共同体観がもっている，根本的な欠陥が示されている。なぜならば，リベラリズムは，諸個人の自由や自己利益追求を過大に重視する結果として，自らが理想とする改革主義的な政治に不可欠な，強力な政治権力や国家の所在を正当化できないからである。

　これに対し，サンデル自身は，リベラリズムが求める強力な政治権力や国家の所在は，政治的行為の本質を，共同体のメンバーが全体として共有する「共通善」（common good）の実現行為として理解することにより，はじめて適切に理解することが可能だと主張する。例えば，国家が大学という組織の維持に多くの資金や労力をつぎ込むことが許されるのは，それが社会的に有用な人材を育てることにより，社会の全体的な利益を実現するからである。このように，国家が行うさまざまな政治的活動は，人間の単なる自己利益追求の

活動をこえて，他者と共有する共通の利益・善の実現活動としての側面をもっている。だからこそ，大学への入学の機会を誰に与えるかを，個人の試験成績とともに，過去の差別に対する補償という，社会の全体的利益の観点を加味して決定しても，決して不当とはいえないのである。

そしてサンデルは，こうした政治的行為がもっている共通善の実現行為としての側面は，ロールズ自身の格差原理の構想の中にも，すでに暗黙のうちに取り込まれていると指摘する。すなわち，すでにみたように，格差原理においては，個人が生まれつきもつ有能な資質は，その当人のためだけにではなく，社会内の最弱者のためにも使用されることが推奨されていた。このように，ロールズの議論は，人間の資質をいわば社会の共有財産とみなす以上，共同体が一つの共通善を共有しており，その実現のために政治を行っているという事実を認めるべきではないか，とサンデルは批判するのである。

コミュニタリアニズムからのリベラリズム批判は，その後のリベラリズムの動向に大きな影響を与えた。そしてコミュニタリアニズムがその後のリベラリズムに課した課題を，あえて一言で要約するならば，政治的連帯の可能性の追求ということがいえるだろう。すなわち，サンデルの積極的是正策論が典型的に示していたように，リベラリズムの最大の難問は，まったく独立した自由な個人から出発して，いかに政治という活動に不可欠に伴う連帯という現象を説明できるかにある。こうしたリベラリズムがはらむ緊張関係を端的に照らし出した点において，コミュニタリアニズムは，その後のリベラリズムの動向に決定的なインパクトを与えた。そのことを最もよく示すのが，ロールズ自身の，『正義論』以降の議論の発展である。なぜならば，第9章でみるように，ロールズは後年の著書『政治的リベラリズム』（ロールズ，2022／原著初版1993）においては，より直接的に，多元的な価値の並存状況からいかにして政治的連帯を

つくりだすかを，自らの課題とするに至ったからである。

4 ドゥオーキンと資源主義の発展

資源主義と福利主義 ロールズの『正義論』は，さまざまな批判を受けながらも，現代社会におけるリベラルな平等論の可能性をきわめて体系的に示した点で，多くの人々に読み継がれることとなった。それでは，ロールズ以後，平等論はどのように発展することとなったのか。この問題に答えるために，平等主義的なリベラリズムをさらに発展させた人物として，アメリカの法哲学・政治哲学者 R. ドゥオーキンの議論をみてみよう。ドゥオーキンは，『平等とは何か』（ドゥウォーキン，2002／原著2000）の中で，ロールズ以降の現代平等論の意義を，次のように新たな視角から再検討した。

ドゥオーキンによれば，現代平等論の多様な流れとその意義とは，彼以降，「資源主義」（resourcism）および「福利主義」（welfarism）と名づけられるに至った，二つの立場に整理することにより，最も的確に理解することができる。このうち，資源主義とは，平等論の課題を，社会内における何らかの重要な資源配分の平等性に限定する立場である。この立場は，何を重要な資源とみなすかによって，物質的資源のみに視野を限る立場から，自由や機会など，より社会的な資源をも視野に入れる立場まで，多くの可能性がある。これに対して，福利主義とは，単なる資源配分の平等性をこえて，諸個人がそうした資源を用いて達成する，何らかの望ましい状態の実現，すなわち福利の平等をめざす立場にほかならない。

ドゥオーキンは，自らの平等理論が，ロールズと同様に資源主義の立場に立つことを明言する。その上で，ドゥオーキンは第一に，

自らの論敵である，福利主義的な平等論が登場するに至った理由を，生まれつき身体に障害をもつ人に対する補償の問題を手がかりに説明する。すなわち，ドゥオーキンによれば，こうした障害をもつ人に高価な医療をほどこし，身体補助の器具を配る政策は，平等主義的リベラリズムが擁護すべき，福祉国家的な平等化政策の典型例のはずである。それなのに資源主義は，一見するかぎり，資源配分の画一的な平等化のみを主張するため，特定個人への特別な資源配分を伴う，こうした補償の正しさを説明することが難しい。これに対して，福利主義は，資源配分の格差に加え，人間の資質や能力上の格差も反映する，福利実現という次元で発生する不平等に着目する。そのことにより，福利主義は，身体に障害を有する人に対する補償を，資質や能力を平等化させる補償政策の一環として，より容易に正当化することができた，というのである。

　しかし第二に，ドゥオーキン自身は，福利主義が，以上のような利点とともに，決定的な問題点をももっており，その全面的な批判が必要だとも指摘する。その問題点とは，福利主義が，福利充足の名のもとに，人間の「不当な」欲求の実現に手を貸す可能性にほかならない。例えば，ある人が，他人を見下す発言を繰り返していた場合，その発言を繰り返す当人は，自らの優越感を満足させるという福利の充足を達成する。だがその反面，こうした発言を受けた人々は，自尊心を傷つけられ確実にその福利を減退させる。さらに，社会の中には，生存に不可欠な最低限の衣食だけで十分満足する，常識的な欲求の持ち主もいれば，高価なワインや装飾品を浪費してもなお不満な，高級すぎる嗜好の持ち主もいる。このように，人間が抱くさまざまな欲求の中には，それを公的な平等化政策を通じて満たすことで，社会的な不正義を招きかねない欲求が多数存在する。それなのに福利主義は，個人が抱く多様な欲求の充足を，およそすべて福利の充足とみなすために，福利実現に名を借りた社会的な不

正義を助長しかねない，とドゥオーキンは批判するのである。

リベラルな
オークション

それでは，ドゥオーキン自身は，こうした
平等論の対立状況を前提として，自らの資
源主義的な立場をどのように発展させよう

とするのか。ドゥオーキンは，そうした観点から，以下のようなオー
クション論を展開した。すなわち，ドゥオーキンは，資源の平等
な配分状況をより具体化するために，ロールズの原初状態論に似た
一つの仮想的な無人島を想像する。この無人島に互いに平等な権利
をもった一群の人々が流れ着き，それらの人々の間で，あらゆる資
源を平等に分配する仮想的なオークションが行われると想定する。
ドゥオーキンは，このオークションの枠組みを用いて，通例私たち
が平等問題の名のもとに議論する多くの道徳的問題について，何ら
かの解決策を示すことができれば，資源主義の正しさが示されると
考えた。

　第一に，社会が生産や商取引を始める以前の平等化について，ド
ゥオーキンは，以下のような回答が可能だと考えた。すなわち，こ
のオークションでは，それ自体としては使用価値のない貝殻製の貨
幣が各人に平等に配分され，人々は，この貨幣を用いて，自らの欲
する財やサービスに希望の入札値をつけ，それらを競り落とす。オ
ークションの対象となるのは，島内のあらゆる財やサービスであり，
食料品から土地などにまで及ぶ。それら諸資源のある一つの品目に
ついて，その競り値が十分つり上がれば，その商品の購入者が決定
される。そうした方法で，全品目に購入者が見つかるまで，オーク
ションは何度でも繰り返される。

　このオークションにおいて，参加者は，ひとたび諸資源の一定の
セット，例えば，食料 x 単位と土地 y 単位などを競り落とした後
にも，なお生産や商取引の開始以前であれば，他者の落札した諸資

源のセットなどを参考に，自分の選択を再考し，競りの再開を要求することができる。例えば，ある人が，当初はコックとしての人生を夢見て，貨幣のほとんどを食料と交換しても，再考の結果，今度は土地を大量に購入し，花の栽培を仕事とすることをめざしてもよい。だがこうした再考の過程も十分に尽くされれば，最後には，人々の選択や好みの多様さを考慮した上で，資源の平等な配分が実現される状況が訪れるはずである。この状況をドゥオーキンは，「羨望テスト」（envy test）という基準が満たされた状況と名づける。この状況は，オークション参加者の全員が，自分以外の他人がもっている資源のセットを羨むことがなく，各自が選択した資源のセットに最終的に満足した状態にほかならない。

| 不平等と保険 |

以上のように，仮想的オークション論は，さしあたり無人島社会の始まりの時点で，諸資源の平等な配分を達成する。しかし，ドゥオーキンによれば，ここで第二に，現実社会における平等問題を考える上でより重要な問題が発生する。それは，人々が社会生活を開始し，生産活動や商取引などが行われた結果，こうした資源配分の平等が損なわれる場合，どの程度までそうした不平等や格差を是正することができるか，という問題である。

　この問題はまさに，すでにみた，資源主義の福利主義批判において最も重要な問題点となっていた，平等化のための補償政策の限界をめぐる問題にほかならない。そこで，ドゥオーキンは，こうした問題を考えるために，資源配分の不平等化が生じる主な原因として，二つの類型を区別することが必要だと指摘する。

　第一の類型とは，そうした不平等化が，人々の商売上の戦略や，職業の選択など，当人の選択の結果として生じる場合である。資源主義は，この場合に生じる資源配分の格差はあくまでも当人に責任

があると考え，それを公的に救済することはしない。その代わりに，ドゥオーキンは，こうした格差を個人の責任で是正する方法として，オークション商品のリストの中に，保険という商品を含めることを提案した。すなわち，人々は，自らの能力に関する見通しや，自らの人生計画に含まれるリスクなどを考えあわせ，貝殻貨幣を使って，自分の好むレベルの補償が得られる保険に加入する。そうすれば人間は，保険を一切購入せず，貨幣すべてを土地の購入に使って，リスクはあるが巨額のもうけを夢見る人生を選ぶことも可能であるし，逆に土地購入費を犠牲にしてでも一定額の保険を購入し，不運にみまわれた場合に十分な補償が得られる生き方を選ぶことも可能となる。

　他方，これと異なる第二の類型として，資源配分の不平等が，当人が選択する余地のない要因によって生じる場合がある。例えば，生まれつきの身体障害のために生じる所得の不平等は，こうした場合の典型である。ドゥオーキンは，こうした不平等については，それを公的に救済する必要があると主張する。具体的には，ドゥオーキンは，貝殻貨幣を人々に分配する際に，すべての貨幣を分配してしまわずに，こうした不平等に対する補償を行うために，一定程度の貨幣を社会の共有分として取り分けておくことを提唱する。そして，人々がオークションにおいて平均的に購入する，平均的な補償レベルの保険と同じ程度にまで，こうした不平等に対する補償を公的に行うことは，資源主義の立場とも十分に両立する政策だと主張するのである。

オークション理論の
意義

　このように，ドゥオーキンは，仮想的オークションの枠組みを用いることにより，ロールズにおいては比較的抽象的なものにとどまっていた資源主義の主張を，より具体的なかたちで提示するこ

とに成功した。そして，彼はさらに，こうしたオークション理論の主張を，現実社会の中において実践する具体的方法に関しても，いくつかの考察を行っている。例えば，オークション保険の保険料徴収や保険金支払いの機能を，現実社会における不平等の是正手段として重要な役割を果たしている，税金や所得再配分政策などによって代用する可能性などは，真剣な検討に値するという。

　しかし，ドゥオーキンの議論の意義を，単に資源主義の具体化という点だけに限ることは，必ずしも適当ではない。むしろ，オークション理論の最大の貢献は，福利主義には欠けていた，平等化政策の正当な補償対象とみなされるべき不平等の範囲に関する考察を，きわめて明確に原則化して呈示した点にこそある。そして，ドゥオーキンは，そうした資源主義の平等化原則を，「意図」(ambition)を反映し「才能」(endowment)を反映しない平等化として表現する。つまり，資源主義は，ある人の自覚的な選択，すなわち「意図」に基づいて生じた不平等を放置するが，同様の不平等が，当人の意図とは無関係な，「才能」の違いから生じる場合，それを公的な政策によって是正する。この点で，ドゥオーキンの仮想的市場における人々のオークション行為は，単なる財やサービスの人気投票をこえた，当人の人生全体に関する選択や生き方の理想を反映した行為として理解する必要がある。つまり，ドゥオーキンは，ある人間が理想として選択する望ましい生のあり方は，常に仮想市場における財のセットの選択に反映されると考える。だからこそ彼は，仮想市場における人々の決定を，資源主義の中心的問題として位置づけているのである。

5 福利主義の展開と平等論の課題

不平等問題の再検討 ドゥオーキンの議論は，資源主義対福利主義という，現代平等論を代表する対立軸に着目しながら資源主義の可能性を明らかにした点で，きわめて大きな足跡を現代平等論の中に残した。それでは，これと対立する現代平等論のもう一つの流れである，福利主義はどのような発展を遂げていったのだろうか。そこで以下では，福利主義の問題関心をより具体化した議論の一類型として，インド出身で，その後英米で活躍した経済学・倫理学者 A. センの議論を取り上げよう。

センは，『不平等の再検討』（セン，2018／原著 1992）の中で，ロールズ以来の平等主義的リベラリズムの成果を前提として，それを批判的に再検討することにより，きわめて独創的な平等論を呈示した。センはまず一方で，現代平等論が，ロールズら資源主義者の努力により，主として先進諸国において，めざましい発展を遂げたという事実に着目した。そのためセンは，ロールズの議論を，20 世紀において最も影響力をもった平等論の一つであると評価する。さらに彼は，それにドゥオーキンを加えた資源主義の平等論が，現代平等論の発展において果たした不可欠の役割を，きわめて高く評価した。

だが他方，センによれば，今日における不平等の実態は，こうした現代平等論の発展にもかかわらず，発展途上国を中心として，世界的な規模で悪化の一途をたどっている。第一に，発展途上国の内部をみれば，そこにおいては，単なる所得の格差に加え，栄養失調・失業など，人間の自由な活動を妨げる，広い意味での「貧困」状況が蔓延している。第二に，一見豊かになったと思われる先進諸国の内部でも，例えば老人や有色人種など，特定の人種や年齢層，

地域に属する人たちが，今日依然として同様の栄養失調や健康状態の悪化に苦しみ，不平等な状況におかれている場合が少なくない。

| 資源主義の限界 |

以上のような，現代社会に依然として残された不平等問題の具体的な実態を前提として，センは，こうした不平等の拡大が，従来の平等論の問題点と密接に関連すると指摘した。センによれば，すでにみたように，ロールズやドゥオーキンらの資源主義は，万人に対して平等に，自由な生の実現を保障することを最終的な理想とした。その上で彼らは，そうした自由実現の前提条件をなす財としての，「社会的基本財」などの資源配分の平等化のみに焦点を当ててきた。しかし，今日の不平等問題の現実をみるかぎり，こうした資源配分の画一的な平等化だけを平等理論の中心的な課題と考えることには，大いに疑問の余地がある。例えば，今日貧困が蔓延する発展途上国においては，仮に先進国と同程度の資源配分状態を確保できても，従来医療や栄養，さらに教育等の不足が慢性化していたことにより，それら諸資源を十分に活用できない市民が多数にのぼる。つまり，人間はある一定の資源配分を受けるだけでなく，それら資源を有効に活用する諸能力を平等にそなえることにより，はじめて真に自由な生を生きる可能性を平等に確保したといえるのである。

このように，センは，資源主義の問題点を整理した上で，こうした資源主義の問題点を克服するためには，以下のような，新たな平等論を構想することが必要だと主張する。

第一に，新たな平等論は，単に資源配分の平等性だけでなく，各人がそうした多様な資源を活用して生活の質を高め，一定程度の望ましい生を平等に確保できること，言い換えれば，人間が現実に享受する「福利」（well-being）の平等を保障するものでなければならない。もちろん，何が具体的にある人間の生の質を高め，当人に

「福利」の向上をもたらしうるかに関して，一般的な解答を与えることは必ずしも容易ではない。例えば，自らの利益だけをひたすらに追い求めて，自らの生の充実を図る人もいれば，自らの家族やコミュニティの利益の実現を通して，はじめて自分の生を充実させることができる人もいる。しかし，センは，こうした「福利」概念の具体的形態が多様であるからといって，ただちに福利の平等という全体的な方向性の意義それ自体を否定し，安易に資源主義の立場に戻ることは，決して妥当ではないと主張する。

潜在能力の平等化 第二に，センは，人間が現実に享受する「福利」それ自体に関して一般的な議論を行うことは困難であっても，人間が，自らの生の質を高め，「福利」を実現するための能力に関しては，一定の一般化が可能であると考えた。センは，こうした能力を「潜在能力」（capabilities）と名づけ，それを，当人が実現できる可能性のあるさまざまな行動や健康状態などの生活上の状態，すなわちさまざまな「機能」（functionings）を実現するための潜在的能力と定義する。例えば，長期にわたり病気に苦しむ人が，やがて完全な健康体になることを自ら断念するように，人間は不平等があまりに極端な場合，これらの機能の達成をあきらめ，より控えめな生の実現をめざすことも多い。そのためセンは，人間がこれらの機能の達成を現在希望していなくても，それを実現できる能力を潜在的に万人に確保しておくことが，不平等の解消に直結すると考えた。

そしてセンは，自らの新たな平等論は，この意味での潜在能力の平等化をめざすことにより，基本財などの平等化をめざす資源主義的な平等論と比べて，より実質的に人間の自由を保障できると主張する。なぜならば，例えばある人間の経済的自由を増大させることをめざす場合，当人になるべく多くの種類の商品を供給し，その経

済的な選択肢をより多様化させることが必要となる。これと同様に，ある人間に自由を実質的に保障するためには，その潜在能力を増大させ，当人が選択できる可能性のある「機能」，すなわち望ましい生の可能性をできるだけ多様化させることが不可欠だからである。

こうしてセンは，独自の「潜在能力」概念を用いながら，福利主義の利点を明らかにする一方で，福利主義に対する批判にも注意を向ける。というのも，すでにみたように，福利主義に関しては，過度に贅沢な嗜好の充足さえも，福利充足の名のもとに正当化する危険が指摘されており，センの議論も，「潜在能力」の具体的な内容次第では，そうした批判を浴びる危険があった。だがセンは，自らの想定する「潜在能力」理論の主たる目標を，あくまでも，発展途上国などの平等問題の最前線において，今日，依然その確保が緊急の課題とみなされる，人間の生物的・社会的生存に関わる最低限の能力の確保に限定する。すなわち，「潜在能力」の具体例のうち，最も基本的なものとして，センは，適切な栄養を獲得できる能力や，健康な状態でいられる能力，避けられる病気にかからない能力，早死にしないですむ能力などを挙げているのである。

言い換えれば，センの「潜在能力」概念は，今日，先進国にいる人々が，すでに一定の職業や収入を確保しておきながら，さらによりよい収入をめざして学校などに通い「能力」の向上をめざす，などという場合の「能力」とはおよそ異なった概念である。彼の「潜在能力」概念は，あくまでも，万人に対してそれを保障することにおよそ異論の余地がない，最も基本的な人間の生存能力を主として意味する言葉として用いられている。こうした限定により，センは，福利主義の平等論が，不当な欲求の実現に手を貸す危険を避けようとしたのである。

以上のように，センの議論は，資源主義からの批判によっていったんは動揺をみせた福利主義の意義を，再度確立することに大きな

貢献をなした。その際大切なことは，センが，現代社会に依然残された具体的な不平等状況を手がかりとして，新たな理論化に成功したという事実である。というのも，一般に平等概念は，抽象的で理想的な「平等」状況を描くことを目標とするよりも，何らかの具体的な「不平等」状況を広く社会に知らせて告発し，それを是正することを役割としてきた歴史をもつからである。例えば，マルクス主義の平等論は，産業社会化の進展とともに生じた階級相互間の激しい経済的不平等を告発の対象としていたし，ロールズの平等論は，一見豊かになったアメリカ社会に，なお厳然として残る人種や性別相互間の不平等を，主要な告発対象とみなした。

　これに対し，センは，今日，不平等問題が最も先鋭にみられる，発展途上国と先進国の間の格差や，先進国の高齢者らが直面する厳しい現実に着目することにより，既存の平等論の限界を指摘することに一定程度成功した。そして，こうした具体的な不平等に対する関心は，セン以降もさらに広がりをみせている。例えば第7章でみる多文化主義の代表的論者 W. キムリッカ（カナダの政治哲学者）は，少数派先住民族の文化的権利をめぐる具体的な平等問題を手がかりに，自らの平等論を展開した。その意味で，センの議論は，単に福利主義だけでなく，現代平等論全体のあり方に対しても，決定的な影響を与えたといえるのである。

何に関する平等

これまでみたように，現代平等論は，平等主義的なリベラリズムの登場以降，資源主義と福利主義という，二つの流れを中心として活発な議論を展開してきた。今日，これら二つの陣営は，平等概念をめぐるさまざまな個別の論点に関して，今なお新しい論争を展開している。そこでここでは，こうした今後の議論の方向を正しく理解するために，いくつか念頭におくべき問題を指摘することにより，平等概念に関する

私たちの理解を最終的に整理しておこう。

　第一に，今日，平等論を理解する上で重要なことは，ある人の平等論が，いかなる次元における，何に関する平等を主張するものであるかを明確にすることである。というのも，今日，多くの平等論は，平等であることそれ自体の意義をひとたび認めた上で，いかなる問題に関する平等化が政治的に最も重大な意義をもつかに関して，相互に対立し合っているという側面をもつからである。例えば，資源主義者は，資源配分の平等化を最も重要とみなし，福利主義者は，それら資源を用いて人々が現実に達成する，自由で望ましい生の平等な実現をめざす。そして，本章でみたように，こうした資源主義者の平等化への要求と，福利主義者の平等化への要求とは，同じ平等化という概念を用いていても，相互に対立する可能性を多分に秘めている。このように，同じ平等という概念が，論者によっておよそ異なった意味に使われている以上，ある人が，単に「平等」論者であることを確認してみても，今日，私たちはその人の議論を何も理解したことにはならない。必要なことは，その人が，何に関する平等を主張しているかをより具体的に確認することである。

　他方，このように考えることにより，一見平等概念を用いていない議論にも，実は，平等の問題に関し多くの重要な示唆が含まれていることにも気づかされる。例えば，すでにみたノジックのようなリバタリアニズムの論者は，人間がもっている所有権は無制限に自由に行使することができ，その結果，社会に極端な貧富の格差ができてもかまわないと考える。この立場は，経済的な結果の次元からみれば，極端な不平等肯定論であり，従来そうした批判を受けることが多かった。だが，こうしたリバタリアニズムの議論も，所有権の行使という次元からみれば，実は，各個人の完全な平等を主張する側面をもっている。そして逆に，例えば資源主義の立場をとった場合，経済的な資源配分の平等化は容易に肯定される反面，そうし

た資源配分実現のために，所有権行使の平等性は犠牲にされる危険性が高い。

　結局，あらゆる平等論は，ある特定の価値や財などの平等化を特別に重視し，その平等を実現することを最大の目的と考える。同時に，その平等論は，そうした一つの次元での平等を実現するために，他の次元での不平等を招くという宿命をもっている。このように，ある平等論の選択は，何に関する平等を社会で最も重要な問題とみなすかという価値判断と不可分に関連するという事実を，センはかつて「何に関する平等」（equality of what）の問題と名づけた。このセンの指摘は，平等論が発展し多様化した今日でも，常に念頭におかなければならない問題である。

到達点と新しい論争　第二に，今日，こうした多様な平等論は，さまざまな対立点とともに，一定の共通点をも共有し始めていることにも注意が必要である。例えば，すでにみた生まれつきの身体的な障害を有する者に対して，医療などの特別な補償を与える場合がよい例である。平等主義的なリベラリズムの論者によって現代平等論の論争が開始された直後，この問題は，資源主義と福利主義の双方を二分する，平等論最大の対立点であった。当初，福利主義の側は，この問題を最も典型的な平等化問題と考え，こうした補償に対して資源主義が適切な根拠を示せないことを強く批判した。これに対し，福利主義の批判を受けて登場したドゥオーキンは，資源主義の立場からも，生まれつきの障害に対して十分な対応が可能であることを力説した。すなわち彼は，資源主義のオークション理論における保険商品の位置づけを応用することにより，こうした補償に対して適切な正当化が可能だと主張したのである。

　しかし今日，生まれつきの身体的障害に対する補償を認めること

に関して，資源主義と福利主義の意見は一致している。あるいは，資源や福利とは異なる視角から平等や格差の是正を論じる論者の中にも，こうした補償の必要性を否定する議論はほとんど存在しない。むしろ今日平等論の中心的な論争は，平等化政策がめざすべき平等化の程度や，平等化政策の優先的な対象をめぐる論争へと移行している。例えば，平等化政策の目的を，万人に対して十分なレベルの生活を一律に保障することととらえる立場からは，ひとたび十分な生活が万人に保障される程度にまで社会的格差が縮小して以降，さらに一層の格差是正をめざす政策は不当な介入として批判される。あるいは，平等化政策が目標とする，人々の生のあり方の改善という効果が，悪い境遇におかれている個人の場合ほど顕著であると考える立場からは，平等化政策の実施に際しては，恵まれない境遇にいる者に対する補償や格差是正を優先すべきだと主張される。こうした新しい議論はそれぞれ，十分主義，優先主義と名づけられ，賛否両論の議論が続いているが，これらの新しい議論は，格差是正策を支える社会的資源の限界が強く叫ばれる現代社会の状況を反映するものであることは疑いない。

　本章でみてきたように，現代平等論の論争は，その進展とともに，互いの対立点を鮮明にしてきただけでなく，どのような立場からも不当で不平等と批判される，関心の一致点の発見にも力を注いできた。そして，このように，平等論の関心が一定の一致を示しつつあることは，すでに本章でみたように，平等概念が何らかの「不平等」の告発をめざしていたという特色と，おそらく深い関係がある。なぜならば，多くの平等論同士は，一定の対立を含みつつも，社会に依然広がる「不平等」という共通の難敵のために，ともに戦ってきた歴史があるし，今後もまたともに戦わざるをえないだろうからである。

第6章 デモクラシー

歴史と現実

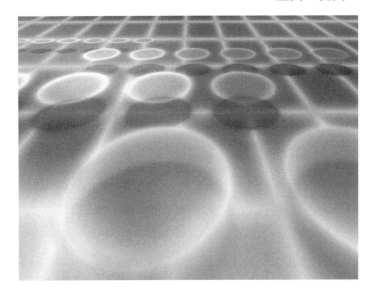

　現在ではプラスのシンボルとされるデモクラシーは，かつては，無知な群衆による支配として警戒された。その後，評価が高まり，大衆デモクラシーが成立するが，全体主義の経験は，デモクラシーの危険性をあらためて裏書きしたものと受け取られ，エリート主義的な再解釈が主流となった時期もある。こうした歴史的流れを跡づけた上で，新しいデモクラシー論の展開を概観し，デモクラシーの可能性と課題を確認しよう。

1 デモクラシー論の展開

●古代から現代へ

> **デモクラシー
> とは何か**

デモクラシー（democracy：民主政治）は、政治について論じる際に最も多く用いられる概念の一つであり、現代社会ではおおむね肯定的にとらえられている。しかし、実際には、政治思想史上、デモクラシーほど警戒されたものも少ない。警戒する人々と、それを渇望する人々との間で、デモクラシーは常に論争の的であり続けたのである。そして、デモクラシーをめぐる今日のさまざまな論争・対立は、そうした従来の議論とつながっている。そこで、古代ギリシアにおける発祥以来、20世紀半ばに至るまで、デモクラシーについての人々の考え方、とらえ方がどう変化してきたかを振り返りながら、まずはデモクラシー概念の複雑さを明らかにしたい。

理解を助けるために、あらかじめ、デモクラシー論内部の対立軸の所在について図式的に示しておこう。デモクラシーをめぐっては、多元性を重んじるか、それとも一元性を重んじるかという対立軸がまずある。「多数の人々が集まって一つの結論を出す」というデモクラシーの性格からして、それは一方で、意見の複数性を前提にしなければならず、他方で、最終的には、意見の一元性を達成しなければならない。こうした二つの要請のどちらをより重視するかが、分かれるわけである。この対立軸は、政治における対立と協調のどちらに注目するかという政治全体に関わる対立軸（第1章参照）とも関連している。

もう一つの対立軸は、代表可能性をめぐるものである。人々の意見を誰かが代表することは可能か、それとも代表は不可能で、直接に表明されなければならないのか、という対立である。これは、上

に挙げた対立軸と論理的には別であるが，歴史的には，両者はしばしば連携してきた。つまり，多元性を重視する人ほど，デモクラシーを代表制との関係で考えがちであり，一元性を重視する人ほど直接制にこだわるという関係がしばしばみられた（ただし，のちにふれるように，常にそうだというわけではない）のである。

| デモクラシーの起源 | デモクラシーというものを，今日広く使われている意味で，すなわち，議会などの代表制を通じて人々が間接的に決定に参加することという意味で理解するようになってからでさえ，それに対しては長い間，疑惑の目が向けられてきた。民衆は政治に関わる上で十分な能力をもたないという考え方は，今日でも消え去ったとまではいえないし，20世紀前半まではかなりの生命力をもっていたのである。

　まして，デモクラシーという言葉は，もともとは，もっと狭い意味で用いられていた。すなわち，それは人々が直接に決定に参加する直接デモクラシーをさしていたのである。こうした政治体制について，古代ギリシアの代表的政治思想家であるプラトンは，無知な大衆が行う非合理的な政治として警戒心をあらわにした。プラトンにとっては，政治に関する正しい知識も，他の分野での知識と同様，知的に優れた哲学者の直観によって得られるものであって，烏合（うごう）の衆の合議によって得られるはずはなかったのである。アリストテレスは，プラトンに比べれば，民衆の声を政治に反映する意義は認めていた。しかし，彼にとってもデモクラシーは，社会の多数派を占める貧民による貧民のための支配であり，社会全体の利益を実現することができないとされた（アリストテレス，2023／前4世紀頃成立）。ただし，こうしたデモクラシー批判は，哲学者らの社会的立場などを背景とするもので，現実の古代ギリシアのデモクラシーは，さほどの混乱なく機能していたという指摘もある（橋場，2022）。

哲学者たちの危惧と深く結びついていたのが，政体論におけるデモクラシーの位置づけである。政体論とは，自分たちの政治体制を他の政治体制と比較し，その得失を論ずるものであり，古代ギリシアに始まり，19世紀頃までの政治思想史を大きく規定することになった，息の長い思考枠組みである。その嚆矢となったヘロドトスの『歴史』で，すでに基本的な考え方は現れている。つまり，政治体制を，そこでの支配者の数（1人か，少数か，多数か）によって三分し，それぞれ君主制（monarchy），寡頭制（oligarchy）ないし貴族制（aristocracy），そしてデモクラシーとよぶのである。その上でヘロドトスは，それぞれの体制を擁護する議論を例示している（ヘロドトス，1971-72／前5世紀頃成立）。

　デモクラシー派は，平等という価値との関係を強調する。古代ギリシアでは，すべての市民，すなわち奴隷を除く成年男子は法の前に平等（これはイソノミアとよばれた）であり，平等な発言権（イセゴリア）をもつとされていた。こうしたイソノミアやイセゴリアの原則と最も適合的なのは，平等な政治参加を認めるデモクラシーではないか。これに対して，寡頭制派は，大衆は気紛れで無知・無責任なので，エリートに委ねるしかないとする。さらに，そうしたエリートの中でさえ起こりうる見解の不一致を避けるには，たった1人で決定するしかない，と君主制派は述べるのである。

　しかし，その後の政体論の歴史で，こうした比較をする際に常に理論家たちを悩ませたのは，支配者の数という形式的な基準だけでは不十分であり，体制の実態についての実質的な評価も必要ではないか，という疑念であった。三種の政体には，それぞれを裏返した，堕落形態ともいえるものがあるのではないか。すなわち，君主制を仮によい君主による支配とみなすなら，その裏には悪い独裁者による支配としての僭主制（tyranny）があり，貴族制のようなエリート支配にも，それがうまくいっている場合とそうでない場合があり，

デモクラシーも，うまくいっている場合とまさに大衆による暴政になっている場合とが考えられるのではないか，ということである。

　そうした観点を加味して総合的にみた場合，よい君主制に勝るものはない，というのが非常に長い間，政体論における一般的な評価であった。そこでは統治の安定性が確保され，しかもよい統治が行われるであろう。一方，最悪の政治体制はといえば，それが僭主制，つまり悪い支配者による独裁である，という点では，古代ギリシア以来，ほぼコンセンサスがあったといってよい。これは，何らかの抽象的な推論の結果というよりは，経験の中から得られた実感を背景としていたのであろう。その意味では，支配者の数という形式的な基準だけに還元しない，というのが，実は政体論の趨勢（すうせい）だったことに注意する必要がある（例外はホッブズであり，彼は意図的に形式基準に依拠することで，一度成立した政治体制は，何が何でも守られるべきであるという立場を示した）。

　それでは，デモクラシーの位置づけはどうだったのか。デモクラシーを積極的に評価する議論も，ペロポネソス戦争の戦死者を悼む「ペリクレスの葬送演説」（トゥキュディデスが伝えた）に代表されるように，存在する（トゥキュディデス，2003／前5世紀頃成立）。アテナイの政治家であったペリクレスは，市民が自己決定するデモクラシーのもとで，市民たちは最も勇敢な戦士となって自らの共同体を守ろうとした，という点を指摘している。ギリシアでは，市民であることと戦士であることは表裏一体であったが，そうした兵士／戦士に最も強い動機づけを与えたのはデモクラシーだというのである。しかし，一般にはデモクラシーは，安定性という点で，君主制に及ばないものとされた。しかも，それだけにはとどまらない。デモクラシーが行き過ぎると，それは衆愚政治に転化し，やがてそこには無秩序状態（anarchy：アナーキー）が生まれ，その先に待ち受けているのは，僭主制であるとされたのである。すなわち，デモクラシ

ーは最悪の政治体制を招き寄せる点でも警戒すべきものとされたのである。

　多数への授権を推し進めていくと，まるでメビウスの輪をたどるように，いつのまにか最も専制的な体制に至ってしまう。こうしたメカニズムは，古代ギリシアから現代に至るまで，あらゆる政治思想家によって，たえず強調されてきたものである。のちに述べるように，20世紀後半においても，前半でのナチス体制等の成立が，こうしたメカニズムの例証であるとされ，デモクラシー警戒論が再興されることになる。ただし，こうした推論は論理的に証明されたものというよりも，一種の経験則であることは留意されてよい。

| 近代における展開 | 古代ギリシアで一つの政治体制として類型化されたデモクラシーは，その後長い間，

顧みられることはなかった。ただし，デモクラシーと密接に関わる概念として，共和制（republic）がある（**Column⑤**参照）。「公共のもの」をさすラテン語「レス・プブリカ」（res publica）に由来するこの体制は，いわゆる共和制ローマをはじめとして，その後のヨーロッパではときとして出現した。共和制は，市民が何らかのかたちで政治に関わることを前提とするものであり，その意味ではデモクラシーに近い。しかし，共和制ローマが，市民の合議体としての民会だけでなく，エリートからなる元老院にもその統治の基礎をおいていたことに明らかなように，それは直接デモクラシーではなく，一種の混合政体であった。

　いずれにせよ，共和制そのものが世界的には例外的な政体であって，君主制ないし貴族制的な統治が一般的であった。こうした「常識」に正面から挑んだのが，17世紀イギリスのレヴェラーズ（水平派）とよばれた人々である。ピューリタン革命によって，イギリスでは国王が追放され，O.クロムウェルを中心とする共和制が成立

した。しかし，その実態は，一部エリートを中心とする集権的なものであり，これに不満を抱いたレヴェラーズたちが，歴史上はじめて，男子普通選挙と議員の任期制を要求して運動を展開したのである。どんなに貧しい者も，豊かな者と同じく，自分自身の人生を生きるために存在しているのであって，誰か他人に従属し，奉仕するために存在しているわけではない。そうである以上，自分の人生を左右しかねないような重大な決定にあたって，一人ひとりが声を出せないということは問題外であると彼らは論じた。

　こうしたレヴェラーズの自己決定への要求は，デモクラシーの歴史の中で特筆すべきものであったが，イギリスで彼らの要求が実現したのは19世紀になってからであった。むしろ，イギリス以外の諸国，とりわけ「平等」を前面に出したフランス革命を経たフランスと，身分制的なヨーロッパに対抗しつつ，平等な市民の共同体として成立した（という正統イデオロギーを少なくとも有する）アメリカ合衆国で，デモクラシーに最も近い体制が早く成立したということができる。

　18世紀フランスのJ.=J.ルソーは，その後のデモクラシー論に多大な影響を与えてきた。ルソーは，人々が一つの共同体を構成しながら，しかも個人としての自由を失わないようにすることができると考えた。社会制度がない自然状態から，各人の同意の結果として，社会契約によって共同体がつくられるが，この共同体は，「一般意志」という単一の意志に基づいて運営される。もしも共同体の構成員全員が，各人の個別的利益を超えた，共同体全体にとっての利益に目覚め，「一般意志」において一致するなら，それは社会全体の意志でありつつ，しかもどんな個人の意志とも対立せず，したがって自由を損なうことはない。そうした合意をめざすべきである，というのがルソー（ルソー，2010／原著初版1762）の発想であった。

　実際には，ルソーの「一般意志」に基づく「法」とは，今日でい

えば憲法に近い基本法であり，個別の法律の制定や具体的な統治の際に直接的なデモクラシーによってこれを行うことは，神々ならぬ普通の民衆には難しい，とも彼は指摘している。ただ，その一方で，イギリスで高度に発達した議会制度に対して，イギリス人は選挙の日だけ自由でその後は奴隷となる，と喝破した。代表制を伴う統治がエリート支配に転化しやすい，というルソーの指摘は，その後の直接デモクラシー的な議論に影響を及ぼすことになる。

マディソンとトクヴィル

アメリカ「建国の父」とよばれている一群の人々の中でも，T. ジェファソンなどは，東部の小規模コミュニティを舞台とする直接デモクラシーに近い考え方をもっていた。こうしたデモクラシー理解が，アメリカでは一方において存在する。しかし，J. マディソンはこれとは違う考え方の一つの典型を示したのである。彼は，デモクラシーとは衆愚政治にすぎないという古来の命題に忠実であり，アメリカの政治体制はデモクラシーではなく，共和制でなければならないと主張した。彼が中心になって起草したアメリカ連邦憲法は，君主制を論外とし，民衆が行政の長である大統領を選出するという点では，当時のどの国よりもデモクラシーに近い制度をもたらすものであった。にもかかわらず，あるいはむしろそれゆえに，そこにはデモクラシーの「暴走」を抑えるためのさまざまな制度が用意されていた。連邦議会が多数決によって法としたものを，わずか数人の連邦最高裁判事が違憲として覆すことができるという司法審査制度は，その一例である。

マディソンはまた，人々がそれぞれの利害を実現するために政党をつくって争い合うという政党政治のシステムについて，それ自体は自由な社会において否定できないものとしつつ，同時にそれが「多数者の専制」につながりかねないと危惧していた。これも，無

知な大衆によって政治が牛耳られかねないという彼のおそれを背景としていた（ハミルトンほか，1999／原著初版 1787-88）。

　マディソンと同様の大衆恐怖は，19 世紀を通じて，欧米の政治思想に広く共有されることになる。フランスの A. トクヴィルは，1830 年代のアメリカを訪問して，デモクラシーの行く末について考えた。当時の多くの知識人と同様に，彼もまた，デモクラシーは個人の自由（すなわち，エリートが体現している良識）を破壊しかねないと思っていた。ところが，デモクラシーの先端をいくアメリカで彼は，そうした不安を裏書きする多くの材料とともに，それとは相容れない側面も見聞することになる。アメリカでは，デモクラシーが必ずしも，全面的なまでの自由の抑圧にはつながっていない，というのが彼の発見であった。そしてトクヴィルは，その原因をアメリカの多元主義に見出す。アメリカ人たちは，自発的な結社をつくるのに長けており，そのため，さまざまな少数意見が公的な場で表現されている。そうした意見表明の多元性さえ確保できれば，デモクラシーは自由と両立できるのではないか。こうしたトクヴィルの洞察が，デモクラシーと自由の共存をめざすリベラル・デモクラシーという体制構想につながることになる（トクヴィル，2005-08／原著初版 1835-40）。

　トクヴィルと同様に，デモクラシーが全体として不可逆の趨勢であることを前提としながら，それが自由の圧殺につながりかねないことを憂慮した知識人は多かった。しかしながら，彼らの危惧をよそに，19 世紀を通じて，欧米では，事実上，選挙権の拡大を通じてデモクラシーは実現していくことになる。これは，何よりもまず，政治参加を求める人々の声がきわめて大きく，それを無視することができなくなったからである。産業化の過程で，労働問題・都市問題等が深刻化し，そうした問題について政治の場で主張することは，労働者たちにとってまさに火急の要求となったのである。人は誰し

も快楽を求め苦痛を避けるべく行動する，という功利主義者たちの洞察は，1人に1票を渡す普通選挙化を助長することになった（第3章参照）。ある政策がある人に喜びをもたらすか苦しみをもたらすかは，結局本人にしかわからないのだから，一人ひとりに聞く以外にないとされたのである。

2 大衆デモクラシーの成立

エリート主義の挑戦　20世紀初めまでには，普通選挙は多くの国々で実現することになった。しかし，生まれたばかりの「大衆デモクラシー」は，無知な大衆による水準の低い政治として，ただちに批判の対象となる。イギリスのG. ウォーラスが問題にしたのは，人は誰でも自分が何を望んでいるかを知っているという功利主義者たちの前提であった。人々は，自分の政治的意見を表明する機会は与えられたが，十分に政治的意見を練るだけの機会も，時間も，能力も与えられていない。その結果，彼らは，単なる条件反射のように，刺激に対して反応しているだけではないか。政党や政治家がもっともらしい言葉を繰り返し聞かせれば，それを信じ込んでしまう。政党の旗や歌のようなものが，人々を動員する力をもつ。単に顔が売れている，というだけで，ある政治家に親しみをもってしまう。このような「政治における人間性」の限界をそのままにすれば，大衆デモクラシーは，非合理的な判断を政治に持ち込む結果に終わるのではないか，というのである（ウォーラス，1958／原著初版1908）。

それでもウォーラスは，自分たちが操作されやすい心理的傾向をもつことを人々が自覚し，一方で職業政治家による恣意的な操作を制限することができれば，デモクラシーは機能するようになるはず

だと考えていた。これに対し，アメリカの W. リップマンはもう少し悲観的な見通しを示す。彼によれば，人間は自分を取り巻く環境を直接に把握することはできず，ある種の先入観によって整理されたかたちで，つまり「ステレオタイプ」化されたかたちで受け取るほかない。そうした先入観は，自分が属する文化によって基本的に規定されている。結局，人が個人の意見だと思っているものは，ある集合体が共有する文化が人にそう思わせているものなのである。しかも，それで問題ない。一から自分で考えるようなことは，忙しい現代人には不可能だからである。政治に関していえば，日々労働に忙しい「アウトサイダー」たる大衆は，政治という環境により直接に接している「インサイダー」としての職業政治家の意見に従ったほうがよい。このようにリップマンは，デモクラシーという外形は保ちながらも，実質的にはエリートによる判断に委ねるべきであるという考え方を示したのである（リップマン，1987／原著1922）。

　こうした考え方は，ヨーロッパにおいて大衆デモクラシーへの危惧を表明した人々の発想とも響き合うものであった。すでにイギリスの W. バジョットは，19 世紀後半の選挙法改正に反対するために，ある種の進化論を援用し，人間の知的能力には生まれつき限界があると強調した。すなわち，長年にわたってそれなりに教育を受けてきた中産階級は，生まれつき政治について考える能力をそなえているが，教育が遺伝的に蓄積していない労働者階級は，そのような能力をもっていないとしたのである（バジョット，1948／原著1872）。他方イタリアでは，V. パレートがエリート支配の必然性を「歴史的」に証明しようとした。彼によれば，人類史上，大衆が統治する多数派支配，すなわちデモクラシーなるものが成立したことは一度もない。政治とは常に，少数派であるエリートが支配するものであった。もちろん，支配エリートは固定的ではなく，時代とともに交代する。しかし，少数派支配は鉄則であり，揺るがないとし

たのである（パレート，1996／原著 1920）。

シュンペーターの
デモクラシー論 このような議論を受けて，デモクラシー概念の根本的な見直しを 1940 年代に提起したのが，オーストリア出身の経済学者 J. A. シュンペーターである。シュンペーターによれば，デモクラシーを人々による自己決定であると考えるこれまでの議論は，根本的に間違っている。そこでは，人々が全体として「人民の意志」のようなものを共有しており，それが選挙などを通じて現れるのだと考えられてきたが，そもそも社会全体の意志などというものは存在しない。さらに，一般の人々が政治について考える能力を見積もる上で，ウォーラスもまだ微温的にすぎた。普通の人々には，難しい外交のことなどわかるはずがないし，そもそもわかろうとする動機づけがない。人間は，確かに経済の領域ではある程度合理的に行動することができる。それは，広告にだまされてつまらないものを買った消費者は，二度と同じことをすまいと自ら誓うだろうし，売れないものを大量につくった生産者は，市場によって排除されるからである。しかし，政治に関しては，そういうわかりやすいメカニズムは働かないので，普通の人々が合理的な政治的判断をするなどと期待してはいけない，とシュンペーターは主張する。

　シュンペーターによれば，デモクラシーはむしろ，どの政治家に政治を任せるかを決める制度としてとらえられるべきである。人々は 1 票を行使するが，それは政策を自分たちで決めるためではない。誰に政策判断を委ねるかを決めるためなのだ。人々には難しいことはわからないが，難しい判断をできるのは誰かを判断することはできる（なぜそれだけは可能といえるのか，シュンペーターは明らかにしていない）。候補者たちは，得票を競争し合い，その結果，他の候補者より多くの票を獲得できた政治家は，政治権力を掌握し，自らの

判断に基づいて政策を決めればよい。その際，一般の人々は一切口をはさんではいけない。彼らの役割はもう終わったのである。もし選んだ政治家が期待はずれであっても，次の選挙で落選させるまでは，彼に政治をまかせるほかはない。デモクラシーとは，（かつてそう誤解されたような）民衆による統治ではなく，政治家による統治なのである（シュンペーター，1995／原著初版1942）。

　こうしてシュンペーターは，デモクラシーとエリート主義が対立するどころか，両立するという議論を展開した。シュンペーターの議論は，かなり風変わりな議論のようにみえるが，20世紀後半以降の政治学では，シュンペーター主義が主流をなすことになるのである。

> ### デモクラシーと全体主義

その背景にあったのが，ナチズムをはじめとする全体主義の経験である（*Column*⑨参照）。1920年代から30年代にかけて，ドイツやイタリアに出現した暴力的で閉鎖的な体制は，大衆デモクラシーの過剰によってもたらされたという解釈が一般化する。そして，それが第二次世界大戦後の世界に，デモクラシーに対する警戒感を植えつけることになった。第一次世界大戦後の1919年に，ドイツ革命を経て成立したワイマール共和国は，当時としては急進的なデモクラシーを実現したが，その急進性が徒になったという解釈が広がるのである。第一次世界大戦の戦後賠償がドイツに重くのしかかる中で，経済危機が生まれ，不満と不安を抱いた民衆は，議会による迂遠な議論にしびれを切らし，より直接的に彼らの意志を反映すると称する党派によって動員されていった。こうして，ナチス党大会で大衆は熱狂的な喝采を繰り返し，彼らによって全権を委任されたヒトラーは，議会を停止して独裁者となった。このストーリーは，行き過ぎたデモクラシーは独裁を呼び込むという，古代の政体論以

　「全体主義」（totalitarianism）は，一般的にはドイツのナチズム，ソ連（とりわけスターリン時代）の共産主義体制，イタリアのファシズムを典型とする第一次世界大戦以後に現れた独裁的政治体制をさす。この言葉は 1930 年代に西欧やアメリカで広く使われるようになっていたが，第二次世界大戦後，H. アレントの『全体主義の起原』（アーレント，1981／原著初版 1951）や C. J. フリードリヒと Z. K. ブレジンスキーの『全体主義的独裁と専制支配』（Friedrich and Brzezinski, 1956）に代表される，ナチズムとソ連共産主義体制の類似性を強調する包括的な全体主義研究が相次いで現れた。

　全体主義の特徴としては，独裁者に率いられた単一の指導政党の存在，公定イデオロギーによる強力な政治的動員，経済活動，メディア，宗教，文化，思想など社会生活の隅々に行き渡る「一枚岩」的な統制・画一化，暴力の容赦ない行使などがある。こうして全体主義は，フランコ体制のスペインのような政治的動員や画一化的統制の度合が弱い独裁政権を示す「権威主義」（なお現在では「権威主義」は，リベラル・デモクラシーを否定する，もしくは十分に実現できていない体制をより広範に総称する用語として定着している）という概念とともに，現代の反リベラル・デモクラシー的政治体制の一類型を示すも

来の経験則をまさに裏書きするものと受け取られたのである。

　こうした文脈で，1920 年代以来の C. シュミットの議論も，デモクラシーと独裁の危険な関係を具現化したものと受け取られた。ナチスに一時協力したこともあり，20 世紀の最も危険な思想家の一人とされてきたこの人物は，デモクラシーと議会は本来無関係であることを強調した。彼によれば，議会は元来，国王と特権的諸身分との間で利害を調整する身分制議会であって，これは古代以来のデモクラシーとは無関係に成立したものである。デモクラシーとは本来，治者と被治者の一致という直接デモクラシーをさすものである。

のとして定着していった。

　全体主義の概念はナチズムとソ連共産主義体制との間の共通性や類似性を強調するが、そのことは、第二次世界大戦直後の西欧やアメリカでは、当時広く共有されていた絶対的な反ナチズム感情をソ連に対しても向けさせる効果をもった。それゆえこの概念は、冷戦期にはしばしば反共主義に利用されることになった。しかし1960年代になると、こうした冷戦イデオロギー的な性格に対する批判が高まり、全体主義とは結局のところ、多元主義的なリベラル・デモクラシー体制の自己イメージを反転させただけの、きわめて価値評価的かつ自己正当化的な概念だという批判もなされるようになった。

　さらにこのころから、西側先進諸国の現状に対しても全体主義という言葉がしばしば使われるようになった。独裁者や単一政党の支配、直接的な暴力や明白な公定イデオロギーなどがなくても、大勢順応主義、メディアを通じた人々の思考や意識の画一化、社会全体の官僚制化といった傾向が蔓延し、自由の形骸化とデモクラシーの機能不全が全体主義的とよびうるまでに深刻化しているというのである。この用法では、全体主義という概念は、狭い意味での政治体制としてではなく、文明や社会のあり方の問題として使われている。

議会を介した代表制デモクラシーというのは、デモクラシーと議会という出自の異なるものを強引に結びつけた不自然な制度にすぎない。このように述べて、シュミットは、ワイマール共和国で動き始めたばかりの議会制度に攻撃を加えた（シュミット，2000／原著初版1923）。議会は、重要な政治的事柄について討議していると称しているが、実際にはそうではない。議会は単なるおしゃべりの場と化しており、本当に重要な事柄は、小委員会のような別のところで決められてしまっている。

　シュミットによれば、デモクラシーが生き生きとしたものになる

のは，議会などという形式的な討論の場においてではない。それは
むしろ，古代ギリシアの民会と同じような，一堂に会し喝采する民
衆の存在を必要とするのである。ところで，一般に議会を信奉する
人々は，デモクラシーと独裁とを対立するものととらえている。し
かし，ワイマール共和国が実際に経験しつつあるような危機の時代
においては，長々と議論していては危機に対処できないので，デモ
クラシーを守るための時限的な独裁というものを認めざるをえない
かもしれない。具体的には，議会の権限を停止し，大統領による直
接命令によって危機を乗り切るのである。それは，永続的にデモク
ラシーを停止するものでなく，一時的なものであるかぎり，デモク
ラシーと矛盾しない，としたのである。

　こうしたシュミットの議論は，彼自身の意図としては，危機の時
代における現体制の存続をめざすものであったともいわれている。
しかしそれは，民衆の支持によって政権につくや否や議会を廃止し
たヒトラーの行動を，予言したものとして受け取られた。そのこと
もあって，第二次世界大戦後のデモクラシー論は，シュミット主義
をもっぱら反面教師とすることになる。すなわち，デモクラシーを
守ることと議会を守ることとが完全に同一視されるようになった。
直接的なデモクラシーに対する要求は，一見したところデモクラシ
ーを深化させるようでいて，実際には独裁につながるだけのものと
して，拒否されることになったのである。民衆に過度に期待するこ
とは，デモクラシーのためにならない。こうした認識が，シュンペ
ーター主義を定着させることにつながったのである。

3 現代デモクラシーの諸相

利益集団リベラリズム　　20世紀後半の民主化（***Column⑩***参照）の時代の政治学におけるデモクラシー論のヘゲモニーを握ったのは，アメリカ政治学であったが，そこでもデモクラシーはもっぱら間接的な代表制デモクラシーであるという前提が共有されていた。アメリカ政治学のリーダーの一人であったR. ダールは，1950年代の著作で，アメリカのデモクラシー論は二つの極，すなわちポピュリズムとマディソン主義の間を揺れ動いてきたという見方を示した（ダール，1970／原著1956）。このうちポピュリズム（***Column⑪***参照）は，間接的なデモクラシーよりは直接的なそれを重視し，人々が一つの意志を共有するという前提に立つものである。ダールは，マディソンがあまりにも制度志向であることに不満を表明した。マディソンをはじめとするアメリカ連邦憲法起草者たちは，デモクラシーの過剰を恐れ，「多数者の専制」を危惧するあまり，司法審査や上院の同数代表（州人口の多寡にかかわらず上院議員の数を同じとすることで，小州の利益を守ろうとした）等の制度によって，デモクラシーを制限しようとした。これに対しダールは，実際にアメリカの政治が比較的まともなものであったとしたら，それは連邦憲法のおかげではなく，アメリカ人たちの多元主義的な政治実践のためであるとした。すなわち，まさにトクヴィルが指摘したように，アメリカ人たちが集団づくりに長けていることこそが，多数の横暴を抑え，多様な意見が表明されることを保障したというのである。

　しかし，他方でダールは，パレートらエリート主義者やシュンペーターの議論の重要性をも意識していた。現実の統治は，多数者支

配よりは少数者支配である場合が多いというのは，彼自身の実証的
な調査によっても裏づけられていた。人民の意志という単一のもの
があらかじめあり，それを表に出す過程としてデモクラシーをとら
えたら，デモクラシーが実現することは決してないであろう。

　そこでダールが示したのは，直接性と同質性よりも多元性こそを，
デモクラシーにとって重要な要素と考えるという方向性であった。
結局のところそれは，デモクラシーよりもリベラリズム（自由主義）
に比重をおきながら両者を統合する，ある種のリベラル・デモクラ
シーの構想であった。ダールによれば，普通選挙によって複数政党
の中から政権党を選ぶという基本的な代表制デモクラシーの制度を

義体制や権威主義体制の成立など，民主化に逆行する動きもあったが，それを乗り越えるかたちであらためて波が起こったとするのである。「第三の波」をもたらした要因の一つとして，ハンチントンはマス・メディアの発達による民主化の伝播を挙げた。民主化の波に取り残されてきた北アフリカや中東でも，2010年以降，個人が発信するソーシャル・メディアの普及により，いわば「第四の波」ともみえる動きが起こって注目された。

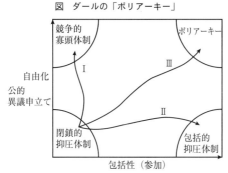

図　ダールの「ポリアーキー」

[出所] ダール，2014，14頁（原著1971）。

備え，しかも選挙と選挙の間の時期（つまり平常時）に，諸々の利益集団や自発的結社が影響力の大きさをめぐって不断に競争を繰り広げるような社会であれば，リベラル・デモクラシーとしての条件を満たしうるのである。こうしてダールは，シュンペーターが選挙時に限った競争を，日常にまで拡張したが，それでも，デモクラシーを競争原理と，すなわち市場的な原理と結びつけるという点ではシュンペーターを継承したということもできよう。ダール自身はこうした自らの立場についてその後一定の留保を示すに至ったが，彼の定式化した「利益集団リベラリズム」は，20世紀後半のデモクラシー論において，主流を形成したのである。

Column⑪　ポピュリズム（populism）

　ラテン語 populus に由来するこの言葉は，アメリカ合衆国では，19 世紀の「人民党」（Populist Party）などの社会運動のイメージと結びついている。アメリカのデモクラシーの原型は，植民地時代の直接デモクラシーであった。全住民が参加する「タウン・ミーティング」は，今でも東部の一部地域で息づいているものの，合衆国の確立に伴って，政治は集権化され，連邦の力は強まった。こうした流れを批判し，「民衆の声」による統治を求めるのがアメリカのポピュリズムである。それは，連邦政府の忌避など，行き過ぎた形態をとることもあるが，にもかかわらず，デモクラシーを支える重要な柱の一つでもある。

　他方，ラテン・アメリカでは，アルゼンチンで 20 世紀に長く大統領を務めた J. ペロンなどがポピュリスト的な政治家の典型とされる。そこでポピュリズムとは，人気とり的な政策によって，独裁者が民衆の圧倒的支持を受けて登場することをさす。ポピュリズムについてのネガティブなイメージは，主としてこうした経験に基づくものである。

　近年，アメリカ合衆国でのトランプ大統領の登場や，ヨーロッパ諸国での移民排斥的政党の台頭など，一般にポピュリズム現象とされるものが目につく。ただし，デモクラシーはそもそも民衆の支持に基礎をおく政治であり，「民衆の声」そのものが非合理的であるといった理由でポピュリズムを批判すれば，デモクラシー自体への批判に転化しかねない。

　その一方で，「多数者の専制」など，多数派の暴走によって少数派への抑圧などの弊害が生じることも，政治理論がかねてから指摘したことである。今日，比較的安定的に機能しているデモクラシーは，実際には単なるデモクラシーというよりも，リベラリズムの要素を加味したリベラル・デモクラシーである。そこでは，多数派の意志が重視されると同時に，少数派の権利保障や価値観の多様性も尊重される。ポピュリズムが，リベラリズムなき一元的なデモクラシーに向かう傾向をもつとすれば，その点については警戒が必要である。

ヨーロッパ型
デモクラシー論
ダールをはじめとする英語圏の政治学者た
ちは，デモクラシーにとって最も重要なの
は競争であるとし，イギリスやアメリカな
どで二大政党間の頻繁な政権交代や利益集団間の激しい競争がみら
れることを，デモクラシーが健全である証であるとみなした。これ
に対し，ヨーロッパを研究対象とする学者たちが異を唱える。オラ
ンダや北欧諸国などでは，政権交代は必ずしも多くなく，ある政党
による長期政権が続いたり，いくつかの政党による連合政権が続い
たりしていた。また，特定集団の利益を代表する団体が政府と密接
な関係をもち，政府と協力して政策決定に関わるようなことも広く
みられた。こうした状態は，英語圏の常識からすれば，政治的な停
滞と談合であり，デモクラシーの機能不全であるとみなされかねな
い。にもかかわらず，北欧諸国等の政治がきわめて安定しており，
しかも民意を体現したものであることは明らかであるように思われ
た。ここから，英米型の「多数決型デモクラシー」とは異なる「合
意型デモクラシー」というもう一つのデモクラシー像がありうるの
ではないか，という考え方が出てくる。

　オランダやベルギーなどでは，カトリックとプロテスタントの間
の宗教対立や，言語を異にするエスニック・グループの間の対立な
どが顕在化するのを避けるために，さまざまな集団の代表者たちが
集まって，相互に利害を調整し合うというやり方が発達した。オラ
ンダ出身の A.レイプハルトは，こうした調整型の政治を，多極共
存型デモクラシー（consociational democracy）と名づけた（レイプハ
ルト，1979／原著1977）。

　他方，P.シュミッターやG.レーンブルフは，ネオ・コーポラテ
ィズムというモデルを提示した（シュミッター＝レーンブルッフ編，
1984-86／原著1979）。もともとコーポラティズムとは，ファシズム
期のイタリアなどで，労働組合などの諸団体を政府が抱え込んだ状

態をした。そのため，20世紀後半の世界では，警戒をもってみられがちな言葉であったが，シュミッターらは，そうした悪しきコーポラティズムと区別される良い意味のコーポラティズムが，オーストリアなどで成り立っているとしたのである。すなわち，労働組合・経営者・政府の代表が協議の場をもち，三者がそれぞれの利害について述べた上で，相互に調整し合うことによって，経済政策などについて，より現実的な政策を決めることが可能になっているとした。

　こうした問題提起は，競争よりも話し合いと調整を重視するという，デモクラシーの新たな可能性に目を開かせるものとなった。もっとも，その後，欧州連合（EU）への統合が進み，各国が独自に政策を決める余地が小さくなるにつれて，ヨーロッパ型のモデルは現実政治においては影をひそめつつある，ともいわれている。一方，皮肉なことに，最近では英語圏を中心として，熟議こそがデモクラシーにとって本質的であるという議論が新たに台頭しつつある（本章 *4* 参照）。

> ### デモクラシーと政治参加

19世紀から20世紀前半にかけて，デモクラシーの破壊力を憂慮したエリート主義的な知識人たちは，一般の人々が政治参加への過剰な動機づけをもっているということを前提としていた。一般の人々は，いくら抑えようとしても抑えきれないほど，政治に参加したがっているものと考えられていた。だからこそ，それをどうにかコントロールするための算段を考えたのである。

　欧米や日本のような発達した産業社会では，1960年代から70年代あたりにかけて，街頭でのデモや直接行動を含む「政治の季節」が到来した。しかし，それが一段落したのを境目に，人々は急速に政治に背を向け始め，投票率は大きく低下した。とりわけ日本など

では，政党への帰属意識がなくなり，どの政党も支持したくない「支持なし層」が有権者のかなりの部分を占めるまでに至った。こうした状況に，代表制を重視し，人々の直接参加に懐疑的な論者でさえも，憂慮を隠せないことになる。なぜなら，リベラル・デモクラシーとは，デモクラシーの水圧が高すぎるほど高いことを前提にした上で，それをリベラリズムという制御弁によって制御することで，安定的な水流を確保しようとする思想だからである。水圧がなくなってしまえば，水流の制御どころではない。

　しかし，人々が政治に興味を失ったのは，そもそも，代表を選ぶという間接的な役割だけを割り振られたからではないのか。そんなつまらない役割に飽き飽きした結果が，投票率の低下であり，より直接的なデモクラシーになら人々は意欲をもつに違いない。こうした立場から，シュンペーター主義に対抗したのが，参加民主主義論の理論家たちであった。C. ペイトマンらは，まさにレヴェラーズたちが主張したように，デモクラシーの根幹は民衆が自分たちで自分たちに関わる事柄を決めるという自己決定にあるとした（ペイトマン，1977／原著1970）。代表制デモクラシーは，あくまで便宜的に採用されているにすぎないものであって，それはデモクラシーとして本来的なものではない。人々は，単に選挙のときだけでなく，日常の中で，できるだけ政治に関心をもち，さまざまな経路で声を上げるべきである。一般の人々は政治参加の能力をもっているばかりでなく，そのための動機づけも十分にある。なぜなら，政治参加はそれ自体，楽しいことだからである。

　こうした参加民主主義者たちの主張には，ある程度の根拠がある。すなわち，実際に，余暇の時間を割いて地域での活動に参加したり，さまざまな団体をつくって自分たちの意見を主張したりするといったことが広くみられるからである。また，地域の重要な争点について，住民投票等のかたちで直接に意見を表明したいという世論は，

日本では 1990 年代から高まりをみせている。しかし，同時に，政党政治と議会を軸とする代表制デモクラシーのほうは，ますますやせ細りつつある。

　このような変化，すなわち，間接的なデモクラシーが回避される一方で，直接的なデモクラシーへの期待が高まるというのは，従来のデモクラシー論からすれば，政治が衆愚政治に陥ったことを意味するであろう。そして，その先に待っているのは，専制であるということになろう。

　しかしながら，それとは別の考え方もできる。そもそも，人々はなぜ代表制に対して距離をとるようになったのか。それは，代表制が人々の意見を代表できなくなったからではないか。政党政治が高度に発達した 18 世紀から 20 世紀前半までの時代は，産業化の時代と重なっている。産業化を推し進める際には，それを真っ先に受益する階層と，なかなか受益できない階層との間に不均衡が生じ，「階級闘争」的な対立軸が生まれやすかったといえよう。また，それまでの農村人口が，労働者として急激に都市に集中した結果，住宅問題，交通問題，貧困問題，環境問題等の都市問題が，激化することは避けられなかった。こうした中では，それぞれの階層ないし階級の利益というものが，比較的わかりやすいかたちで分節化できるので，各階層・階級を代表する政党が発達した。経済政策や福祉政策をめぐって，政策の対立軸が大まかに整理されるので，政党や政治家も自分たちが何を代表するのかを意識できるし，人々も，政党や政治家によって十分に代表されうるという感覚をもったのである。

　しかし，産業化が一段落すると，対立軸はそこまで単純なものではなくなる。例えば，環境問題をめぐる対立軸は，必ずしも経済問題をめぐる対立軸とは一致しない。近所のゴミ焼却施設からの大気汚染や水質汚染によって被害を受けるリスクの程度という点では，

金持ちと貧乏人の間には，必ずしも差別はない。その場合には，むしろ，汚染源から遠い人々と近い人々との間に，利害対立が生じる可能性がある。また，民族やエスニシティ，ジェンダーなどをめぐる対立軸も，経済的な対立軸とは必ずしも一致しない。

　かつては，さまざまな争点があるようにみえても，その多くは経済関係をめぐる対立軸によって整理できると考えられており，政党政治はそうした構造の上に乗ってきた。多元主義といっても，それは利害関係がいろいろあるということにすぎず，対立軸そのものはきわめて一次元的であったのである。ところが，今では，対立軸そのものが多元化している。さまざまな対立軸は収斂せず，相互に交差する。ある対立軸では一致する人々が，別の対立軸では対立するのである。政党政治が，こうした事態に対応することは難しい。これまでの政党のあり方を維持しようとすれば，新しい争点を拾い上げることはできない。逆に，新しい争点を積極的に取り入れようとすれば，政党は分裂し，断片化することになる。従来型の代表制を重視するリベラル・デモクラシーは重大な岐路を迎えつつあるのである。

**異議申立てと
デモクラシー**

　従来デモクラシーは，集合的な意思決定であることが強調されてきた。いろいろな少数意見があっても，最後は多数決によって決める。だからこそ，「多数者の専制」が危惧されてもきたのである。

　もっとも，そこで主として問題とされたのは，エリートの意見（より「理性的」な意見とされたもの）が，民衆の熱狂によって押し流されることであった。これに対し，近年問題にされるようになったのは，さまざまな点で差別され軽視されてきた少数派（いわゆるマイノリティ）の意見が，リベラル・デモクラシーのもとで封殺され

ているという点である。

　このような，エリート主義とは対極の側からのリベラル・デモクラシー批判が登場した背景には，近代批判（ポスト・モダニズムとよばれることもある）の政治思想があるといえよう。19世紀末のドイツの哲学者 F. ニーチェ以来，啓蒙主義に対する批判は連綿として続いてきた。そこでは，古代ギリシア以来の西洋思想の主流派が，理性や真理といった観念を捏造し，それに当てはまらないものを排除してきたとされる。20世紀後半には，まずは T. アドルノや M. ホルクハイマーといったフランクフルト学派の哲学者たちが，啓蒙主義の暴力性を問題にした。彼らによれば，近代の思想は理性的な主体としての人間というものを強調することによって，人間による自然からの収奪を正当化したばかりでなく，他の人間をも単なる手段として利用するようなやり方を広めた。その最悪の帰結が，人間を手段としかみなさないようなナチス体制であるが，アメリカを筆頭とする資本主義体制もそれと無縁ではなく，同じように人間を動員し続けている，としたのである（アドルノ・ホルクハイマー，1990／原著1947）。

　20世紀末にこうした近代批判をリードした一人がフランスの M. フーコーであった。すでに第2章や第4章でみたように，フーコーは，人間は生まれながらに主体であるわけではなく，一種の権力作用によって主体にされているのだ，という考え方を示した（フーコー，2020／原著1975）。つまり，人間は，それぞれの場に応じて適切とされるふるまいをするように「規律化」され，常に「理性的」な主体となるように強制されているというのである。

　こうした近代批判の観点からみると，リベラル・デモクラシーもまた，胡散臭い側面をもっている。そこでは，結局のところ，多数派の意思が優先されてしまう。それは，多数派の意思を「理性」とみなすことによって，それとは異なる少数意見を「非理性」として

排除することではないのか。また，自分自身の利益を追求する，経済主義的な主体が前提とされているが，それは実際には特定の人間類型の押しつけではないのか。とりわけ，リベラル・デモクラシーを生んだ西洋社会と異なる文化的背景をもっていたり，従来政治の主体の典型とされてきた男性とは異なるジェンダーであったりする人々にとっては，リベラル・デモクラシーが要求する「理性」は，外在的なものである可能性がある。

　このような考え方のもとに，アメリカの政治学者 W. コノリーは，デモクラシーを「アゴーンのデモクラシー」として再定義しようとした。すなわち，デモクラシーとは集合的な意思決定の場というよりも，むしろ，さまざまな異なる考え方に出会う場とみなされるべきである。人々は，自分の利害関係を通すためにデモクラシーに参加するのではない。むしろ，自分とは異なる立場の人々や，異なる考えをもつ人々（他者）と接することで，自分の考えを相対化し，自分の考えを変えることこそが目的である，というのである（コノリー，1998／原著 1991）。

　デモクラシーにおける一元性の側面，すなわち集合的決定を重視する論者にとっては，これはデモクラシー概念の誤用に近いものと映るであろう。彼らからすれば，コノリーがいっていることは，ゴネ得の奨励，決定の先延ばしにすぎない。シュミット主義者にとっても，アゴーンのデモクラシーとは，デモクラシーを，議会主義の堕落形態としての「永遠の対話」に近づけるものであって，論外ということになろう。

　しかしながら，デモクラシーがデモクラシーであるために必須の条件とは何であろうか。集合的な決定をすることであろうか。それなら，他の決定法であってもかまわないはずである。むしろ，（まさにシュミットが強調したように）独裁のほうがはるかに効率的なやり方であろう。デモクラシーにとって最も重要なのは，一人ひとり

の意見を聞くということであると考えることもできる。しかも，これは文字どおりの意味で解されるべきである。わざわざ意見を聞かなくてもわかっているとか，一部の人間にだけ尋ねれば，それ以上は必要ないといった考え方は，私たちをデモクラシーとは無縁なところに連れていくであろう。いろいろな意見に接すること，とりわけ，思いもよらない意見に対して好奇心をもつことを大切にするというアゴーンのデモクラシー論は，その意味で，思いのほかデモクラシーの基本を押さえたものなのである。

　以上のように，アゴーンのデモクラシー論に至って，多元性への志向が代表制批判と結び付いたことは注目に値する。前節でも述べたように対立軸が多元化する中で，議会と政党を中心とする代表制重視のリベラル・デモクラシーでは調整しきれない意見の対立が発生してくる。第9章でみる市民社会論の台頭も，代表制デモクラシーへの不満が一因である。その結果，20世紀後半に主流であったシュンペーター主義に代わり，市民の間での意見交換や対話を重視する議論が，新しいデモクラシー論として有力視されるようになった。そこには大きく分けると，対話による合意形成の方向性を重視する熟議デモクラシーとよばれる潮流と，コノリーのように意見対立の表出を重視する闘技デモクラシーの潮流がある。そこで次に，この両者をそれぞれ詳しくみていこう。

4　熟議デモクラシーと闘技デモクラシー

熟議デモクラシーの
主張

　熟議デモクラシーとは何だろうか。熟議デモクラシー論の代表的な議論の一つは，第9章で検討する『事実性と妥当性』におけるJ.ハーバーマスの議論であるが，実は熟議デモクラシー論には

ほかにもさまざまなタイプがあり一義的な定義はできない。しかし，現代のデモクラシー論の展開においては，以下に挙げる三点が特に注目されている（以下の点については，篠原〔2004〕を参照。またアッカマン・フィシュキン〔2015／原著2004〕，Dryzek〔2002〕，Gutmann and Thompson〔1996〕，シャピロ〔2010／原著2003〕を参考にした）。

第一の特徴は，熟議（deliberation）の重視である。デモクラシーにおいては議論を尽くすことが大切だというと，当たり前のことに聞こえるかもしれない。しかし，ここで重要なのは誰が，何のために議論をするのかということ，つまり議論の主体と目的の問題である。まず，熟議デモクラシーで議論し合う主体として想定されているのは，19世紀的な議会政治のモデルのように代議士や政治エリート（だけ）ではなく，あくまでも一般の市民たちである。

さらに，議論の目的は，単に各参加者が自分の意見や利害を頑なに主張し押し通すことにあるのではなく，熟議の過程を通じて，各参加者がほかの参加者の意見に真剣に耳を傾け，自己の意見や判断を絶えず反省し見直すということにあるとされる。つまり，熟議によって，参加者たちが熟議に参加する以前に自分が抱いていた意見や判断，選好（preference：消費者や有権者が複数の選択肢の間で行う順

★用語解説

□ **熟議と討議**　本書ではドイツ語のDiskursや英語のdeliberationを「熟議」と訳しているが，他に「熟慮」「審議」「討議」などと訳される場合もある。訳語の選択は，実際の議論と内面での反省過程のどちらを重視するかなど，内容の理解とも関連している（田中編，2018）。また，研究分野や対象による違いもみられる。例えば，ハーバーマスの翻訳では「討議倫理（学）」（Diskursethik），世論調査では「討論型世論調査」や「討議制意見調査」（deliberative poll），デモクラシー論では「熟議デモクラシー」（deliberative democracy）などが広く用いられている。いずれにしても，利益の積み重ねでなく，議論と反省を重視する点にかわりはない。政治の現場では，2009年の民主党政権誕生以後，文部科学省の「熟議カケアイ」など，「熟議」が使われることが多い。

位づけ）を変更することがありうるような，議論や対話が求められているのである。

シュンペーターや多元主義論のような従来のデモクラシー論では，各人の政治に対する意見や政策の選択肢に対する選好はその人固有のものであって，他者との対話によって選好が変わることは想定されてこなかった。したがって，デモクラシーとは人々の所与の意見や利益を集積するものだと考えられてきた。それに対して，熟議デモクラシーは，まさにこのことを批判し，熟議の過程を経験することで市民がより広い視野を獲得して成長するとともに，新しい政治的な選択肢が発見・創造される可能性が広がると主張する。そしてそのことが，合意形成へとつながることが期待されている。

しかし，熟議はそのような意見や選好の変化を本当にもたらすのだろうか。この点に関して，アメリカの政治学者 J. フィシュキンらが行った「討論型世論調査」とよばれる実験が興味深い報告を示している。それによると，同じ質問項目に対する人々の回答が，集中的な議論を行う前と後では，項目によってはかなり変化するというのである（さらに最近では，彼らは，選挙前に休日を設けて有権者に討議の機会を与える「熟議の日」という構想をも提案している）。

第二の特徴は熟議のルールへの関心である。つまり，こうした熟議の目的を実現するためには，熟議にどのようなルールが必要なのかという問題である。暴力や虚偽を排除するといったルールが必要だということについては，ほとんどの論者は一致している。しかし，それ以上にどのようなルールを要求するかをめぐっては，熟議デモクラシーの論者の間で必ずしも一致していない。ただ，ハーバーマスをはじめとして，熟議デモクラシーの論者の多くは，熟議の過程において各参加者が「理性的」な思考と発言を行う必要を強調する。そして，論者によっては，情緒的な発言だけでなく，排他的な宗教や世界観に根ざした発言などをも熟議から排除することを求める。

熟議が参加者間の合意形成へとつながるためには，こうしたルールが必要だというのである。

　もっとも，熟議デモクラシーの論者の中でもこうした「理性的」熟議という制約そのものを否定し，後で述べる闘技デモクラシーに近い主張をする者もいる。

　第三の特徴は，「二回路制のデモクラシー」，すなわち，代表制デモクラシーという「第一の回路」と熟議デモクラシーという「第二の回路」という二つの次元でデモクラシーをとらえ，構想していることである。熟議デモクラシーは，代表制デモクラシーや政党政治などの従来のデモクラシーの制度を否定するものではない。熟議を通じた有権者の選好の変化や意見の深化は代表制をより活性化させることが期待されるし，また，一定時間内での政治的決定を代表制が担うことで，市民の間のより自由で視野の広い熟議が可能になることが期待されている。その意味で，二つの回路は相互補完的な関係にあるとされるのである。

闘技デモクラシー
の主張

それでは，闘技デモクラシーにはどんな特徴がみられるだろうか。闘技デモクラシーはラディカル・デモクラシーとよばれることもある。この「ラディカル」という言葉に「根源的な」という意味が含まれることからもわかるように，その一つのイメージは古典的な直接デモクラシーである。その点では，参加や討論を重視する熟議デモクラシーと共通点をもっており，実際，論者によっては熟議デモクラシーを含めて両者をラディカル・デモクラシーに分類する場合もある。受動的市民を生み出す「巨大国家」を批判し，市民参加による「下からの」権力創出を主張するS.ウォーリンの議論などは，こうした広義のラディカル・デモクラシー論の一例といってよいであろう（千葉，1995）。しかし，ここでは，より特徴的なも

のとして，政治の運営への参加というよりも，むしろ既存の支配権力に対する抵抗を強調するタイプの議論に焦点を絞ってみたい。この狭義のラディカル・デモクラシーとしての闘技デモクラシー論においては，政治参加と抵抗運動の結合，つまり「異議申し立て」が，議論の中心に据えられることになる。

こうした闘技デモクラシーの代表的論者としては，C. ムフや前の節でみたコノリーが挙げられる。この二人はそれぞれ，「アゴーンの多元主義」(agonistic pluralism)，「アゴーンのデモクラシー」という表現を使うなど，「アゴーン」の重要性を強調している。従来の多元主義論は，多様な利害をもった集団間の自由な競争によって政治的安定がもたらされると論じたが，実はその政治的安定はエスニシティやジェンダーなどに基づく多様なアイデンティティの存在を隠蔽し，自由な活動を抑圧するものではないのか。ムフはこうした観点から，自らの利害にかなった政策を引き出すための単なる競争ではなく，諸アイデンティティの活動を積極的に政治の場に表出する「アゴーン」を主張する。そして彼女は，諸利益の間の安定的な合意をもたらす手段としての多元主義に代えて，さまざまなアイデンティティの間の対立や紛争の存在を，単に除去されるべきものとせずに，むしろデモクラシーの必須の条件として認識するような「ラディカルで多元的なデモクラシー」を主張するのである。ただし，こうした対立や紛争には一定のルールが必要であり，リベラル・デモクラシーはその対立や紛争を一定の枠内に収めるためのルールを示すものとして再定義される。しかし，第1章でもみたように，あくまでも対立や紛争それ自体が最終的に解消されることはありえないとされるのである（ムフ，1998／原著1993；トレンド編，1998／原著1996）。

闘技デモクラシーと熟議デモクラシーには，以下のような共通性と違いがある。第一の論点として，両者とも市民社会の政治を重視

していることが挙げられる。どちらも市民同士の直接的な対話，討論，コミュニケーションの意義を強調し，そこにおいて，政党や政治家，議会などによっては代表されえないいわば生身の声が現れ，相互に聞かれ合うことの重要さが指摘される。つまり，非公式の政治の回路を通じて，代表制デモクラシーが十分に反映してこなかった，社会の中の多様性・多元性の表出を重視するという点では，両者は共通しているといえる。

　しかし，先にみたように，熟議デモクラシーにおいては，その多様な声の中からの合意形成が重視される傾向が強い。それに対して，闘技デモクラシーでは差異の表出そのものが重視される。市民社会は，コンセンサスの場である以上にアゴーンの場と考えられているのである。

　もう一つの論点は，代表制デモクラシーとの関係である。先に述べたように，熟議デモクラシーは代表制デモクラシーの否定ではなく，むしろ両者は相補的な関係にあった。実は，このことは闘技デモクラシーにも当てはまる。闘技デモクラシーは，政治の主体相互間の差異を重視し，対立と争いの存在を積極的に評価する。それゆえ，その対立や争いに一定のルールを与え，対立し合う意見やアイデンティティの間に，与えられた時間の中で，コンセンサスは得られないまでも暫定的な合意を調達する仕組みは，熟議デモクラシーよりもいっそう不可欠のものとなる。先に述べたように，ムフ自身，リベラル・デモクラシーの諸制度の重要性を強調している。アゴーンがむき出しの敵対関係へと陥るのを防ぐ重要な役割を果たすのが，

★用語解説

□ **アゴーン**　　デモクラシー論では「闘技」と訳される。ムフの場合，相手の存在そのものを否定しようとする「敵」との間の，制約のない敵対関係ではなく，リベラル・デモクラシーのルールを前提とし，相互の存在を認め合った「対抗者」との対立関係をさす。

代表制デモクラシーの諸制度なのである。

新しいデモクラシー論の意義

熟議デモクラシーと闘技デモクラシーは，こうして1990年代以降のデモクラシー理論において，議論の一つの中心を形成してきている。しかし，それは，一方では理論的革新であるとともに，他方ではデモクラシーをめぐる古典的な問題への応答の試みでもある。そこで，本章の冒頭で示したデモクラシー論の二つの対立軸，すなわち，多元性を重んじるか一元性を重んじるかという対立軸と，代表可能性をめぐる対立軸に照らして，これらの理論の意義をあらためて整理することにしよう。

　この二つの対立軸に照らすならば，熟議デモクラシーも闘技デモクラシーも，多元性を重視し，かつ，代表されえないものを重視する立場に立っている。第一に，多元性という点に関しては，確かに，熟議デモクラシーが合意形成を重視するのに対して闘技デモクラシーは差異の表出を重視するという違いがある。しかし，この対比から，熟議デモクラシーを一元性重視だと決めつけるのは早計である。その理由は，熟議デモクラシーの論者にとっても，現代社会においては多元性の事実は動かしがたい所与だということである。そのことは熟議デモクラシーの論者の中でも合意形成志向が比較的強いと思われるハーバーマスでさえ，認めている（第9章参照）。合意形成志向の論者でさえ，ルソーに典型的なような一元性を実現しようとしているわけではない。

　確かに，熟議デモクラシーの論者の多くは，しばしば，熟議の過程において各参加者が「理性的」な思考と発言を行う必要を強調する。それに対して，闘技デモクラシーの論者は，こうした「理性」の強調は，少数派（マイノリティ）や抑圧されてきたアイデンティティに対する支配的な文化の押しつけになりかねないとして批判す

る。なぜなら，何が「理性的」かの内容を決定してきたのは支配的な文化や男性中心の文化であり，「理性」なるものはそうした文化のバイアスを必然的にはらんでいる。そして，「理性的」という枠によって整えられた熟議の場そのものが権力的性格をもつというのである。したがって，熟議において表出することが許容される差異の範囲や差異表出のルールやマナーにおいては，熟議デモクラシーと闘技デモクラシーとの間には違いがある。しかし，先に述べたように，熟議デモクラシーの中でも闘技デモクラシーと同様の主張をする論者がいることに注意すべきである。

　第二に，代表されえないものの重視という点に関しては，両者とも，一般の市民の議論や行動を重視するという点で共通する。しかし，だからといって，これらの新しいデモクラシー論は，単純に直接デモクラシーを志向しているわけではない。そして実はここに，これらの議論がデモクラシー論にもたらした革新的要素の中心がある。

　本章の冒頭で示唆したように，デモクラシー論の歴史においては，伝統的には，多元性重視の態度と代表よりも直接性を重視する態度とは両立しがたいとされてきた。市民の直接参加は社会が一体性をもっていることが前提で，多元化した社会での直接参加は，市民の間の対立を激化させ，その結果，決定不可能に陥って無秩序状態になるか，デマゴーグの跳 梁や「多数者の専制」を招き，ひいては独裁者の支配に陥るというのが通説であった。

　それに対して，ここに紹介した新しいデモクラシー論は，代表制デモクラシーと市民社会における市民の直接の参加，熟議，運動という二つの次元でデモクラシーをとらえ，構想することによって，多元性と直接性の重視の両立という難問に答えようとした。すなわち，多元性と直接性を主として市民社会における非公式のデモクラシーの次元で重視しつつ，公式の政治的決定を行う次元では，代表

制を尊重することによってである。

　このことは，熟議や参加と公式の決定との間を多かれ少なかれ分断することを意味している。しかし，それでは，非公式の熟議の次元と公式の決定の次元との関係はどうすればよいのだろうか。その答えは，結局，この新たな非公式の次元にどのような役割を期待するかによって変わってくる。それは，多様な異議申立てに開かれていることが大事なのか，熟議を通じての合意形成をめざすのか，さらには，より実質的な政策形成への市民の参加のチャンネルを開くものなのか。それによって構想されるべき制度や市民に求められる態度も変わってこよう（新しいデモクラシー，とりわけ熟議デモクラシーの制度化の試みについては，篠原〔2004〕，フィシュキン〔2011／原著2009〕，ギャスティル・レヴィーン編〔2013／原著 2005〕を参照のこと）。

　デモクラシーのこうした新しい構想については，議会やミニ・パブリックス（無作為抽出などにより作られた小規模な熟議の場）に加えて親密圏などさまざまな要素の相互作用の中で熟議のあり方を考える熟議システム論や（田村，2017），異議申立てや敵対関係を重視しつつもポピュリズムによる人民の構築を唱える政治理論家 E. ラクラウの議論などの検討も進められている（山本〔2016〕，ラクラウ〔2018／原著 2005〕）。

5 ネーションとデモクラシー

ネーションと
主権

デモクラシーの単位は，元来は古代ギリシアのポリス（都市国家）であり，その規模は数万人程度であった。その後の長い空白を経て，デモクラシーが復活したときには，政治の基本単位はネーション（民族）になっており，その規模は少なくとも数百万人とな

った。

　同質的なネーションという集団だけが実効性のある統治機構（ステート）をもちうるというネーション・ステート（国民国家）の観念には，第7章でもふれるが，ネーションを単位とするナショナル・デモクラシーは，近代のデモクラシー論において，常に前提とされてきた。すなわち，デモクラシーを論じた理論家のほとんどは，彼らがネーションという単位での政治について論じていることを，何ら疑わなかったのである。

　そこで大きな役割を果たしたのが，いうまでもなく主権という観念である。主権とは，最高の権力という意味であり，物事を決定する最終的な点の所在をさす。主権は対内的にも，対外的にも絶対のものとされる。ナショナル・デモクラシーを前提とする議論では，最終的な決定権力はネーションを構成する人々全体にある（人民主権論）。これは，国王に主権があるという君主主権論からの大きな飛躍によってもたらされたが，同時に，そこでは，主権論自体は継承されていることに注意しなければならない。すなわち，デモクラシーを論じるときにも，ネーション以外のさまざまな単位は，あまり重視されることはない。そうした単位のデモクラシーも理論上不可能ではないが，いずれにしても，ナショナル・デモクラシーにおける決定に従属するものとされるからである。

　こうして，ネーションより小さな単位である自治体などのデモクラシーは，ナショナル・デモクラシーによる決定の範囲内で存在を許されるものとされた。ネーションより大きなデモクラシーの単位，すなわち複数の国を含む地域的（リージョナル）な単位は，長く疑いをもってみられることになった。まして，企業やさまざまな集団内のデモクラシーなどは，本来的に不可能であるか，仮に可能であっても非本質的なものとされた。

　しかし，1990年代頃から，事態は大きく変わることになる。ネーションが同質性を有するという考え方は，単なる擬制であることが明るみに出された。より正確にいえば，それが擬制であることは以前から明らかなのであるが，それでもかつては，そうした擬制をあえて選択することに解放的な意義が見出されていたのである。ところが，ネーション内の平準化が進む中で，そうした同質性の前提が，むしろ抑圧的な作用をもつことが強く意識される。つまり，実際にはどんなネーションの中にも差異を見出すことができるし，そうした差異を尊重していくことが，とりわけ少数派集団（マイノリティ）にとって重要であると考えられるようになったのである（第7章参照）。

　さらに，ネーションより大きな単位のデモクラシーも，現実に欧州連合（EU）などで実現されつつある。この延長線上に，世界大のデモクラシーの可能性を考えることも，まったくの絵空事とはいえなくなってきた（第11章参照）。

　それに加えて，例えば1980年代以降のダールが述べたように企業や利益集団の中でも一定の民主化を進めることが，グローバル化した経済の中で多国籍企業が暴走しないようにするために必要であるという考え方もある。

　こうして，今ではデモクラシーは重層的なものとなりつつある。さまざまな単位のデモクラシーがあり，誰もが複数のデモクラシーの構成員であるということが珍しくなくなってきた。このような事態は，現代的な問題を解決する上で，一つの可能性を開くものである。なぜなら，例えば環境汚染のような問題は，一国の国境線の内部にとどまるものではないので，地域的な話し合いによって解決するほうがよいからである。

　そこで問題になるのは，さまざまなデモクラシーの間で，意見の対立が生じた場合に，どのように調整するかである。この問題につ

いては，「補完性」（サブシディアリティ）という考え方がある。すなわち，ある単位がまずは責任をもち，その単位がどうしても不可能な事柄についてだけ，他の単位が行うというものである。しかし，それでは第一義的に責任を有するのはネーションなのか，それとも他の単位なのか，という肝心の点で，補完性論者の意見も大きく分かれているのが実情である。

　ナショナル・デモクラシーの呪縛から自由になって，いろいろなデモクラシーの可能性について考えるようになってみると，あらためて次の事実を意識せざるをえない。それは，デモクラシーの単位が常に恣意的であるということである。デモクラシーが全員による決定を意味するとしても，その全員とはどの範囲のことか。デモクラシーのもとでは，誰も排除されないというのが建前であるが，それではなぜ，ある範囲内の人々からは意見を聴くが，その外部の人々からは聴かないのか。これは，答えようがない問題である。どんなデモクラシーであっても，その単位そのものをデモクラシーによって決めるということは不可能である。なぜなら，誰と誰が市民権をもつかが明らかでないかぎりデモクラシーを始めることはできないので，市民権をデモクラシーによって決定することはできない。結局のところ，デモクラシーの単位は，単に事実上決まるのである（杉田 2015）。

　このことを踏まえると，重層的なデモクラシー間の関係が，一義的に決定できないことも驚くにはあたらないだろう。それは，理論的というよりは実践的に処理されるほかない側面をもつのである。

第7章 ネーションとエスニシティ

アイデンティティの政治

政治的単位としてのネーションは，同質的なものでなければならないとされ，人為的に同質性がつくりだされた。ネーションがもたらしたものには光と影があるが，20世紀末には，こうした同質性についての深刻な問題提起がなされ，内部のエスニック・グループがそれぞれの文化的同質性を主張することになる。こうして成立する多文化主義とナショナリズムの同型性に注意しながら，アイデンティティをめぐる対立について考える。

1 ネーションとナショナリズム

ネーションとは何か

ネーションという言葉は、今では大きく二つの意味で使われている。一つには、それは言語・宗教・文化・エスニシティ（ethnicity）など、何らかの属性を共有する同質的な人間の群れをさすものとされる。もう一つには、それはある国家（ステート）が管轄する人々の範囲の全体であり、同時にその国家を統治する主体であるとされる。これらは本来、別の話であり、したがって、両者の範囲が一致する場合もあれば一致しない場合もある。しかし、一致する場合、つまり、同質性をもつ（と想定されている）人々が、そしてそういう人々だけが、市民権をもつ場合に、そこには国民国家（ネーション・ステート）が成立しているといわれ、それこそが望ましい状態だと20世紀においては考えられてきた。すなわち、今日では、ネーションとはこの二つの意味を兼ね備えたものである（べき）とされているのである。

　この二つのうちでは、前者のほうが古くからあるといえる。同じ地方の出身者をさす「ナティオ」（natio）という言葉が、中世ヨーロッパの大学などで用いられていた。しかし同質性をもつ集団としてのネーションがにわかに重大性を帯びるようになったのは、それ

★用語解説

□ **エスニシティとエスニック・グループ**　ギリシア語 ethnos に由来するこの言葉の歴史は、実際には浅い。文化的に同質な「民族」が国家をもつ（べきである）という国民国家概念のもとでは、一つの国民の内部に差異があることは無視されてきた。20世紀後半になって、文化的に共通のアイデンティティ（エスニシティ）をもつ人々の集団（エスニック・グループ）が、ある国民の内部に並存していることが、あらためて重要な問題として意識されるようになった。

が後者，すなわち市民権の範囲という考え方と結びつけられてからである。フランス革命によって，人々が全員統治の当事者であるという人民主権論が具現化したときに，それらの人々は同質的でなければならないという考え方も強調されることになった。なぜ，統治に関わる市民は同質的なネーションでなければならないのか。それは，異質な人々が声を一つにするよりも，同質な人々が声を一つにするほうがはるかに容易であるとされたからである。そして，人民主権が主権である以上，声が一つになることは絶対的な要件であった。このように，ネーションの二つの意味は，本来は別のものであるにもかかわらず，歴史的には不可分のものとして通用するようになった。しかも，両者が結びつくことで一種の相乗効果が生まれ，ネーション観念の普及が促されたのである。

　「ナショナリズム」とは，大まかには，こうした二つの意味での「ネーション」を一致させようとする運動として定義できる。ただし，その現れ方はさまざまである。国家（ステート）創設をめざしつつ，同質的な単位としてのネーション形成を先行させるような場合もあれば，逆にある国家が主導的に，ネーションの同質性をつくりだす場合もある。

ネーションの光と影　ネーションは人類に何をもたらしたのだろうか。今日では忘れられがちなことであるが，それが一方で解放的な効果をもっていたことは間違いない。中世ヨーロッパをはじめとする，いわゆる封建社会では，人々は生まれながらの身分の違いによって差別的な扱いを受けていた。ところが，ネーションという観念は，こうした身分的な差別を無効にする。あるネーションにともに属している以上，どんなに貧しい人や社会的に恵まれない人であっても，そのネーションの中の最も豊かで恵まれた人とも，本質的には同質であるということになる。このこと

は，実際に社会内の格差を縮めていく反差別運動の根拠ともなってきた。本来は同質的であるべきものが，同質的でないとすれば，それは不当なことだといえるからである。また，ネーションがもたらす強い連帯意識が，負担の分かち合いを可能にしてきた面も否定できない。豊かな人々から税金を徴収して，それを貧しい人々に再配分するようなことは，それらの人々が同じ集団に属しているという意識をもたないかぎり，困難である。

しかし，ネーションがもたらした負の側面ももちろんある。同質性を確保するために，ネーションの中にある差異は否定された。フランス革命以後，それまでフランスにあったさまざまな言語が禁止され，標準語が強制されたが，これは，その後に世界中で起こったさまざまな平準化・規律化の始まりにすぎなかったのである。ネーションとしての連帯をつくりだし，維持するために，歴史観も統制される。ネーションを構成する人々やその先祖の間で，かつて行われた紛争や内戦はなかったことにされる。そのネーションの歴史をどうみるかについて，ネーション内の人々の間に基本的な合意があることが重視されるのである。のちにふれる E. ルナンも強調しているように，ネーション形成にとって最も大切なのは「忘却」である（ルナン，1997／原著1882）。歴史家 E. ホブズボームは，こうした事情を伝統の「発明」とよんだ（ホブズボーム，2001／原著初版1990）。

また，先ほどの「負担の分かち合い」とは，別の角度からみれば，ネーションに「動員」されるということでもある。のちにみるように，ネーションという単位は，産業化を進めるために採用された側面も無視できない。19世紀以降，とりわけ20世紀においては，ネーションという単位を守るためとして，多くの人々が戦争に動員され，命を落とすことにもなった。

もう一つの大きな問題は，外部との関係である。そもそも，ネーションをどの範囲に限るかについては，常に恣意的な要素が伴う。

ある人々を一つのネーションとして囲い込んだとしても，その内部には，常に差異が存在する。一方，ネーションの中と外とで，何の共通項がないはずもない。にもかかわらず，そのことを認めてしまうと，ネーションという単位の正統性が揺らぐので，それを認めるわけにはいかない。こうして，ネーション内部での平準化と並行して，ネーション内外の断絶が強調されることになる。そして，そのように想定された差異に基づいて，ネーションの構成員とその外部との間での差別待遇が正当化される。出入国管理に代表される，こうした排除のメカニズムによって，ネーションは特定の人々の利益を図るために他の人々を犠牲にしている面をもつのである。

　もっとも，この点について，ネーションの意義を強調する人々なら次のように反論するかもしれない。どんなホテルにも定員はある。あるホテルが満室でも，他の同等のホテルに泊まれれば問題はない。ちゃんと泊まれるホテルが足りないとすれば，そういうホテルをつくればよいだけである，と。実際，ネーション・ステートを理想視する 20 世紀的議論が夢見ていたのは，人類がそれぞれのネーションにきちんと収まり，ネーションが相互に承認し合うという安定的な秩序であった。

　しかしながら，実際には，ネーションを重視するナショナリズムは，そのような「醒めた」ものであるとは限らなかった。いや，むしろネーションの間の差異は，同等なものの間の単なる違いではなく，優劣ととらえられる場合が多かったのである。あるネーションへの帰属意識，すなわちナショナル・アイデンティティは，自らのネーションが他よりも優れているという信念によって支えられてきたのである。そして現代では，こうした信念の高まりをさして，ナショナリズムとよぶことも少なくない。

　ネーションの観念に，このような排他的・差別的な価値意識がしばしば伴ってきたのはなぜか。それは，ネーションというものが，

これまで簡単にみたとおり，一方では解放的な側面をもちながらも，多くの点で人々に負担をもたらすものであったことと，おそらく関係している。とりわけ20世紀においては，人々はネーションのために懸命に働き，ときにはそのために死ぬことを求められた。自らのネーションが，どうでもよい存在，他より劣った存在であるとすれば，どうしてそんなもののために命を捨てようとするだろうか。ネーションは，人々の生物としての生存に深く関わるものとされたからこそ，それを強引にでも聖化しようという動機づけが生まれるのである。

ネーションと同質性 　同質性に基づいてネーションを定義する議論として，最も有名なものの一つが19世紀初めのドイツの哲学者 J. G. フィヒテによる『ドイツ国民に告ぐ』である（フィヒテ，1999／原著初版 1807–08）。言語とそれに基づく文化の同質性によって，ドイツ人というネーションを定義することができると彼は主張した。当時は，ナポレオンによる侵攻の直後であり，ビスマルクらによるいわゆるドイツ統一にはるかに先立つ時期であり，ドイツという国民国家は存在しなかった。そうした中で，国力に勝るフランスへの対抗意識と，ゲルマン世界の中で独自のアイデンティティを打ち立てたいという意識から，フィヒテは，ドイツは単なる一つのネーションではなく，文化的に優れたネーションなのであると強調した。こうしたこともあって，その後のドイツの歴史的な展開，すなわちヒトラーらによるきわめて人種差別的なネーション概念の採用などと重ね合わされつつ，フィヒテの議論は批判されてきた。しかし，フィヒテによるネーションの定義は，それ自体としては，人種やエスニシティに基づくものではない。それは，言語と文化の共通性に注目するものであり，「血と土」を強調するナチスのイデオロギーなどとは特に関係がない。

一方，フィヒテとしばしば対比されながら，ネーションの「正しい」定義の仕方として参照され続けてきたのが，19世紀フランスの歴史家 E. ルナンの『国民とは何か』である（ルナン，1997）。フィヒテがフランスへの敗北の痛手の中でネーションへの意識をもつよう説いたのとまさに対応するかたちで，ルナンは普仏戦争でのドイツへの敗北を背景として，フランスというネーションについて論じようとした。確かに，彼の議論には，フィヒテとは違うところがある。ルナンによれば，ネーションの根拠となるのは，種族（今日的にいえばエスニシティ）等でないのはもちろんのこと，言語の統一性ですらない。それでは，何がネーションを一つに結びつけているのかといえば，それは，一つのネーションでありたいという人々の意思である，と彼はいう。ネーションは，何らかの自然的・実体的な基礎に基づくものではない。人々の帰属意識を支えているものは何もない。それは，一人ひとりの自由な意思によって，日々選び取られているのであり，その意味で，ネーションとは「日々の住民投票」なのであるとルナンは述べた。

　こうしたルナンの言葉は，健全なネーションの存在を信じる人々によって引用され続けてきた。ネーションとは，それに批判的な人々がそう描こうとするような，暴力的で強制的なものではない。いや，そういう暗いネーションもあるかもしれないが，少なくとも，もっと明るい自由なネーションの可能性を，ルナンと，彼が記述したフランスは示している。人民主権論と革命がもたらしたフランスという共和国では，統治主体としてのネーションが，一切の同質性を必要とすることなく，個人の自由な選択のみに基づいて成立しているのだ。このように，共和主義者たちは主張する。

　しかし，ルナンが主張するネーションのあり方は，実際にネーションというものがつくりだされ，維持されてきた経緯とは異なっており，それはフランスの経験とも大きく食い違っているのである。

先にもふれたとおり，フランス革命以後，言語と文化の同質性をつくりだそうとする非常に強力な戦略がとられたし，そうした文化政策は今でもフランスできわめて顕著である。さらに，ルナン自身がふれているように，都合の悪いことを「忘却」して統一的な歴史を共有するというきわめて暴力的なやり方も普通であった。また，フランスを含め，いかなるネーションも，出入り自由であったことはない。単に参加したいという意思だけで参加を許すようなネーションもあったためしはないのである。

　今日の目からみれば，フィヒテもルナンも，ネーションの観念が人種の観念と結びついて，暴力的なナショナリズムが猛威をふるう前の，「旧きよき」ネーション論の息吹を伝えている。自分たちの身近なところに，外見も生活習慣も異なる人々が暮らしていたら，という問題意識が彼らにはあまりない。ドイツ語を上手に話すトルコ系移民や，フランス人という意識を「日々」もっているアラブ系移民は同じネーションなのかどうか，という観点がない。フィヒテとルナンとの間の差異は，すでにネーション・ステートを実現していた（と少なくとも他のどの地域でよりも信じられた）フランスと，そうではなかったドイツとの違いからきているにすぎない。前面に出すかどうかにかかわらず，同質性はいずれの議論でも前提とされている。同質性が大事だとルナンが強調しないのは，すでにそれがかなりの程度実現していると思っていたからかもしれない。

ネーションと産業化　同質性への着目と政治主体の形成という二つの要素が結びついたのが，フランス革命とその後のナショナルなデモクラシーの展開の中でであるにしても，そうしたきわめて大きな流れは，狭い意味での政治的な要因だけによってもたらされたのだろうか。ネーションは，共和国の市民を調達するだけのために，そこにつくりだされたのだろうか。もちろん，

そうではあるまい。そこには，経済的な要因も関わっていたに違いない。

プラハ生まれの哲学者E.ゲルナーは，ナショナリズムの経済的な起源について述べたことで広く知られている（ゲルナー，2000／原著1983）。彼によれば，ネーションとは産業化に適した単位であり，したがって，産業化が進められた時期に，相次いでつくられることになった。農業を主な産業とする時代には，ほとんどの人々は小規模な農村共同体の中で暮らしており，彼らは文字文化には無縁であった。文字を用いる高文化（ハイ・カルチャー）は，一部の特権階級だけのものであり，そうした階級は狭い農村共同体の範囲を超えた，かなり広い文化的共同体に属していた。このような秩序を揺るがすのが，西ヨーロッパから順次進行した産業化過程である。工業労働者やサービス業の従事者となるためには，読み書き能力が不可欠である。なぜなら，新しい技術について学び，他の人々とコミュニケーションすることが必要になるからである。よき労働者を生み出すために，それまで一部の階級に独占されていた文字文化を，一般の人々に教えなければならない。こうして，大衆のための学校制度が整備され，そこで，それぞれのネーションの標準化された言語で，統一された歴史観等を中心とする教育が行われる。これが，ネーションへの帰属意識を人々にもたせることになった，とゲルナーは述べる。

こうした議論は，それなりに説得力のあるものである。日本の明治維新の際に，急激な産業化を進める前提として，ネーション構成員の教育が重視され，日本の歴史についての統一的な，しかもきわめて自民族中心主義的な解釈が構成された経緯は，ゲルナー理論の一つの例証であるようにもみえる。しかし，ゲルナー理論への疑問として，もしもネーションが産業化のための道具立てであったのだとすれば，どうして産業化が一応終わった時点で，ネーションの観

念が残っているのか，いやそれどころか，各地でますます強調され
つつあるのか，という点がある。

　まさにこの点をとらえたのが，アンソニー・スミスらであった
（スミス，1999／原著1986）。スミスは，ゲルナーが主張するほど，ネ
ーションというものは人為的なものではないと主張した。確かに，
18世紀後半以降，人々の間の同質性がきわめて強調され，さらに
意図的につくりだされるようになった背景には，産業化の必要とい
うことがあるだろう。しかし，それでは，産業化を進めるためなら，
どのようにも自在にネーションをつくりだせるかといえば，そうで
はない。一見して異質な人々，文化的な差異があるのが明らかな
人々を，便宜的に一つのネーションとよび，そういう意識をもつよ
う人々に強制しても無駄である。成立したネーションの意識の底に
は，長い歴史の中で形成された「タネ」のようなものがある。すな
わち，ナショナリズムという煙を大量に起こしたのは産業化である
としても，火のないところに煙を立てることはできない，というわ
けである。このようなスミスの議論も，一定の説得力をもっている。

　しかし，ゲルナーとスミスの議論は，相容れないものだろうか。
必ずしもそうではなかろう。ゲルナーがいうように，ネーションが
多くの場所で，人為的な努力を伴ってつくりだされ，維持されてき
たものであることは，誰も否定できない。また，そうした過程が特
に進んだのが，産業化の時期と合致していることも間違いないだろ
う。他方で，スミスがいうように，あらかじめ想定されていた何ら
かの同質性を利用したほうが，そうした意識をつくりだすのは容易
に決まっているのである。

良いナショナリズムと
悪いナショナリズム

言語を同じくする人々が，それ以外のあら
ゆる差異を度外視して一つの安定的なネー
ションを形成する，ということは実際には

　B. アンダーソンは，『想像の共同体』（アンダーソン，2007／原著初版 1983）で，ネーションの観念が成立する上で印刷媒体の果たす役割を強調した。ネーションを構成する数百万ないし数千万の人々が，同じネーションという意識をもつのは並大抵なことではない。それまでラテン語でしか読めなかった聖書を，M. ルターがドイツ語に翻訳し，それがグーテンベルクの印刷機によって広く行き渡ったことが，ドイツ民族という意識の定着を進めた。同様の過程は，ヨーロッパ全体に，さらには世界に及んでいく。そのようにして人々は，それぞれのネーションを共同体として，想像することになったというのである。

　さらにアンダーソンは，スペイン語という言語を共有しながら，さまざまなネーションに分かれていったラテンアメリカの経験が，一つのモデルとしていわば「複製」され，他の地域に伝播していったという考え方も示している。このように，ネーションは，その観念そのものにおいても，またそれを成立させる媒体においても，一種の「複製文化」であるというのがアンダーソンの議論である。

ほとんどなかった。まして，あるネーションでありたいという意思だけによって，人々が結びつくなどということはあったためしがない。アメリカ合衆国は，後者に最も近いものであるとする人々もいた。旧世界でのあらゆる差異を乗り越えて，ただ自分たちの政治社会をつくりたいという意思だけに基づいて建国した人々という神話。それはヨーロッパ系の人々にとっては，多少なりとも実感に沿うものであったかもしれないが，征服され蹴散らされた先住民や「輸入」されたアフリカ系住民にとっては悪い冗談でしかないであろう。ネーション観念に基づく安定的な秩序構想は，宗教対立等によっても阻害されてきたが，何よりもまず「人種」（ないし「エスニシティ」）によって攪乱されてきた。外見的に異なる（と感じられる）人々を，同じネーションの一員とみなせるかという試練に，これま

でのところ，人類は十分に耐えたとはいいがたい。

　なかでも，最も物議を醸したのが，ヒトラーらナチス党のイデオロギーによって席巻された，20世紀前半のドイツの経験であった。そこでは「ゲルマン民族」などの観念が猛威をふるい，身体的外見についての似非科学などを総動員するかたちで，マイノリティに対して徹底的な迫害が加えられた。これを受けて，20世紀後半の世界が，ナショナリズムへの警戒心をもつようになったのも当然であろう。

　しかし，その後の西洋では，この問題については以下のようなアプローチがとられることになる。それは，ナショナリズム（ネーションへの帰属意識）には，良いものと悪いものとがある，という二分法である。H. コーンは先進地域での「西のナショナリズム」と，後れた「東のナショナリズム」とを対比した（Kohn, 1944）。フランスやアメリカなどでは，自由な意思によってネーションがつくられたので，それは抑圧的なものとはならなかった。これに対し，ドイツやさらにその東では，後からネーションをつくらなければならなかったので，西の先進地域に対するコンプレックスの裏返しとして，自分たちのほうが偉いという屈折した意識が生まれたとするのである。同じような二分法は，ゲルナーにまで継承されている。産業化するタイミングの違い（「時差」）が，各地域のナショナリズムに微妙な，しかし重大な違いを刻印することになったと彼は主張している。

　このような二分法にも，一定の説得力がないとはいえない。日本が西洋型の健全なナショナリズムをもつことができず，歪んだ「超国家主義」をもつに至ったという丸山眞男の議論が広く受け入れられたのも，こうした論法の説明力を証明している（丸山, 2010）。

　しかし，健全なナショナリズムと病的なそれとを区分する二分法を採用することには，それなりのリスクも伴う。どんなに健全とさ

れるネーションでも，内部での締めつけがあり，外部への排他的な作用があることを，見失わせかねないからである。人間の群れを囲い込み，それをコントロールしやすいように平準化するとともに，責任ある統治主体に改造するという戦略そのものを否定することは難しい。しかし，同時に，そこで行使されている暴力を無視することは，それ自体が健全なこととはいえないだろう。程度の差こそあれ，あらゆるネーションは両義的である。それは，冒頭に示した二面性に関して両義的であるだけではない。それが実現したものについても両義的なのである。

2 多文化主義

多文化主義の問題提起　政治に携わる主役が誰なのか，という問題は，簡単に答えが出るものではない。国民国家への政治参加において，普通選挙権が行き渡った現代では「私たち全員が政治の主役だ」ということになるかもしれないが，それにしても「私たち」とは誰のことなのかを定める自明の基準があるわけではない。前節でみたように，国民国家が一定の同質性を前提とし，その同質性に政治的・経済的な意義があるとしても，そこにはあくまでも人為的操作が伴う。ネーションの内部で否定された差異や，外部へ追放された要素は，いつでもネーションの同質性に挑戦する可能性を秘めている。

　現在，多彩な「アイデンティティ」をめぐる政治に注目が集まるようになったのも，国民国家の市民権を同質性の観点からのみで語りつくせるわけではない，という事情の反映であるといってよいであろう。カナダ出身の政治哲学者 C. テイラーによれば，アイデンティティとは，「ある人々が誰であるかについての理解，すなわち

　　カナダでは，多文化主義政策の推進を受けて，1988年に多文化主義法（Canadian Multiculturalism Act）が成立した。その内容はいったいどのようなものなのだろうか。

　　カナダ多文化主義法前文では，「カナダ憲法は，すべての個人は法の前および法のもとに平等であり，差別されることなしに，法の平等な保護と利益に対する権利を有し……それらの権利と自由を男性と女性に等しく保障することを定めている」と，まず個人の人権の保障が定められている。しかしすぐに続けて，「カナダ憲法は，カナダ人の多文化的遺産を維持し高揚することの重要性を認めて」おり，また「カナダ憲法は，カナダの先住民の権利を認めている」と，多文化主義の意義が強調されている。

　　では，具体的にはどのような施策が行われるのか。一つは言語の問

彼らが人間として持つ根本的な明示的諸性格についての理解」のことであって，それは「一部には，他人による承認，あるいはその不在，さらにはしばしば歪められた承認によって形作られる」とされる（ガットマン編，2007／原著1994）。そして，人々は何らかのグループに所属することでアイデンティティ，すなわち「自分が誰であるのか」を理解し，さらに国民国家の同質性から漏れ落ちる各アイデンティティの重要性を政治の場で認めさせようとする。この節では，多文化主義とアイデンティティの政治が提起する新しい問題群に対して，分析のメスを入れていくことにしたい。

　「多文化主義」（multiculturalism）は，国民国家内に存在する複数のエスニック・グループに対して，平等な政治的処遇を求める政策・運動として発展してきた。例えばカナダでは，多数派の英語系社会に対してフランス語系のケベック州や先住民の反発が増大する中，1971年に当時のトルドー自由党政権により多文化主義が政府

の公式政策として採用され，少数派エスニック・グループの文化に
対する尊重が表明された。また 1980 年代のアメリカ合衆国におい
ては，1950 年代以降の黒人解放運動等を継承しながら，大学のカ
リキュラムや教科書を各エスニシティの固有文化の導入によって修
正していこうという試みがみられるようになる。

　こうした動向の意義は，単に差別撤廃を目的とした是正措置にと
どまるものではなかった。第一に，現代国家のもつ個人主義的な性
質がはらむ問題の問い直しという意義がある。つまり，基本的人権
の保障された平等かつ同質的な個人からなる国家，という成員の同
質性を基礎においた国家イメージにおいては，個人間の不平等が厳
しく批判される一方で，特定のエスニック・グループが不利な状況
におかれている場合にどう対処すべきかという点については決して
明らかではない。自らの言語が公用語に採用されていない等の構造
的な要因により，少数派エスニック・グループが集団として差別的

な処遇のもとにあるという主張に対して，適切な対応が十分には検討されてこなかったのである。

　この点は，第二の意義である，多文化主義登場以前の集団理論（多元主義論）に対する批判へも結びついている。以前の理論では，もしある集団が不利な政治的立場におかれたならば，その集団は利益集団として政治の場に登場し，積極的な活動による多数派形成を通して自らの要求を実現させていくことが可能であるとされていた（第6章参照）。しかし後に述べるように，エスニック・グループでは，どんなに活発な活動を行ったとしても勢力の拡大には限度がある。一方では少数派のエスニック・グループは従属的な地位を脱することができず，他方では多数派は常に自己の要望を優先的に扱うことができるため，多数派に支配された国民国家による抑圧が生じる可能性は否定できない。

　こうしてみると，多文化主義は単に差別是正の主張のみならず，「同質的な諸個人が自発的に集団を形成して，自由に競争することにより自己利益の実現を図る」という，同質的なネーションを前提としたリベラル・デモクラシー型政治そのものに対する根本的な批判を含んだ議論であることがわかる。

「利益」と「文化」　　集団を政治活動の主役として考えるということであれば，多文化主義の登場を待つまでもなく，20世紀は早くからすでに集団政治の世紀であった。労働組合や大企業は，自らの要求を実現するために，政府や政治家に対して積極的な働きかけを行い，あるいは激しい反対運動を展開してきたのである。

　しかし，これらの集団と多文化主義における集団との間には，決定的な相違がある。従来の集団は，「利益集団」（interest group），「圧力団体」（pressure group）として位置づけられるものであった。

利益集団は，基本的に経済的な利益の追求を目的としており，したがって自己利益の追求が第一であって，それ以外の集団への配慮は重視されない。ただし，利益集団間の競争が適正なルールのもとで行われることによって，各集団は互いに切磋琢磨し，結果的に最適な利益の配分が行われるから，有力集団による利益独占や差別の問題はない，というのが従来の集団理論の立場であった。

これに対して，多文化主義は，エスニック・グループが単なる利益集団ではありえないと主張する。第一に，少数派エスニック・グループが多数派へと移行することは困難である。利益集団であれば，その主張する政策を実現することによっていかなる利益が獲得できるかを非構成員に説得し，多数派へと発展することも可能であろう。だが，少数派エスニック・グループが，多数派集団の構成員に対し，例えば少数派の言語を習得するなどして少数派集団の構成員として活動するように説得することはきわめて難しい。損得の問題とは異なり，エスニック・グループが擁する言語や慣習などの文化は各人のアイデンティティを強く拘束しており，あるアイデンティティへの移動は，もとのアイデンティティの価値低下を，ひいては自分自身に対する否定的評価をも意味しかねないからである。文化は，集団の拡大に関して，とうてい扱いやすい基準とはいえない。

第二に，文化を取引の対象とすることは必ずしも容易ではない。対立する利益を抱く利益集団間であれば，ある特定の利益を認めさせる代わりに他の利益をあきらめたり，完全ではなくとも部分的な利益の実現で満足したり，という妥協案も可能だろう。しかし，エスニック・グループの擁する文化は，取引や一部実現という解決策

★用語解説

□ **多言語主義**　　言語の多様性を認め維持・推進していく考え方。例えば，複数のエスニック・グループの言語を公用語に採用することで，文化の共存を実現するなど，多文化主義の具体的政策の一つともなる。

にはなじまないことが多い。

こうした「利益集団」と「文化集団」「アイデンティティ集団」の相違は、アメリカ合衆国における集団政治の歴史をみると理解しやすい。1950年代から60年代にかけて、合衆国では利益集団の活動が活発となり、そのことがリベラル・デモクラシーの理想像として描かれる傾向が強かった（第6章参照）。しかし、利益集団政治に対する挑戦が始まるのも、またこの時期なのである。そこでは、「自由競争」という一見したところ平等なシステムの中で、実際には有力な利益集団や主流派文化が圧倒的な影響力をもち、少数派が差別的状態に陥っているという問題意識が芽生えていたのだった。

こうした競争下で生じる事実上の差別の問題に関しては、競争による機会の平等を唱えたところで解決にはならない。問題は、たとえネーションの中で少数派という地位にとどまり続けたとしても、多数派と同じように政治的な重要性を認められるかどうか、文化を認めることを通じて、あるエスニシティに属する人々の異質なアイデンティティに平等な「承認」が与えられるかどうか、という点にある。アイデンティティを軸とする多文化主義論では、この「承認」をめぐる政治が、取引をめぐる政治に代わって、中心的な論点となってくるのである。

「承認」をめぐる政治　ここで、「承認」が重要な意義をもってくる歴史的背景について考察しておこう。テイラーによれば、「承認」（recognition）は、近代以降の二つの歴史的変化によって中心的な政治課題へと台頭してきた。

第一の変化は、身分制社会にみられた社会的な階層秩序の崩壊である。階層秩序の中では、人は所属階層ごとのアイデンティティを所与のものとして受け取ることになる。したがって、承認の問題はそもそも生じることがない。しかし、階層秩序が崩れ、平等を奉ず

るデモクラシーが生じた後には，所与のアイデンティティが存在しないだけに，承認を求めて激しい要求が繰り出されることになる。

　第二の変化は，階層という秩序がアイデンティティを与えなくなったために，人は自分が何者であるかという問いについて，自分自身の内面に解答を求めなければならなくなった，ということである。しかし，アイデンティティ問題の「内面化」は，アイデンティティ問題の「個人化」を意味するわけではない。階層秩序の中では，所属階層によるアイデンティティの付与を社会が当然のものとして承認する，という仕組みが組み込まれていた。しかし，その仕組みがなくなったことに対応して，内面化されたアイデンティティは，承認を社会に対して自分から積極的に要求する必要に迫られることになる。つまり，近代以前の，所与のアイデンティティに所与の承認が与えられる社会から，現代は，不安定なアイデンティティの承認を積極的に求めなければならない社会に変化しているのである。このように，アイデンティティと承認の問題は，近・現代政治一般の問題であり，ネーションは，もともとこうした承認の必要に対応するものであった。

　しかし，複数のエスニック・グループの並存によりネーションという枠組みでは対応できなくなったため，多文化主義というアプローチが必要になった。テイラーは現代における承認問題へのアプローチを次のように区分している。

　第一のアプローチは，「普遍主義の政治」（a politics of universalism）であり，全市民に対する諸権利の平等化が重視される。例えば，奴隷解放から公民権運動に至るまでのアメリカでの人種差別撤廃の動きはこうした考え方に基づいていた。それはまさに，リベラリズムの中心をなす考え方である。

　これに対して，多文化主義に特徴的なのは，次の第二のアプローチ，すなわち「差異の政治」（a politics of difference）の採用である。

「差異の政治」においては，単に同一の権利が与えられるだけでは承認への要求が満たされたことにはならない。もしエスニック・グループの独自の文化がその人のアイデンティティにとって重要であるならば，そうした文化に基づく各アイデンティティがそれぞれ独自のものとして区別され尊重されるかどうか，つまり独自性を保障するための異なる処遇が認められるかどうかが重要だということになってくるのである（ガットマン編，2007）。

　この両者は，必ずしも矛盾したアプローチだというわけではない。実際，「差異の政治」がなぜ必要とされるのかといえば，独自性と差異の承認によってはじめて各種のアイデンティティ，それぞれのエスニック・グループを平等に扱うことになるからだ，と主張することも可能であろう。しかし，具体的な政策面においては，「普遍主義の政治」と「差異の政治」が正面から衝突することもある。例えばそれは，同化政策に対する対応の違いとして現れてくることとなる。

同化と集団の権利　「普遍主義の政治」においては，個人に同一の法的権利を平等に認めることが何よりも重要である。そこでは文化的な差異は考慮されない。しかしそれゆえ，「普遍主義の政治」は原理的に同化政策を排除するものではない。同化政策では，言語や生活習慣など，多数派社会の文化を習得することで，少数派エスニック・グループのメンバーが多数派のメンバーと同等の社会的地位と承認を獲得することがめざされる。もっとも，同化政策の範囲内でも，少数派の文化に対して一定の配慮を行うことは可能である。すなわち，仕事場や学校のみならず各エスニック・グループの集住する地域共同体や家庭でも独自の文化を離脱して，多数派文化の習熟をめざすという徹底した同化政策ではなく，公用語の決定などでは多数派文化に依拠するとしても，家

庭，私企業，私立学校，地域共同体といったいわば私的な空間では固有文化の尊重と維持を認める政策が今日では一般的である。

　しかし，「差異の政治」の観点からみるならば，同化政策を前提として，少数派の文化をいわば私事として寛容に受け入れることは，エスニック・グループに対して承認を行うこととは別ものである。なぜなら，承認とは，あくまでも相手を対等な関係にあるものとして認めることであるはずだからである。そのうえ，私的な領域では固有の文化を保ちながら公的な領域では別の文化を用いるためには，多数派文化に属する人々以上の労苦が必要とされる。また，現実的には，公的領域で採用されない文化が実生活での重要性を次第に失い，結果的にエスニシティ固有の文化の消滅，そしてエスニック・グループの消滅に行き着く，という可能性もあるだろう。

　しかし，それでは，何らかのエスニック・グループやその文化の「承認」はどうやって起きるのだろうか。それは，現実には，さまざまな対立や争いを通じて，その結果として生じるといわざるをえない。つまり，それは事実の問題である（小野，2005）。だが，それでは結果として対等なものとしての承認がされなければどうなるのだろうか。結局は力関係によって決せられてよい，ということなのだろうか。

　それに対して，固有の文化をもつエスニック・グループに，その存続を可能にし，かつ独自性を維持し続けるために，何らかの権利を与えるべきだ，という議論が登場してくるのである。その代表的論客であるカナダの政治哲学者 W. キムリッカは，「集団別権利」（group-differentiated rights）の付与を提唱している。集団別権利には，エスニック・グループに一定の政治的権限を認める「自治権」や，多数派社会の政治・経済制度を認めた上で各エスニック・グループの固有文化の維持を支援する「エスニック文化権」，議会に少数派エスニック・グループのための議席を確保する「特別代表権」

などの権利が含まれている（Kymlicka, 1989 ; キムリッカ, 1998／原著1995）。

　ここで重要なのは，自治権や特別代表権に顕著にみられるような特定集団の権利と個人の普遍的な権利との関係であるが，このことについてはのちに述べることにする。

アイデンティティの
重層性

ところで，これまで，多文化主義においてはあたかもエスニシティの独自性の承認だけが問題であったかのように論じてきた。確かに，現代社会で民族問題，少数民族問題は重要な政治課題である。しかし，階層社会のようにアイデンティティが外的な社会から画一的に与えられるものではないとすれば，人々が依拠する集団も必ずしもエスニック・グループに限られるわけではない。エスニシティ以外にも，フェミニズム（第8章参照）のようにジェンダーが基準となる場合もあるであろうし，ほかにも年齢や障害の有無などによるアイデンティティの獲得と承認の問題も出てくるかもしれない。むしろ，人々が依拠する集団は，社会の中に無限に生じてくるといってもよいだろう。

　I. M. ヤングによれば，人々がアイデンティティを求める集団は，一定の属性によって決定されるのではなく，社会の中で抑圧されているという「感覚」によって決定されているという。とするならば，社会関係の変動次第で，依拠する集団の種類はさまざまに変化していくことになる（ヤング, 2020／原著1990）。このように考えると，人々は複数のアイデンティティを流動的に渡り歩いたり，あるいはそれらに同時に依拠したりすることもある，ということになる。

　こうなると，承認の問題の解決は容易ではない。特定の集団に特別な顧慮を払ったとしても，他の集団からの不満が生じてくるかもしれない。あるいは，同一人物の中に存在する複数のアイデンティ

ティ間に齟齬が生じることも考えられる。例えば，男性優位の文化をもつエスニック・グループに属する女性の場合，エスニック・グループに対する特別な配慮が女性としてのアイデンティティを侵害するというようなこともありうる。また，諸アイデンティティの競合により，承認を求める現実の運動において中核をなす集団の形成が困難になるとすれば，アイデンティティの政治の深化が逆にアイデンティティの政治の効果を妨げてしまうということにもなりかねない。

　さらにいうならば，配慮すべき特定の集団が決定できないという状況下では，それならばやはり個人の権利こそが重要だという考え方も生じてくるであろう。実際のところ，集団，特に民族集団が歴史の暗い部分をかたちづくってきた 20 世紀の経験の後で，集団の権利と個人の権利の対立という問題を切り捨ててしまうことは不可能である。アイデンティティの「重層性」から生まれるこれらの困難は，単に特定の文化的アイデンティティに配慮すればよいというだけの解決策がいかに不十分であるかを明らかにしており，それはそのまま特定の同質性に依拠する国民国家がどれほど不安定なものであるかを物語っているといってよいであろう。

　また，この課題をもう少し別の角度から見直すこともできる。特定のアイデンティティに特別な顧慮が必要であるとされる場合，顧慮を払う主体は何であろうか。例えば「集団別権利」を与える主体は国家だろう。しかし，国家だけが「差異の政治」が争われる唯一の場ではないし，国家だけがさまざまなアイデンティティへの顧慮を求められているわけではない。欧州連合（EU）における言語の例を考えてみよう。EU 各国の内部では，ほとんどの国でそれぞれ少数言語が存在している。しかしそれとは別に，雇用を求めての移動やコミュニケーション技術の発達によって，それぞれの国で支配的な地位を有する各国語同士もまた競争的な関係を免れない。その

場合には，国家間の「差異」に配慮する何か別の仕組みも必要となってくるかもしれない。つまり，重層的なアイデンティティの中には，国家による対処が可能なアイデンティティが存在すると同時に，国家による対処が不可能なアイデンティティも並存しているのである（三浦編，1997）。

　アイデンティティの重層性，そしてそれに対処する主体の重層性という問題を考慮に入れるならば，同質性を基盤とする国民国家が特定集団を保護・優遇するというかたちでの「上から」の解決策に，一定の限界があることは否定しがたい。アイデンティティの政治に対応するためには，国家による配慮とともに，国家とは区別される新たな対応の場をつくりだすことも必要とされているのである。

第8章 フェミニズムと政治理論

寄与と挑戦

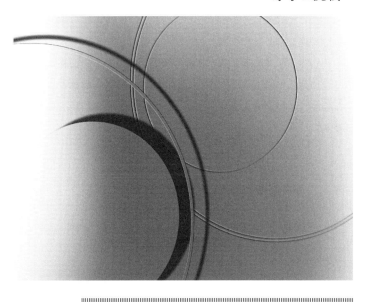

女性にとっての公正さを求めるフェミニズムは，普遍的な権利要求から出発した。さらに，そうした第一波フェミニズムの限界を意識しつつ登場した第二波フェミニズムは，ジェンダー概念を導入し，性差の社会的・文化的側面を明らかにした。そして，産業社会にひそむ家父長制を告発することで，それまで前提とされてきた公私区分の根本的な修正を迫った。こうしてフェミニズムは，現代政治理論全体に多大な影響を及ぼすのである。そして，現在フェミニズムは，多様性を求めるさまざまな声の中で，理論的にも・実践的にも新たな課題に直面している。

1 政治において「人間」とは誰のことか

女性は「人間」か　現代に生きる私たちにとって，女性が政治
の主体，具体的には人権の主体であり，選
挙権や被選挙権，請願権等の政治的な権利の主体であることは，自
明のことのように思われる。実際に，国会議員として活躍する女性
や，経済界で活躍する女性はいるし，官僚の中にも裁判官にも女性
が増えてきているというニュースも伝えられている。もっとも，ニ
ュースで伝えられるというのは，それだけ珍しいということでもあ
るのだが。私たちにとっては，そもそも政治の主体としての「人
間」に女性が含まれないとは，考えられないのではないか。

　しかし，歴史的にみると，女性が人権の主体・政治の主体と認め
られたのは，それほど昔のことでもないし，自明のことでもない。
この点を端的に示しているのが，フランス革命の渦中の 1791 年に，
O. グージュが著した『女性および女性市民の権利宣言』である。
彼女は，1789 年に出された有名な「人および市民の権利宣言」の
構成や文言をほとんど踏襲し，権利主体としての人 (homme) を
「女性」(femme) や「男性と女性」に，市民 (citoyen) を「女性の
市民」(citoyenne) に書き換え，女性版の人権宣言を著した。その
中で彼女は，女性にも男性と平等の権利と参加を認めると同時に，
平等な責任を課すことを主張している。つまり，近代市民革命の思
想的なバックボーンであった平等理念に訴え，それを男女間にも適
用することにより，女性の人権を主張したのである。

　このようなかたちで，女性の人権・政治参加の権利が主張された
という事実は，1789 年の「人権宣言」における普遍的な人権の主
体である「生まれながらの人間」には，女性は含まれていなかった

ということを示している。もっとも，女性の政治参加は，革命の勃発・展開期に広く推進されたが，革命が収束に向かい，権力機構が確立されてくるにつれ，女性は政治の舞台から排除されていくこととなる。自由で平等な個人の確立をめざした近代市民革命の一つの典型であるフランス革命において，女性の人権は，さまざまな政治過程の中で「置き忘れられた人権」となった。

普遍的な人権が主張される中で，女性の人権とりわけ政治的権利が否定された根拠は次の3点であった。①妊娠・出産等の肉体的な性差に基づく「母性の強調」，②女性の特性と男性の特性は別であり，女性は政治活動には向かないのだという「特性論」，③女性には家庭を守る重要な役割があるのだという「役割分業論」である。「置き忘れられた人権」である女性の参政権が，近代人権の母国フランスで実現するのは，20世紀になってからの出来事であった。

フェミニズムと現代社会

フェミニズムは，女性の権利を主張する思想，男性との間の不平等を告発し，男女平等の世の中をめざす思想をさす言葉として，一般に定着したようにみえる。さらにこうした課題を実現するための理論的・実証的な学問的研究も，しばしばそこに含まれる。その背景としては，近年ますます女性の社会進出が進む中で，現実に解決を迫られるたくさんの問題が生じたこと，運動においても研究においても活発な議論が展開されてきたことを指摘することができる。しかしながら，言葉としてのフェミニズムが定着する一方で，その内容は，いまだ十分に理解されているとはいえず，さまざまな誤解も少なくない。また，フェミニズム内部にもさまざまな考え方や対立が存在している。本章では，広範な領域に広がる現代フェミニズムの展開や潮流にもれなく言及することは到底できない。代わって，現代の政治理論とりわけリベラリズムやデモクラシーの問題と密接

に関係するいくつかのトピックを中心に，フェミニズムの理論の現代政治理論における意義を考えたい。

2 フェミニズムの展開

第一波フェミニズム

普遍的な人権を理念とする近代市民革命とリベラリズムを原理とする近代社会において，当初はその主体として女性が排除されていたことは，前節の『女性および女性市民の権利宣言』が象徴的に表していたとおりである。参政権については，女性に国政への参政権が認められたのは，イギリスでは1918年，アメリカ（連邦レベル）では19年，フランスでは44年，日本においては45年であった。私法上の資格においても，男性と女性や妻と夫との間には歴然とした不平等・不均衡があった。例えば，明治民法の財産法においては，「妻の行為無能力」規定がおかれ，婚姻後の女性は夫権に服し，判断能力が不十分とみなされる未成年と同様に，夫の許可なく単独で，売買契約や就職などをすることはできなかった。つまり，成年により行為能力者となった女性も，婚姻すると夫権に服する行為無能力者とされたのである。また，婚姻後に自らの名前で得た財産であっても，婚姻前に契約を締結しておかなければ，その管理もまた夫が行うこととなっていた。そしてこうした不平等は，19世紀においては必ずしも日本だけのことではなかった。

確かに，18世紀末にはすでに，イギリスの思想家M.ウルストンクラフトの『女性の権利の擁護』（ウルストンクラフト，1980／原著1792）のような著作も現れるが，男女の法的地位や参政権，公教育における平等を主張したこの書物がしかるべく評価されるようになるのは，1世紀近く先のこととなる。

それに対して19世紀後半から20世紀前半になると「置き忘れられた人権」の実現を求める女性運動が高まりをみせる。これらの運動およびそれを支えた思想は，1960年代以降，欧米先進諸国を中心に展開した第二波フェミニズムとは区別され，今日では第一波フェミニズムとよばれている。

　この時期の思想や運動においては，成人女性が成人男性と同等の法的地位をもつこと，具体的には参政権と財産権における男性と同等の法的な権利の獲得が最大の関心事であった。つまり，公的社会（政治・経済）への参加のための政治的権利と法的権利の獲得が目標とされたのである。この時期のフェミニズムの思想を代表するのがイギリスの思想家J. S. ミルの『女性の解放』（1957／原著初版1869）である（この時期のフェミニズム思想については〔水田，1973〕が詳しい）。

　しかし，この時代においては，「女性は男性に劣る」といった，肉体的な違いを基礎とする特性論からの男女不平等論や，「女性の天職は家庭にある」といった性別役割分業論に基づく女性の権利否認論が一般にまだ根強く受け入れられていた。また女性の権利を主張する側にあっても，性別役割分業そのものを否定する議論はまだ十分に展開されていなかった。

　第一波フェミニズムは，そもそも公的世界と私的な世界の二元論（公私の区分論）を前提とした上で，公的な世界での平等，しかも法的な地位・資格の平等という形式的な平等を求めていた点が大きな限界であり，そのため，特性論や性別役割分業論に対して，社会理論として切り込むことができなかった。この点は後年，第二波フェミニズムにより批判されることになるのである。

第二波フェミニズム　　第二波フェミニズムは，第一波のフェミニズムが一定の成果を得た後の1960年代のアメリカ合衆国で始まった。かつて目標としてきた女性参政権が実

　戦前の日本においては，参政権・民事上の地位など法律上での男女の差別が見られた点は，本文で簡単にふれたとおりである。そのほかにも，家族法では，制度としての家に基づき，戸主（多くの場合男性）が大きな権限をもち，戸主の地位は家督相続され，当然男系長子・嫡出子（婚姻関係から出生した子）優先であった。婚姻などの身分に関わる事柄についても，戸主の同意が必要とされていた。また，刑法においても，姦通の扱いが妻と夫では異なる。妻の姦通に対して夫は告訴することができ，離婚原因となるだけではなく，懲役という刑事罰も可能であったのに対し，妻は夫の姦通を告訴することはできず，姦通相手に妻がいる場合を除き離婚原因にもならなかった。

　これらの法律上の明確な不平等の多くは，戦後の日本国憲法における法の下の平等（第 14 条）や両性の本質的平等（第 24 条）などに基づいて，改正され，解消されていった。例外的に残っていた被害者を女性に限るとしていた刑法の強姦罪も，罪名の変更（不同意性交罪）とともに改正され，家族法の婚姻年齢の男女差も解消され，かつては

━━━━━━━━━━━━━━━━━━━━━━━━━━━━━━━━━━

現し，法のもとでの平等も基本的には実現したにもかかわらず，依然として解決されない社会的・経済的女性差別を問題化することから出発した。第二波フェミニズムの出発点となったのが，全米女性機構（NOW）を結成し初代会長を務めた B. フリーダンの『新しい女性の創造』（原題『女らしさの神話』：フリーダン，2004／原著初版1963）である。彼女は当時のアメリカ社会の「女らしさを賛美する風潮」や定型化された女性像，女性への役割期待が，女性たちに心理的な抑圧をもたらしていることを告発し，フェミニズムの新たな課題を示した。そしてフェミニズムの運動は，ときには 60 年代当時さかんであった反戦運動，学生運動，黒人解放運動などとも連動しつつ，日本を含む先進諸国で新たな高揚をみせた。

　法的には平等であるにもかかわらず，現実に女性が従属的な地位

女性のみに設けられていた300日の再婚禁止期間についても廃止された（施行は2024年4月）。現在明確に男女で区別されているのは，助産師の資格くらいであろうか。

　他方で，形式的には男女平等であっても，その運用や法律以外の社会規範や性別役割意識などにより，男女に大きな格差が生じている状況は現在なお散見される。その典型は，婚姻時における同氏強制制であろう。また，職務とは直接の関係のない身長・体重といった一見すると性に中立的な条件を設けることにより，一方の性に不利益をもたらす間接差別も残っている。

　これらは，文言上の差別とは異なり，立証が難しい。2018年に発覚した医学部入試における女子差別事件のように，医療現場の逼迫状況を理由にして，差別が合理化されてしまうこともある。しかし，我々の社会や制度，そして意識が男女という性別に沿って構成されている以上，ジェンダーの視点に立った不平等の社会問題化や是正は，継続的に取り組むべき重要な課題である。

におかれているのはなぜか。この疑問に理論的に答えるために，第二波のフェミニズム理論が提示した二つの重要な概念が，「家父長制」と「ジェンダー」であった。

家父長制

「家父長制」（patriarchalism）という用語は，日本語では，訳語や語感から，明治民法下の「家」制度を思い浮かべることが多い。日本国憲法のもとで，制度としての「家」が廃止され，実態としても核家族が大多数となった日本において，家父長制はもはや存在しないと誤解されるかもしれない。しかしながら，第二波フェミニズムの用いた家父長制という用語は，それ以前の文化人類学上の概念とは別のものである。文化人類学において家父長制（patriarchy）とは，家族共同体や部族

共同体の内部で，家父長による絶対的・人格的支配が貫徹している家族形態を意味している。明治民法下での「家」制度は，ほぼそれに該当する。

それに対して，第二波フェミニズムにおいて家父長制とは，社会的な男女のあり方を規定する男性優位主義，「男性による女性の支配・抑圧の構造」を意味するものとして用いられた。文化人類学が，特定の文化や時代の家族形態を分析の対象としているのに対して，フェミニズムにおいては，家族や社会の中での権力の所在に注目しているのである（フェミニズムが用いる家父長制という用語および内容と，それ以前の用法とのズレについては，〔瀬知山，1996〕を参照）。

このような家父長制概念を用い，第二波フェミニズムの諸理論は，第一波における女性の法的地位の平等を求める枠組みでは理論化できなかった諸問題にアプローチした。そしてこの家父長制という女性支配の構造の原因やそれを取り除くための処方箋をめぐって，フェミニズムの諸潮流は，それぞれ議論を展開していくことになる。

まず，「個人的なことは政治的である」（the Personal is Political）というスローガンとともに，第二波フェミニズムの起爆剤となったのが，ラディカル・フェミニズムである（代表的理論家としてアメリカの K. ミレットが挙げられる）。彼らは，近代的家族の中になお存在している男性優位主義を家父長制とよび，これこそが社会全体の抑圧の基本構造であるとした。家庭における男女の関係やそれを規定している意識が，家庭以外の社会・公的な世界におけるさまざまな差別の根元にあると考えた。家父長制は意識・文化のレベルで把握され，その分析は家庭における男女の関係のあり方，そしてそれらを規定している意識へと向けられた。その結果，それまでは「本能」として普遍的なものとみなされたり，個人的な事柄，不幸や不運であると無視されてきた現代社会における男女間の支配—服従関係を，権力関係として読み直し，問題化することが可能になった。

このことは公的な領域での権力関係が私的な領域に由来すること
を明らかにしたことを意味する。それまでのフェミニズムは，公的
な世界と私的な世界を切り離し，もっぱら公的な世界における男女
の平等を構想してきた。それに対して，公的な世界の抑圧や差別の
根元は，家庭などの私的な世界における男女関係にあるのだ，と彼
らは主張したのである。実はこの主張は，政治学を含む社会科学全
体をゆさぶる潜在的な力をもっていた。というのも，第9章で詳し
くみるように，公と私の関係の見直しは，今日の政治学の大きなテー
マだからである（本章3も参照）。「個人的なことは政治的である」
というスローガンは，公私の二分論に対する，そしてそれを前提と
している社会観や社会科学全体への根本的な挑戦でもあった。
　他方，マルクス主義フェミニズムは，家父長制を意識や文化では
なく，物質的な基礎をもつ性支配の構造として理解した。家族を含
めた現代社会における不平等の原因を，家事や育児といった社会の
「再生産」活動の不平等な分担，すなわち家事や育児という社会に
とって不可欠の「再生産」労働を，多くの場合は女性が無償で担っ
ていることや，そのことに起因する市場労働における不平等な関係
に求めたのである。
　こうして彼らは，「再生産」の場としての家族に着目することに
より，家父長制と資本主義とが共同関係（共犯関係）にあることを
暴露した。つまり，ここでも伝統的な公と私の二分論の限界が批判
されたのである。その上で彼らは，家父長制に関するフェミニズム
の理論と，資本主義に関するマルクス主義の「階級」理論とを統合
し，「女性の抑圧の物質的基礎」を明らかにすることをめざした
（代表的論者として M. D. コスタ，C. V. ヴェールホーフなど）。
　ラディカル・フェミニズムとマルクス主義フェミニズムの両者は，
家父長制を，男女間の意識における権力的な関係に見出すのか，あ
るいは家事・育児などの「再生産」労働における不平等に見出すの

か，という点では意見を異にする。しかし両者とも家父長制を男性による女性への権力関係・抑圧関係として把握している点では，共通している。また，より重要な点は，公的領域（政治・経済）の背後にある私的領域での不平等が，公的領域の不平等と深く関係していることを指摘した点である。そこから，これまで私的領域の問題とされてきた男女間の支配─服従関係や家事・育児などでの不平等を，公的領域の問題として，すなわち公共の事柄として問題化することが，またそのような新しい公私のあり方を可能にする理論的枠組みが求められるようになったのである。

| ジェンダー |

家父長制と並んで第二波フェミニズムにとって重要な概念はジェンダー（gender）である。ジェンダーという概念は，従来普通に使われてきた男性・女性という性別の中に，生物学的な次元における特徴づけと，社会的・文化的な次元における特徴づけという二つの次元があることを明確にすることをねらいとしている。そして今日では，生物学上の性別を「セックス」（sex）とよび，社会的・文化的な性別を「ジェンダー」とよぶという用法は，広く知られるようになった。

ジェンダーの概念は，女性の社会的な役割や女性に求められる態度・ふるまい，「女らしさ」などが，必ずしも自然的な基礎をもつわけではなく，その意味で恣意的なものであるということ，いわば女性は，「生まれ」によって（だけ）でなく，「育ち」によって（も）つくられるのだということを示している。そして，そうである以上は，女性の社会的役割や行為規範という意味での「性別」は，自覚的に変更が可能なはずだということをも含意していた。

男女の社会的役割や「男らしさ」・「女らしさ」の中身が歴史的・文化的に違うことは以前から知られていた。また，性別に自然的次元と社会的・文化的次元の二次元があるという考え方も，今日では

広く受け入れられている。しかし，ジェンダー概念のより詳しい中身や意義をめぐってはなお論争が絶えない。これらの論争はきわめて多岐にわたるが，大まかには，次の二点に関係している。

　一つは，「性差のどこまでが生物学的に決まり，どこからが社会的・文化的な影響に左右されるか」という問題，性別の二次元の境界をめぐる問題である。しかしこの「決着のつかない論争」(上野，2015) については，ここではふれない。

　もう一つは，「社会的・文化的」に関する問題である。社会的・文化的であるということは，女性を特徴づけるとされる性質の存在そのものを否定するということを，ただちに意味するわけではない。女性を特徴づける性質は，自然的なものではなくても，社会的・文化的な次元で存在すると考えることは可能である。

　一般に，社会的・文化的な規範や慣習・伝統は，自然的ではないという意味では恣意的であるにしても，それがすべてただちに否定されるべき抑圧構造だというわけではない。それどころか，コミュニタリアニズム（第4, 5章参照）の指摘をまつまでもなく，それが個人のアイデンティティの形成に重要な役割を果たしていることも否定できない。同様に，もし，女性を特徴づける性質の存在を否定してしまうとしたら，人々は，女性としてのアイデンティティを保つことを考えることすらできなくなりはしないだろうか。

　もちろん，フェミニストの間では，従来の女性の特徴づけにはさまざまな抑圧的・否定的なものが含まれるという認識は共有されていた。しかし，そこから，ジェンダー概念の含意をいかなる方向に発展させるべきかに関しては，対立が存在してきた。第一の方向は，男性中心の社会や文化が女性に対して押しつけてきた，抑圧的・否定的な特徴づけや役割，いわば押しつけられた「アイデンティティ」に対して，女性自らがより積極的・肯定的な特徴づけや役割，アイデンティティを主張すべきだという方向である。

それに対して，第二の方向は，こうした考え方は結局，文化的な特性論に基づく「女性はかくあるべし」を再確立することにしかならないと批判する。そして，生物学的であろうが社会的・文化的であろうが「女性の特徴」なるものが存在するという発想そのものを否定する。つまり，女性なるものは自明のものとして存在するのでなく「社会的に構築されたもの」だというのである。

　『もうひとつの声で』　第一の方向を示す代表的な例は，アメリカの心理学者 C. ギリガンの『もうひとつの声で』（ギリガン，2022／原著初版 1982）である。道徳や正義感の発達についての心理学的研究の成果であるこの本でギリガンは，被験者の女性に見られる男性とは違った道徳観の発達に，注目します。彼女は，競合して主張される権利の間を，抽象的な原理に基づいて公正に序列づけを行うことによって解決されるべきだと考える道徳観を「正義の倫理」と名づける。それに対して，抽象的な公正さの原理の貫徹よりも，個別・具体的な状況の中で，相手との関係の形成や維持，他者への配慮や気遣いを重視し，権利よりも義務・責務を重要だと考える道徳的思考のあり方を「ケアの倫理」とよぶ。そして，こうした「ケアの倫理」は女性の道徳性のあり方を特徴づけているとする。

　ギリガンの研究は，それまでの発達心理学の尺度においては道徳的な一貫性のなさとして否定的に考えられてきたものが，実はそれ独自の一貫性をもった倫理観であることを示している。そして，それは従来の研究が前提としていた道徳観のジェンダー・バイアスを明らかにするとともに，従来，否定的にとらえられていた女性の道徳観を肯定的に意義づけるものであった。そのために，肯定的な女性のアイデンティティの構築を求める人々からは，好意的に受け取られた。しかし，他方でそれは，ギリガン本人の意図はともかくと

しても，結局，文化的次元において，女性「本来の」特徴の存在を強調する「本質主義」であり，そうした特性論に基づいて，（家族などの世話〔ケア〕をもっぱら女性の役割だとしてきた）旧来の性別役割を再構成するものだという批判が浴びせられた。

| 「本質主義」批判 |

それに対して，先に述べたように，第二の方向は，たとえ社会的・文化的な次元でも，「女性の特徴」なるものが存在するという発想そのものを疑問視し，女性なるものは自明のものとして存在せず「社会的に構築されたもの」だというのである。この立場によると，それまで無自覚的に一枚岩なものとして観念されてきた「女性」の中にも多様性がある。そしてそこには，階層秩序や権力関係があり，男性との関係だけでなく，女性の内部の権力関係についても理論の中に組み入れることが求められた。すなわち国内的には社会的階層間の問題として，国際的には先進諸国と途上国の女性たちの関係として論じられた。

これらの議論を経てフェミニズム理論では，男性との関係で二項対立的に展開されてきた女性の地位をめぐる議論が，アイデンティティ論や国際関係論なども視野に入れた，より多面的な議論として，展開されるようになった。それと同時に，これまで女性の側の従属関係という観点からのみ行われてきたフェミニズムの議論が，それぞれの性別にまつわる権力関係へと向けられた。また，それまで支配する性としてのみとらえられてきた男性の側での問題にも議論が向けられるようになった。

また，このような展開の中でジェンダー概念は，性差に関する社会的・文化的に構築された知として再定義されるようになった。そしてこの再定義により，知の生産の過程それ自体に不可避的に含まれるジェンダーの要素やジェンダー・バイアスを，「ジェンダーの視点（ジェンダー・センシティブな視点）」から自己反省すること

の重要性が指摘されるようになった。

ところで、「本質主義」批判は、必ずしも「女性」という主体だけに関係するものではない。どのような集団であれ、集合的アイデンティティの強調は、他の集団に対する自己主張においては有効であるが、そこに所属する個人にとっては、同化を強要する抑圧的なものにもなりうる。このことは、第7章でみたエスニシティやさらには「階級」などについても同様である。

しかしながら、こうした集合的アイデンティティに対する「本質主義」批判を突き詰めていくと、そもそも安定的・持続的な集合的主体を立ち上げること自体が困難になる。それゆえ、マイノリティや社会的弱者の運動においては、そうした集団の一体性や連帯を主張するためには、「本質主義」的なアイデンティティの強調が有用だともしばしばいわれてきた。

第1章でも言及したように、そもそも、集合的アイデンティティと個の多様性との関係は、政治における最も根源的な問題である。そのことは、第6章でもふれているように、デモクラシーをめぐる近年の議論において、とりわけ W. コノリーや C. ムフなどの「アゴーンのデモクラシー」を中心に、大きな関心事になっている。こうして、ジェンダー論における「本質主義」をめぐる問題は、政治理論のさまざまな問題領域とつながっているのである。

3 政治理論への寄与

公私の二元論批判から
公私の再編へ

このような深さと広がりをもつに至った第二波フェミニズムが政治理論や社会科学に与えたインパクトとして、以下の二点をもう一度確認しておきたい。

第一は，フェミニズムが資本主義の「外部」を発見したということである。つまり，伝統的には家族が担ってきた「再生産」の領域なしには，資本主義・市場は機能しないことを明確なかたちで示した点である。第二は，フェミニズムがミクロの権力を問題化する思想であることである。つまり，私的な領域における権力関係を主題化し，それらを意識や観念のレベルだけでなく，社会制度の分析にも応用した点である（ミレット，1985／原著1970）。その結果，フェミニズムは近代以降の政治学や社会科学が前提としてきた公私の区分論に対しても批判を展開することになる。

　「個人的なことは政治的である」という言葉は，近代の社会科学全体が前提としている公私の区分論への批判をも含意している。公私の区分が社会科学にとって重要なのは，この区分に沿って，政治学は「公」，経済学は「私」とその対象が設定され，あるいは法学においては私法と公法というかたちで，その内部で分野が区切られていることからも，明らかであろう。

　フェミニズムは，この社会科学の屋台骨ともいいうる公私の区分に異を唱え，その再編を主張したことにより，それまでの社会科学が問題にすることのできなかったさまざまな領域や課題に社会科学として取り組み，主体・権利・正義・自由・平等など社会科学の基底的な概念のすべてを問い直すことになった。

　ここで注意しなくてはならないのは，以下の三点である。

　① フェミニズムが批判の対象とした公私の区分と，政治学などの社会科学が前提としていた公私の区分との間のズレである。すなわち近代の社会科学は，公的領域＝政治／私的領域＝市場（市民社会）という区分を前提として組み立てられている。これは，市場（市民社会）が国家から独立した自立的な領域として観念されたことにより，市民社会と国家の分離とよばれている。その際，政治の領域が権力の領域であるのに対して，市場（市民社会）は権力から自

由な，誰もが自分の善を追求することができる領域とされた。

　フェミニズムは，この自由な領域とされた市場（市民社会）の中にも家父長制的な男女の不平等な関係という権力関係があることを明らかにし，批判した。この点を明確にするために，フェミニズムは市場（市民社会）の内部にもう一つの「私的領域」を設定する。公的領域＝政治および市場・市民社会／私的領域＝家族，という区分である。このような新たな公私の区分に基づき，フェミニズムは従来の公私の区分論を批判した。

　② フェミニズムによる批判は，単に区分の違い・ズレだけではない。近代の社会科学では，私的領域（市場・市民社会および家族）を権力から自由な領域とみなしたのとは対照的に，フェミニズムは私的領域（家族）にも権力関係が存在し，それこそが公的領域（政治および市場・市民社会）での不平等と深く関わっていることを告発した。区分そのものだけではなく，区分を越境して課題を提示したのである。そして，権力が私的領域・公的領域の両方に遍在するという指摘は，政治の概念にも再考を迫ることになる。

　③ しかし，この区分を越境した問題提起は，公私の区分そのものは否定しない。これは，第二波フェミニズムに関する最も大きな誤解の一つである。フェミニズムが求める公私の観念の見直しや流動化は，すべての個人的なことを公的な事柄の中に解消してしまうことを主張しているのではない。そうではなく，何が公的に討議・議論されるのにふさわしい事柄であるのかを常に問い直していくこと，すなわち公私の再編を主張しているのである（Fraser, 1989）。そして，第1章や第9章でもふれられているように，このことは現代の政治理論の中心的なトピックの一つとなっている。

親密圏の意義　公私の区分論への批判を経て，フェミニズムでは，「私的領域」に注目し，その意義

の見直しが論じられている。他者との親密な関係を築くための領域，自らの役割や立場から一時的にでも解放される領域（Okin, 1991），あるいは他者との人称的な関係の中で規範や制度についてとらえ直すことを可能にする領域としての意義である（井上，2001）。フェミニズムによって新たな意義を見出されたこの「私的領域」は，最近では「親密圏」とよばれることも多い。これは，かつて私的領域とよばれた「市場」と区別するためであるが，より重要には，これまでのプライバシー論との違いを明確にするためである。

　すなわち，これまでプライバシーは主に家族それも婚姻家族を単位として考えられてきた。しかし，フェミニズムにおいてはプライバシーの単位はあくまでも個人である（Young, 1997）。つまり私的領域の中におけるプライバシーが必要なのである（すべての女性は『自分ひとりの部屋』〔ウルフ，2015／原著1929〕をもつべきだというわけである）。また，「家族」という場合に自覚的・無自覚的に想定されている婚姻家族を相対化する視点も重要である。事実婚家族，同性愛家族など，現在の婚姻制度にはなじまない家族形態もまた親密圏としての機能を果たしているからである。

　このような「親密圏」への注目は，伝統的には家族などの私的領域が担ってきた家事や育児・介護などの機能を，現代社会でどのようなかたちで担っていくのか，という考察が不可欠であることを明らかにしている。現代では，これらの機能を家族が担えばよい，あるいは担うべきであるということはもはや自明視できない。しかし反対に，単に家族の外に外化すればよいというものでもない。そうではなく，それらの機能をジェンダー・アプローチを用いて分析し，現代社会に適合的なかたちで，再定式化しなければならないのである。

　そのことは，当然，親密圏と公共圏の間の役割分担の見直しにもつながってくる。とりわけそれは，育児や介護などのケアの役割を

2001 年に「配偶者からの暴力の防止及び被害者の保護等に関する法律」（以下 DV 防止法と略記）が成立し，04 年，07 年，13 年，23 年と 4 回の改正を重ねている。これまで，夫婦喧嘩，家庭内のこと・個人的なことと考えられてきた配偶者間の暴力が，犯罪となりうる行為をも含む重大な人権侵害であること，国や地方公共団体などが対応すべき「公的な事柄」であることが明確に示された。

配偶者には法律上の夫婦の他，事実婚・内縁の関係にある者，生活の本拠を共にする交際関係の者にも準用され，男女の別を問わない。また，離婚などそれぞれの関係の終了後における暴力も対象となる。

DV 防止法では，被害者が自分自身の安全を守る手段として，保護命令制度（接近禁止命令・退去命令）が新設された。保護命令は，被害者の申請に基づき地方裁判所が発令する民事命令であるが，その違反に関しては，2 年以下の懲役／200 万円以下の罰金という刑事罰が科される。改正の過程で，対象が同居の子ども・親族等に広げられるなど拡充され，保護命令違反についても厳罰化が図られてきた。特に，

どこまで家族などの親密圏が担うのか，またどこまで公的な社会福祉の制度が担うのか，そしてその領域で私企業や非政府組織（NGO）はどのような役割を担うべきなのかといった問題と緊密に関わっているのである。

さらに，すでに本章で述べてきたように，家族などの親密圏は支配や権力から自由な「安らぎ」の空間であるとは限らない。それどころか，公共圏のルールがそこで立ち止まることによって，現実には，ドメスティック・バイオレンス（DV）に象徴されるように，しばしば暴力が放置されてきた空間でもある。公共圏と親密圏では異なるルールを通用する・すべきなのか。公共圏の正義は，どこまで親密圏に妥当する・すべきなのか。ここでも公と私の関係の問い直しは，重要な課題なのである（親密圏について，また親密圏と公共圏

2023 年改正では，生命や身体への暴力に加えて，自由や名誉，財産に対する脅迫などにより精神的に重大な危害を受けるおそれがある場合（いわゆる精神的暴力）も，接近禁止命令の対象となった。

　またDVの防止や被害者の保護を図るための業務を行う施設として，配偶者暴力相談支援センターが各都道府県（市町村も設置可）に設置され，関係諸機関・民間団体などと連携・協力して，被害者の相談・一時保護・自立支援などを行うことが規定された。

　DV防止法成立後，警察などの対応も含め，体制の整備が進められている。また，法律の中で人権侵害と明記されたことにより，社会的な認知も一定程度進んだ。しかしながら，残された課題も多い。

　緊急性の高いケースにおいてより簡便な手続で発令を可能にする緊急保護命令の導入も，警察などの公的機関による保護命令の新設も実現しなかった。保護が最も必要でありながら，支援につながることが難しい被害者への対応を欠く結果になっている。また，刑事司法の対応や離婚などの家族法との連動も未整備である。

の関係については〔齋藤，2000〕が詳しい）。

ケアの倫理とリベラルな中立性批判

フェミニズムは，1970 年代以降議論されている正義論の分野にも，おおむね二つの方向で大きなインパクトを与えた（第 5 章も参照）。

　第一は，先に述べたケアの倫理の提示である（Okin, 1989）。このケアの倫理により，フェミニズムは現代のリベラルな正義論の大部分が前提としていた思考様式・人間像とは異なる人間像・道徳観念を提示することになった。先に述べたように「ケアの倫理」は女性の倫理性を「ケア」というかたちで，いわば性別役割分業的に再構成してしまうのではないかという批判もある。しかし，ケアの倫理

　1999年6月に社会における男女の関係に関する包括的な取組みをめざす基本法として，男女共同参画社会の実現を21世紀の最重要課題と謳う，「男女共同参画社会基本法」が制定された。その特徴は，現在日本社会の中に存在している性別による差別的な取扱いをなくすと同時に，男性も女性もともに共同して社会に参画することをめざす，という二つの目標が盛り込まれていることである。現実に存在する性差別の禁止や，女性の人権保障の明文化等ではなく，一足飛びに「男女の個人としての尊厳」とそれに基づく共同参画を理念として挙げている点で，諸外国の立法と比べて，特徴的な内容になっている。

　さらに，理念の実現方法として，ポジティブ・アクション（積極的な是正措置）をとることを明示している。また，制度的な面だけではなく，その背後にある性別役割分業意識等の習慣にも配慮することを求めている。そして，それらの配慮は一見すると性別による差別とは考えられてこなかった政策の分野や領域についても網羅的に行う（ジェンダーの主流化）としている。

　また，顕著な遅れをみせている政治の分野への女性の参画に関しては，「政治分野における男女共同参画の推進に関する法律」が制定（2018年制定，21年改正）されている。諸外国のような割当制（クォーター制）などの積極的な施策はとられていないが，政党その他の政治団体への取組みの促進が謳われ，具体的には男女の候補者数の目標設定の他，候補者の選定方法の改善や育成方法，またハラスメントなどへの対策が明記されている。

　そして，女性の議員の数を増やすことと同時に，女性が少なかったことにより届けられなかった声や施策は，どのようなものであったのかという点についても，分析する必要がある。

の内実は，必ずしも女性だけの役割とされる必然性はなく，むしろ，性別に関係なく重要な意義をもっている。そうした観点から，政治や法のさまざまなカテゴリーや判断様式を，関係性を思考するかた

ちで再編しようとする動きや，具体的な善の構想を想定した上で人権概念を再構築しようとする議論に，大きな影響を与えている。

第二は，リベラルな正義論のもつ普遍性・中立性への批判である。この批判によると，リベラルな正義論においては，どのような立場の人にとっても有益であるという意味で，普遍的あるいは中立的と考えられている権利が，実際にはそのようには機能しない，あるいは逆に男性優位の社会構造を固定化してしまうこともあるとされる（Young, 1990）。また，リベラルな正義論は，公的領域における正義の優位性を基本的な柱とするが，私的領域における人間関係では，善の構想が優先され正義原理は適応されず，不平等は温存される。しかしフェミニズムにとっては，この私的領域における不平等を温存したままで，公的領域における平等を説いても意味がない。自由で平等な権利をもつ個人が，私的領域においてはそれぞれの価値基準（善の構想）に基づき自己利益を追求し，公的領域においては正の観念に基づき各人に共通の政治的意思決定を行うという，リベラルな正義論が前提としている図式そのものを批判したのである。

再び，政治において「人間」とは誰のことか

フェミニズムの政治理論への寄与，あるいはフェミニズムによる政治理論への「挑戦」は，政治における「人間」，政治共同体のメンバーである「人間」から女性がさまざまなかたちで排除されていることを問題として取り上げ，その平等化を求める試みとして始まった（本章冒頭も参照）。つまり，「市民」とは誰のことかというシティズンシップの問い直しとして始まったといえる（フェミニズムとシティズンシップの関係については〔岡野，2009〕に詳しい）。それはまず，参政権や財産法などにおける法的な主体としての男性市民との平等を求め，のちには，より具体的な社会的・経済的・文化的な意味における男性市民との平等を求めてきた。しかし，その

Column⑰ ジェンダー論の展開とフェミニズムの新たな挑戦

　フェミニズムは実践的・理論的課題に応える中で豊富化し，大きく進展し続けている。ジェンダー概念は，セックスとジェンダーの二元的図式から性の四要素へと展開している。

　①身体の性（Sex），戸籍により割り当てられている性。②性自認（Gender Identity），自分が自分の性をどのようにとらえているか。③性的指向（Sexual Orientation），どのような人を恋愛対象や性的関心の対象とするか。④性表出（Gender Expression），自分の性を他者や社会へどう表現するか。

　性を四要素によって把握・分析することにより，新たな課題に取り組むことが可能になった。また，要素の数は四点に限定されていない点，四要素それぞれが多様なものと把握されている点が重要である。

　この展開の主要な背景・原因として以下3点を挙げる。

　第一に，ジェンダー論の知識批判への展開である。ジェンダーを，女性に関する社会的な公正さを問題する枠組みから，知に関わる偏見や歪みを生む構造として再定義することにより，性別や男女の関係だけではなく，広く社会関係・科学的な認識へと大きく広がり，あらゆる分野・領域における知的活動や視点の歪みを発見する知識批判へと展開した。現在，この「ジェンダーの視点」「ジェンダー・センシティヴな視点」は，私たち自身の行為や態度に無意識にもジェンダーに基づくバイアスがないかどうかを点検する視点として重要である。

　第二に，性科学の成果の社会科学への浸透である。以前より性科学・性医学においては，身体的性差（セックス）が一義的なものではないことは，むしろ常識であった。一義的なセックスと多様なジェンダーという二項対立図式の前提が崩れていたのである。しかし，この認識が社会科学や一般社会に浸透し，現実の制度に反映されるのには，長い期間が必要であった。

　第三に，性に関する事柄の内実の豊富化であるLGBTsに代表される性的マイノリティの当事者などからの発信を受け，社会科学におい

ても，性的指向（セクシュアル・オリエンテーション）が性に関する主要な要素として取り入れられ，従来のセックス vs. ジェンダーの構図ではとらえきれなかった課題に取り組むことが可能となった。また，性的多様性の主張とともに，近代社会の制度における異性愛主義・性別二元論への批判も展開されている。

　性の多様性に関する議論が盛んに展開される中，LGBTs に特別の配慮を求める方向とは別に，すべての人に備わる SOGI（Sexual Orientation, Gender Identity）に着目して，性に関する多様性と平等を問う視点の重要性が高まっている。これは，主体の内実に依拠する「誰」ではなく，性という属性である「何」に着目して差別をなくしていくことをめざしている。

　SOGI 視点をとることにより，すべての人をセクシュアリティの当事者とした上で，マイノリティとマジョリティを切り離することなく，制度などの公正さを問題化することが可能になる。性の問題は「関心のない人はいても，関係のない人はいない」問題として，つまり人権として理解することが可能になる。

　SOGI の視点が，マイノリティへの配慮や措置を不要にするわけではない。むしろ，すべての制度をマイノリティにも利用可能に改革すること，またたとえ制度がマイノリティに開かれていたとしても，さまざまなコミュニケーションを通じて無意識のうちに利用が阻外されていないか点検することが重要である。多くの制度はマジョリティの視点で作られてきたからである。

　その意味で，「家父長制」概念は，多様性が称揚される現在，その重要性を増している。家父長制を，私たち自身の身体，意識，生活様式，思考や概念，そして制度へと深く入り込んでいる構造的権力として新たな視点からとらえなおすべきである。

　「人間」とは誰のことかという問いに取り組んできたフェミニズムが，新たな局面の中で新たな対応を求められているのである。

「平等」は，男性と同じような人間もしくは市民としての資格や社会的役割を獲得すること，「人間＝男性」と同等の法的，社会的，経済的資格を女性も得ることにつきるのだろうか。

この問いは深刻な問題をはらんでいる。確かに，それでは男性のさまざまな社会的役割期待を女性も受け入れることを意味する「男並み」平等になりはしないのか。結局それでは旧来の男性の行為規範を満たしてはじめて「一人前」とされるというような事態は改善されないのではないか。こうした懸念は一理ある。しかし，「差異」の尊重の主張は「女性の特性（特殊性）」の再構築を招き，性別役割構造を強化しかねない。「男並み」平等でも女性の「特殊性」への配慮でもない，異なる者の間の平等をどう構築するのか，その具体的回答は容易ではない（〔野崎，2003〕も参照）。

しかしこの問題は，突き詰めればさらにその先にもある。それはもはや男性と女性というカテゴリーの間の平等という問題設定ではとどまらない。そこでは，「人間」を，人間一般や法的主体としての市民という抽象的なものとしてでなく，また男性や女性という「特殊性」のカテゴリー分けによって掌握しきれるものとしてでもなく，その多様性においてとらえることが求められる（バトラー，2018）。そしてそのような多様な個別の事情や困難，アイデンティティをもち，その中でそれぞれの「善の構想」，さまざまな生き方を追い求める人々，そうした多様な人々の間の平等を尊重する社会秩序をどう構想するかが問われているのである。

第9章

公共性と市民社会

公共圏とデモクラシー

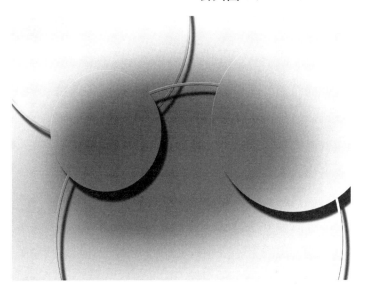

　私的なものと対置される公共性は，社会全体の利益だけには還元できない。ヨーロッパでは，開放された空間で自由にコミュニケーションする場としての公共圏の概念が受け継がれてきた。アレントの影響下に，こうした伝統をとらえて再評価したハーバーマスは，さらに進んで，議論する公共圏と決定するデモクラシーとの調和を図るに至る。また現代における市民社会への注目は，こうした新たな公共性論と不可分の関係にある。両者の連関は何なのだろうか。

1 「公共性」とは何か

現代の日本語で「公共性」（publicness）という言葉，およびその形容詞である「公的」「公共的」「公の」（public）という言葉は何を意味するのだろうか。いくつかの例を挙げてみよう。まずこれらの公共性に関わる言葉は，「私的」あるいは「個人的」（private）との区別を意味する。公共的なものとは，「私的でない」，あるいは「個人的でない」ものである。次に一歩進んで，その区別の中身を考えるならば，これらの言葉は，個人よりも大きなもの，個人間に共通のもの，個人を超えた全体的なもの，特定の個人だけに限定されない，公開ないし開放されたもの，不特定の個人がアクセスできるもの，などとさまざまな意味に広がっていく。例えば経済学でいうところの「公共財」とは，新たに不特定の個人が利用者になっても，そのために追加的費用がかかるわけではない（非競合性），費用を負担せずに利用しようとする個人を特定し排除しようとしてもそれができない（非排除性），という二つの性格をもつ財をさしている。この意味での公共財の典型としてよく挙げられるのは，国防や治安である。

もう少し具体的に，現代の政治的議論におけるこれらの言葉の用例を，二通り考えてみよう。一方で，近年の「自己責任」を強調する議論（いわゆるネオ・リベラリズム）は，公共的なものの領域をより狭く，限定的なものと考える傾向をもつ。この立場によれば，公共的な教育制度や社会保障制度は縮小され，さまざまな条件つきで給付されるべきであ

る。国家がなすべき仕事は小さいほうがよい。この立場にはさまざまな論拠があるが，代表的なものは次のように要約できるだろう。公共的なサービスに頼らず，自己責任で生きることこそ，自分の自由を実現し，かつ他人の自由を侵害しない，すぐれた生き方である。各人がこうした生き方をすることで，社会全体はより活力ある，繁栄した社会となる。逆に最小限度以上のサービスを国家が提供しようとするなら，国家は各人の自由を侵害し，道徳的な退廃をもたらし，しかも社会の繁栄をもたらすのには失敗するだろう。

　この趨勢（すうせい）を推し進めていくならば，個人の選択と責任から独立した，真に「公共的」とよべるものは存在するのか，存在するとしたらそれはどんなもので，どこにあるのか，という疑問が生じるだろう。たとえば，病気や事故，そして老後の生活にそなえるための保険や年金はもっぱら個人の自己責任で購入されるべきだという主張は，「公的医療保険制度」や「公的年金制度」に対する批判や不信の中にはっきりと現れている。同様のことは，特に都市部における「公立学校」への不信の表明の中にもみてとれる。「ゲーテッド・コミュニティ」などとよばれる，治安を私的に購入するやり方も登場するに至った。こうしたさまざまなサービスを私的に購入できる人々にとっては，それらに対応する公共的サービスはもはや信頼に値するものではなく，必要なものでもないかもしれない。そうであるとすれば彼らは，公共的サービスにもはや頼ろうとせず，むしろそこからの退出を求める（公共的サービスを支える負担を拒む）理由をもつことになりかねない。

　他方で，「公共性」の権威を高め，その役割を強化しようとする用法も存在する。例えば，愛国心を称揚し，個人の国家への奉仕を説くナショナリズム的公共性とよぶべき用法もある。これと似ているが，個人が社会に対して負うべき道徳的責任としての公共性とよぶべき用法もある。この例は，犯罪の増加・治安の悪化を指摘し，

　現代の政治学において公共性が論じられる仕方として，公共選択理論（public choice theory）とよばれる研究分野がある。そこでは，従来はさまざまな意味で公共的と考えられてきた選択や決定について，経済学的な「合理的な個人」のモデルを用いて分析・説明し，さらには規範的なモデルを示すことが試みられている。

　よく知られた例の一つは，投票の合理的選択モデルとよばれるものである（久米ほか，2011）。選挙での投票は公共的な活動とみなされるのが普通だろう。しかしながら，投票するか棄権するか，どの候補者（政党）に投票するかを，個々の有権者による個人的で合理的な選択とみなすことも可能である。個人が「自己の効用を最大化するように行動する」という合理的選択の前提からすると，有権者は，投票によって得られる期待効用が，投票のコストを上回るときに投票すると考えられる。支持する候補者の当選から得られる効用が大きく，しかも自分の一票が決め手となってその候補者が当選する（自分が投票しないと落選する）と考えれば，合理的な人はコストをいとわずに投票するだろう。だが実際には，多くの場合は棄権することが最も合理的な選択となる。なぜなら，自分の一票が選挙結果を左右することなど，ほとんど考えられないからである。

安全を回復する手段として公共心の強化を説く議論に典型的にみられるだろう。最後に，いわゆる市場万能論ないしは市場原理主義に対抗して，公共の利益を説く用法がある。景気，雇用，福祉といった分野での政府の責任を重視する議論がこれにあたる。

　このように，公共性をめぐる議論は，一方でその過剰が批判されつつ，他方ではその不足が嘆かれるという奇妙な状況にある。その上，ある意味での公共性を縮小しようとする立場と，別の意味での公共性を強化しようとする立場が重なり合うこともある。例えば，同じ人が公的年金制度の縮小と，ナショナリズム的公共性や道徳的

それではなぜ人々は投票に行くのか。しばしばなされる説明は，特定の候補者を当選させるためよりも，代表制デモクラシーを維持すべきという公共心のようなものに促されているからだ，というものである。しかし，R. タックが指摘するように（Tuck, 2008），この説明には致命的な欠点がある。デモクラシーを崩壊させないためには棄権しないことが必要だとしても，それは個々の有権者が必ず投票しなければならないことを意味しない。自分の一票が誰かを当選させる決め手となる確率が小さいのとまったく同じように，自分の一票がデモクラシーを維持する決め手となる確率も限りなく小さい。こう考えると，デモクラシーを高く評価し，愛着や忠誠心をもっている個人でさえも，棄権するほうが合理的であるかもしれない。

投票の合理的選択モデルにみられるこうしたパラドクスは，不特定多数の人々（集団）に関わる公共的な事柄に，個人はなぜ，どのようにして関心をもち貢献するのかという，公共性についての未解決の問題に光を当てている。この問題の根が深いのは，それがいわゆる「利己的な個人」の欠陥にはとどまらないからである。「公共心」を前提としてもなお，個人と公共性の関係は完全には明らかにならないかもしれないのである。

公共性の強化を主張していることも珍しくはない。

公共性は国家のものか

こうした議論は，どれも公共性を当然のように国家と結びつけて考えている点では共通している。けれども，今日の政治学における公共性論の最も重要な関心は，実は，この公共性と国家との自明とされてきた関係を見直すことなのである。公共財を管理・運営し，公共の利益を担うのは国家だけなのだろうか。また何が公共財であるのか，何が公共の利益なのかを判断するのは国家だけなのだろうか。さらにはその際

の基準や手続きは誰がどう決めればいいのだろうか。行政学における新しい統治方式の研究や，本書の第5章で取り上げた正義と平等の諸理論，第6章*4*で論じたデモクラシーについての新しい動きなどは，どれも国家と公共性の関係の問い直しの試みなのである。本章では，近年のこうした公共性論のメインテーマの一つである，議論とコミュニケーションの空間としての公共圏・公的領域についての理論を中心に論じることにしたい。

公共の場における
「見知らぬ人々」

ところで，公共性と国家との関係の見直しは，それだけにとどまらず，公共的なものと私的なものとの区別を自明で固定的なものとしてとらえる見方の相対化にもつながっている。このことは，すでに第8章でフェミニズムとの関連においてみてきた。だが，このことの重要性は何もフェミニズムだけに限られるわけではない。

　私的なものと公共的なもの（私的領域と公共的領域）とが，相互に固定的で，排他的な関係にあるととらえる見方は今なお根強い。例えば，個人的・私的な利益や見解は公共の場に持ち出してはならないとして排除されることがある（「公の場に私的な感情を持ち込むな」）。あるいは反対に，公共的な領域が私的な領域を侵食してはならないと批判されることがある（「公営企業が私企業の経営を邪魔してはならない」）。けれども私的なものと公共的なものをこのように厳しく区別する場合には，「公共の場」そのものが閉鎖性や排他性をもつかもしれないという問題や，「私的な選択」が誰にでも接近できる公共的なものに依存しているのではないかという問題が見過ごされがちである。のみならず，私的なものと公共的なものの区別が強化され，公共の場を囲い込む境界線が截然と引かれることによって，公共性がもつ「開放性」や「不特定性」という含意が後景に退いてしまうのである。

もちろんこの区別が不要であるとか，無意味であるとかといいたいのではない。ここで考えてもらいたいのは，公共性という言葉のもつ両義性である。「見知らぬ人々（strangers）は公共の場に入ってきてもよいか」という問いを考えてみよう。「公共の場」という言葉に，「ここは公共の場だから，見知らぬ人は勝手に入らないでください，勝手に発言しないでください」といった意味があるのは確かである。しかしこれに対して本章では，「ここは公共の場だから，見知らぬ人も自由に入って，自由に発言してかまいません」という，もう一つの意味にも，注意を払っていくことにしたい。そしてこの「誰にでも開放されている」という公共性の性格をきっかけにして，公共的なものと私的なものとの区別が流動化する場合があることをもみることにしたい。

2 公共的なものと私的なものの対立と宥和

アリストテレスと
ゾーン・ポリティコン

公共性をめぐる古典的な理解の代表例は，アリストテレスの「ポリティケ・コイノニア」（politikē koinonia : ポリス的＝政治的共同体）および「ゾーン・ポリティコン」（zōon politikon : ポリス的動物）の概念に求められるだろう。「コイノニア」とは形容詞「コイノス」（koinos）の名詞形で，このコイノスが「公の」「公共の」という意味をもつ。

　アリストテレスによれば，人間は，ポリスの市民として，「公共の営み」に参加するかぎりにおいて，自由であり，平等である。このようなポリスの市民としての生こそがよりすぐれた，完全なものであり，ポリスを離れて真に人間的な生はありえない。ポリスだけが，平等な自由人の領域である。公共的なものに比べて，私的なも

のには「何かが欠けている」とする見方の淵源の一つはここにある。「レス・プブリカ」（res publica：直訳すれば「公共のもの」だが国〔共和国〕を意味する）の優位という考え方は，古代ローマの共和制においても継続していた。

　ではポリスに比べて，「何かが欠けている」私的な領域とはどのような場所であったか。アリストテレスの区分では，「オイコス」（oikos）すなわち経済活動と家族の領域がそのような場所に属する。伝統的に経済と家族の領域は公共的ではなく，したがって自由のない領域とみなされたのである。さらに近代社会においては，宗教が私的なものとされた。ここではヨーロッパの政治思想の中で国家と宗教の関係をめぐる問題がもつ困難さに深入りすることはできない。しかし，宗教を「私事」として国家による権力行使から切り離すことが，宗教改革と宗教戦争を経たのちのリベラリズムの政治思想にとって決定的な契機であったことだけは確認しておきたい（第3章を参照）。

国家，市場，公共性

しかし，経済と家族というオイコスの領域は本当に公共的ではないのだろうか。経済的な場所として，生産物や貨幣の取引がなされる市場を考えてみよう。開かれた市場は，特定の個人だけの場所ではなく，原理的にはすべての人に関わる場所である。特に近代社会において，市場で商取引を行ったり，企業を起こしたり，職業を自ら選んだりする自由はきわめて重要な自由である。つまり市場もまた「自由の領域」であるといえる。しかも自由な市場は，結果として社会を豊かにして，多くの人のニーズを満足させる効率的な仕組みでもありうる。確かに市場は，公共財の最適な配分を保証するものではない。これは公共性という観点からは重大な欠点であり，それゆえに市場が公共的な領域そのものであるとは考えにくい。しかし，この欠点を政府が

補うことができるならば，市場を公共的なものの一部とみなすこともできるのではないか。少なくとも市場を公共性に反するものとして敵視する理由はないのではないか。

　この点に関して，A. スミスと J.=J. ルソーの思想を対比させることは有益だろう。スミスの構想は，市場と親和的な公共性とよぶべきものであった。市場社会において，分業を通じて見知らぬ人々の間に広がる相互の協力と依存のネットワークは，公共性を阻害しない。国家は公共財の最適な配分と，教育によって最低限の公共心の再生産を行うことで，市場を補完すればよいというのである（最低限の公共心を，公共財の一種と考えてもよい）。これに対してルソーの構想は，市場と絶縁した公共性とよぶべきものであった。市場による欲求の野放図な解放は，人々の間に不平等をもたらし，公共性を支える徳（公共心）を掘り崩してしまう。そこにあるのは自由でなく放縦である。それゆえ公共性の領域は，市場を排した自給自足的な小さな共和国のかたちにおいてのみ守られるというのである（スミスとルソーの比較は，〔イグナティエフ，1999／原著 1985〕を参照）。

　市場と共和国のこの対立をこえて，個人が市場を通じて交流する「欲求の体系」としての市民社会の諸矛盾を，公共的な「人倫の体系」である国家において止揚する試みとして，G. W. F. ヘーゲルの国家論は理解できるであろう。ヘーゲルは市民社会における個人の自由をあからさまに否定するのではなく，個人の自由を職能団体等を通じて再編成し，再び国家に結びつける。ルソーとの有意な違いは，国家以外のそうした「中間団体」を，私的利益だけを組織化し公共の利益を侵すものとしてではなく，むしろ私的利益を公共の利益へと媒介するものと考える点にある。

　こうしてヘーゲルは近代国家を，市場を排除しないという意味で，より開かれた公共性をそなえたものとして定式化しようとした。そして，19 世紀以来進展してきたリベラリズムとデモクラシーの政

治は，市場の役割を重視しつつ，代表制と政党政治を通して人々の意見や利益を集約し，国家の政策へ媒介することを建前としてきたのである。けれども，この制度が本当に国家を公共性の担い手としたのだろうか。そこには批判もある。まずマルクス主義の階級国家観によれば，資本主義社会における国家は実際には資本家階級による支配の装置であり，階級をこえた公共性が国家にあると考えることはまったくの誤りである。また，現実のリベラリズムやデモクラシーがその建前どおりに機能しているかについて，リベラリズムやデモクラシーの内部からも絶えざる批判があることは，第3章や第6章でみてきたとおりである。

3 アレントとハーバーマスの公共性論

アレントの公共性論　　市場における経済的行為とも，近代国家の制度的な仕組みとも違うところに公共性を求める試みの一つとして，20世紀の公共性論に独自の位置を占める，H. アレントの議論がある（アレント，2023／原著初版1958）。アレントは，ポリス＝公共的領域と，オイコス＝私的領域という古典的な区分を踏襲する。その際に重要なのは，公共的領域が「行為（活動）」という，平等な人々の間の，言葉のやりとりを通じてなされる相互行為のための場所として理解される点である。言い換えると，公共的領域は国家の名において統合や支配がなされるための場所ではない。同時にそれは，もっぱら個人や集団の名において経済的利益が追求されるための場所でもない。それは，人々が，彼ら全員に共通する事柄をめぐって，異なった意見を自由に表明し交換できるような開かれた共通の場なのである（第1章*2*を参照のこと）。

開かれた共通の場としての公共的領域，すなわち議論とコミュニ

ケーションの空間としての公共性という観念を明確に打ち出したアレントの公共性論は，現代の公共性論を決定的に方向づけ，その理論的な出発点となった。この点でアレントの議論は市場や国家に公共性の担い手を求める近代の政治思想の通説に対する根本的な批判を含んでおり，次にみる J. ハーバーマスの公共性論にもきわめて大きな影響を与えた。

　しかし，アレントの議論はいくつかの点でハーバーマスの議論とは区別される。ここでは，アレントに独自の「社会的」なものの観念に着目しよう。社会的領域とは私的領域と公共的領域の間にあって，人々がさまざまな経済活動を行ったり，結社や集団を形成したりする場所とされる。アレントはこの社会的領域を，人々が「行為（活動）」という相互行為を展開する場所ではなく，もっぱら画一的な「行動」によって生の欲求を満たす場所と考えて，公共的領域と峻別した。そして，彼女は社会的領域の要求がそのまま政治に入力されることを否定的に評価したのである。

アレントの公共性論の
問題点

アレントのこうした見方には，二つの問題点を指摘できる。第一に，公共的領域が私的，社会的領域から質的にまったく異なったものとして切断されており，領域間にまたがる問題の存在や，その問題の扱いを通じた領域区分の引き直しの可能性が無視されている。第二に，社会的領域による公共的領域の侵食を批判し，人々のもつ自由や個性は公共的領域での行為（活動）においてのみ現れると主張する点で，公共的領域を卓越性を追求する場とみなし，そこへの参加に特別の倫理的価値を与えているようにも思われる。ハーバーマスの公共性論は，アレントの議論を継承しつつ，これらの問題点を乗り越えようとする努力を含む点で，とりわけ注目に値するのである（もっとも，アレントの公共性論そのものの中に，こうした問題

点を克服する要素を見出そうとする試みもなされている。その一例として〔齋藤，2000〕がある）。

| ハーバーマスの 市民的公共性論 |

そこで，ハーバーマス『公共性の構造転換』を参照して，国家だけにも，市場だけにも還元されない「市民的公共性」の領域が存在しうるし，しかもその領域は社会的領域と排除し合うわけではないとする見方を検討しよう（ハーバーマス，1994／原著初版 1962）。ハーバーマスによる市民的公共性（bürgerliche Öffentlichkeit）ないし「公共圏」（public sphere/Öffentlichkeit）の定義は次のとおりである。すなわち公共圏とは「われわれの社会生活の一領域であって，そこでは公共的な意見とよばれるようなななにものかが形成される。公共圏への接近は，原則的に市民すべてに開かれている。私的な個人たちが一つの公衆を形成しようとして集まる，どんな会話の中にも，公共圏の一部が生み出されるのである」（Seidman ed., 1989）。

ハーバーマスによると，近代の市民社会（bürgerliche Gesell-schaft）における市民的公共性は，歴史的には，市民社会が成立する以前の「顕示的」公共性と区別される。顕示的公共性とは，君主や貴族等が，その領民である人々の前に姿を現すことでそこが「公の場」となり，そこに成立する公共性である。この公共性は身分制的なものであり，公共性を体現するのは国王や貴族の存在そのものであって，人々はそれを見守るだけである。

これに対して市民的公共性は，封建的な身分制度の弱体化に伴って出現した，平等な「私的個人」の間に成立する関係である。それは国王や国家の官僚制によって体現されるのではない。むしろ国家と区別され，それに対置された市民社会における人々の関係の中に成り立つ。具体的には，家族（親密圏）と商品交換（市場）という二つの関係が重要である。

しかし，これらの関係は単に私的なものではない。家族関係は，個人の自由，愛，教養といった普遍的な価値に立脚している。労働と商品の自由な交換過程も，身分をこえて万人に及ぶ。したがってここにいう平等な私的個人たちの関係は，個人的な利益から出発して公共の利益に近づく契機をもっている。ここには，私的領域と公共的領域を質的にまったく異なったものとして切断し，かつ私的領域を公共的領域よりも劣位におく考え方はみられないことに注意しよう。

　公式な制度の水準では，市民的公共性はとりわけ選挙による議会制として成立する。しかしハーバーマスの研究の画期的な点は，もっと非公式な水準において市民的公共性が成立する過程を，18世紀の啓蒙主義の時代の，とりわけイギリスに見出したことである。すなわちこの時代には，新聞，雑誌というメディアや，コーヒーハウスのような議論の「場」が発展することで，公共の事柄について「読書し議論する公衆」とよぶべき人々が生まれたとされる。彼らは開かれた理性的な議論を通じて，公共の意見，すなわち世論をつくりだすことによって，市民社会の要求を国家へと媒介する。同時に彼らは，国家に対して監視と批判の目を向けることによって，市民社会への国家の介入をコントロールしようとする。

「リベラル・モデル」の影響力と限界

こうして18世紀に形成された市民的公共性の，同時代における理論的な擁護を，ルソーでもヘーゲルでもなく，「理性の公共的使用」をめぐるI.カントの議論の中にハーバーマスは見出した。カントによれば，官僚，軍人，聖職者といった人々が，彼らの職業上の立場から議論し発言することは，理性の公共的使用ではなくて，私的使用である。なぜならそうした場合，彼らは職業上の責務に縛られており，彼らの発言の対象も，職業上直接関わりをもつ人々に

限られるからである。では，理性の公共的使用とはどのような場合なのか。それは，人が学者として，読書し議論する公衆全体の前で（カントのより印象的な表現を借りれば，「世界公民社会の一員として」「世界に向かって」）発言する場合である。カントのこの議論には，自由で平等な私人同士の交わりの中から，理性的な議論によって出現するとされた市民的公共性の，本質的に「リベラル」な性格が見事に表現されている。

ハーバーマスの市民的公共性論は，それ以降の公共性をめぐる議論すべてが参照すべき画期的な業績となった。その影響力の大きさは，次の点から説明できるだろう。第一に，市民的公共性の「リベラル・モデル」に光を投じることで，国家だけに吸収されず，しかも市場や親密圏との肯定的な関係を保った公共性のあり方を示唆した。

第二に，「リベラル・モデル」を規範として，19世紀後半以降の「大衆デモクラシー型福祉国家」における公共性の現状を批判した。すなわちハーバーマスは，大資本と結びついたメディアによる「公共圏の再封建化」が起こり，市民の理性的な討論とはかけ離れた「操作的公共性」が出現しているという，きわめてネガティブな現状認識を1960年代には示していたのである。

しかし，ハーバーマスのこの現状認識は，一方では「リベラル・モデル」のもつ批判の力を示していたが，他方では，この当時からさまざまな社会運動がつくりだそうとしていた「対抗的公共性」の潜在能力を過小評価していたという批判を後に浴びることになる。さらに，リベラル・モデルが排除しているものがあったことも指摘された。最も明らかなのは，「非自立的」な男性たち（つまり労働者や貧困者）と，女性すべてが市民的公共性から排除されていたという限界である。とりわけ，女性の排除が，歴史的な制約による限界なのか，それとも理論に内在する欠陥なのかは，議論の余地がある。

ハーバーマスはフェミニストによる批判はリベラル・モデル自体を否定するわけではないと考えている。いずれにせよ，こうした指摘によって，公共性をめぐる議論はさらに拡大し深化した。そうした議論の影響の中でハーバーマス自身が公共性論を再検討し，「政治的公共性」論として提示したのが，『事実性と妥当性』である（ハーバーマス，2002-03／原著1992）。

4 政治的公共圏と熟議デモクラシー

> **討議理論による公共圏の再定義**

『事実性と妥当性』における法治国家の構想は，「討議（Diskurs）理論」と名づけられた規範理論によって，近代的な法治国家に理論的な基礎を与えようという試みである。公共性論も，討議理論の観点から新たに定式化し直される。

討議理論の中心には，アレントの権力論（第2章1参照）に影響された「コミュニケーション的権力」とよばれる権力についての考えがある。この考えによれば，強制のないコミュニケーションすなわち討議によってつくりだされる力は暴力ではなく，正統性を生みだす権力となりうる。したがって討議を通じてつくりだされる法規範は，国家の強制力行使を制約すると同時に，それに正統性を付与することができる。

正統性についてのこの考えには，二つの重要な歴史的前提がある。一つ目は，現代では特定の宗教的・哲学的な世界観によって世界の統一的な意味づけを与えることはもはや不可能だという「ポスト形而上学」の時代診断であり，二つ目は，現代社会は高度に複雑化した「産業社会」であるという条件である。これらの前提のもとでは，単一の世界観に基づく普遍的な社会規範の正当化は不可能であ

り，普遍的妥当性を要求する規範の根拠は「討議原理」のみである
とされる。

　討議原理は，「その行為によって影響を受ける可能性のあるあら
ゆる人が，合理的な討議の参加者として合意することが可能である
ような行為の規範だけが妥当である」と主張する。この原理は特定
の形而上学的世界観を前提としないがゆえに，多様な世界観が存在
するポスト形而上学の時代状況での，政治的支配の根拠としてふさ
わしい。討議を経て形成される意志と決定だけが「正統性を備えた
法」による支配を可能にする。

　このような討議の行われる，「言語によって構築された，開かれ
た空間」として，ハーバーマスは公共圏を定義し直すのである。
「公共圏をもっともうまく記述するならば，それはさまざまな情報
や観点をコミュニケートするためのネットワークである」（ハーバー
マス，2002-03）。

　定義し直された公共圏は，依然として市民社会（Zivilge-
sellschaft）に基礎をもつが，市民社会と同じものではない。市民社
会が「自由意志に基づく連帯的結合の制度」であるのに対して，公
共圏は制度や組織には還元されない。公共圏とは，さまざまな人と

★用語解説

□ **ハーバーマスにおける二つの「市民社会」**　本章 **6** で詳しく述べる
ように，「市民社会」という言葉にはさまざまな意味がある。『事実性と
妥当性』で使われている「市民社会」（Zivilgesellschaft）は，本章 **6**
で述べるような，1980年代以降にさかんに使われる新しい「市民社会」
の概念，つまり国家とも市場とも区別された意味での市民社会をさして
いる。それに対して，『公共性の構造転換』での「市民社会」（bürger-
liche Gesellschaft）は，もっぱら国家と区別されるものであって，市
場との区別という意味はない。とはいえ，本章 **3** でみてきたように，そ
れは市場だけでなく，むしろコミュニケーションの空間という意味を濃
厚にもっており，その意味で，新しい「市民社会」概念の内容をはらん
でいたといえる。

制度の間を貫通し還流するコミュニケーションそのものをさす。公共圏と市民社会とのこの区別は，しかし，市民社会を成立させるさまざまな基本権（例えば言論の自由や集会結社の自由）が公共圏にとって重要でないことを意味するわけではもちろんない。そうした基本権が憲法上の保障を与えられることによって，公共的な討議という手続きが可能になるからである。

　この手続きを通じて生み出されるのが，「公共的意見」，すなわち「世論」（public opinion）である。ここでの世論とは，世論調査への回答のように，個別的に問われ，私的に表明された個人的意見の集積物ではない。公共の討議という道筋を通って形成されることが世論の本質である。世論は，議会や裁判所のような公式の制度によって下される決定に影響を与えることで，その決定の正統化に一役買うことになる。

　このように正統性の源泉となる討議のプロセス全体を，ハーバーマスは「熟議デモクラシー」とよぶ（第6章4を参照）。以下，ハーバーマスの熟議デモクラシーの構想における公共性ないし公共圏の位置づけを確認しておこう。

リベラリズムと共和主義の間
　ハーバーマスは，彼の考える熟議デモクラシーの性格を「リベラリズム」および「共和主義」との対比で説明する。すなわち，討議理論は，「リベラリズムよりは強く，共和主義よりは弱い規範的性質を，デモクラシーのプロセスに与える」という。

　ここでの「リベラリズム」とは，市場取引をモデルにしたデモクラシーの理解，いわゆる利益集団（利益集積）型デモクラシーをさす。他方，「共和主義」とは，「市民の政治的実践を，はじめから統合されている共同体のエートスに結びつける」タイプのデモクラシーの理解をさす。先に挙げた対比を再び利用するならば，ここでの

リベラリズムはスミス的な公共性に，共和主義はルソー的な公共性に基づく政治であるといってよい。ハーバーマス自身も共和主義の典型としてルソーの名前を挙げている。

　熟議デモクラシーがリベラリズムよりは強く，共和主義よりは弱い規範的性質をもつとはどういう意味か。共和主義よりも弱いというのは，公共性の「手続き的」理解は，いかなる特定の倫理的な実体も前提としないという意味である。「議会における審議と議決の理想的手続き」を通じた，「主体なきコミュニケーション」だけが正当化の役割を担う。つまり，「共和主義」（第4章参照）や「コミュニタリアニズム」（特定の共同体の倫理的なエートスに依拠することによってのみ公共性が可能であるとする立場）とよばれる潮流の主張する公共性から，ハーバーマスは自らの立場を明確に区別している。

　リベラリズムよりも強いというのは，「自律的な公共圏の社会的基盤としての市民社会」を，経済システムおよび行政システムから区別する（「連帯」を「貨幣」および「行政権力」から区別する）という点である。ここではハーバーマスは，財やサービスの供給とは異なった次元の，言語コミュニケーションによって再生産される公共性を強調している。政治理論的にいえば，J. A. シュンペーターから合理的選択論者に至る経済学的なデモクラシー理解と，利益集団を政治過程に組み込むコーポラティズムのデモクラシー理解の双方から，ハーバーマスは距離をとろうとしている。

公私の境界線の引き直し

では，ハーバーマスのいう熟議デモクラシーは，実際にどのようなかたちをとるのか。とりわけ重要なのが，熟議デモクラシーには二つの部分ないし道筋があるべきだとする彼の主張である。すなわち，二つの部分とは，①手続きによって制度化され，拘束力のある意思決定を行う公式な熟議（典型的には立法議会での討議）と，

②非公式な「政治的公共圏」で行われる熟議である。

　政治的公共圏には，議決を行わなければならないという制約がないので，時間的にも，取り上げられる争点に関しても，「無制限の」熟議が可能である。その結果，政治的公共圏での熟議は，公式な熟議の俎上（そじょう）にこれまで上げられなかった問題を「発見」する感受性をもつ。例えばドメスティック・バイオレンス（DV）や育児の負担のような家庭内の問題は，従来は「私的」領域の問題とみなされ，公式な水準での公共的な熟議と決定の対象にならなかった。けれども，非公式な公共圏でのアピールを通じてこれらの問題が人々の関心を集め始めると，やがてはこれらの問題について世論が形成されるに至った。そして現在では公式な熟議を経て，立法を通じた解決の対象となったのである。この場合，公私の境界線が，政治的公共圏での熟議の力によって引き直されたと考えることができるだろう。

　もちろん，公私の境界線の引き直しを警戒する立場の人もいるであろう。それによって不利益を受ける人はそれに反対するかもしれない。また，境界線の引き直しは個人や集団のすでに認められている権利を動揺させ，国家の不当な介入を招きかねないと主張されるかもしれない。他方で，共同体のエートス（道徳や習慣）の維持を重んじる立場の人々は，境界線の引き直しは共同体の安定性や統一性に打撃を与えると考えるかもしれない。

　しかしハーバーマスによれば，このような懸念も，すでに述べた熟議デモクラシーの二つの道筋を区別することで緩和される。公私の境界線が立法によって引き直されるに至るのは，厳密な議事手続きを備えた議会での討論を経たのちである。ハーバーマスのもう一つの比喩によれば，政治システムの「周縁部」で提起された問題が，その「中心部」での決定に到達するまでには，コミュニケーションの流れはいくつもの「水門」を通過しなければならない。したがって公私の境界線の引き直しは，政治的公共圏での問題提起があった

としても，容易に実現するものではないのである。他方，公共圏での問題提起が，公式な決定を不可欠にするほど強力な流れを引き起こしているならば，その場合には既存の境界線には正統性や安定性の点で「危機」が起こっているのであり，熟議によって生み出される世論を土台として，新たな境界線を引き直すしかないであろう。

ハーバーマスの公共性論がもつ意味　要するに政治的公共圏は，私的なものと公的なものの区分の線を引き直すことを可能にするような，コミュニケーション権力を生み出しうる空間であると考えられる。政治的公共圏にこのような性格を与えているのは，あらゆる個人に平等に開かれた討議原理である。したがってハーバーマスの考える公共性は，（リベラリズムに対する彼の批判にもかかわらず）依然としてリベラルな性格をもっている。それは，共同体のエートスをともにしない，見知らぬ個人たちの間にも成り立つような公共性である。言い換えればハーバーマスの考えは，公共性という言葉のもつ，開放性や不特定性という意味に強調点をおいている。

　その反面で，ハーバーマスの考えは公共性の他のいくつかの意味とは両立しにくいことになる。彼の考えが，公と私の区別を固定的で不変のものとみなすどんな考え方とも両立しないことは明らかだろう。同様にそれは，公と私の間に道徳的な価値の序列を設けて，公を優位におく考え方とも両立しない。他方で，私的なものの優位から出発して，公的なものを常に最小化されるべき負担と考える用法とも両立しない。それどころかハーバーマスは，公共圏での熟議を通じて正統性を付与された法体系がないかぎり，個人にとっての基本権は意味をもたないと指摘している。

　さらに，ハーバーマスの考えは公共性を国家や民族に独占させる考え方とも両立しない。政治的公共圏が自由なコミュニケーション

　2022年，ハーバーマスは「政治的公共圏のさらなる構造転換についての省察と仮説」と題する論文で，デジタル化した公共圏についての批判的な見解を明らかにした（Habermas, 2022）。彼によれば，SNS は，誰でも容易に情報をやりとりできるプラットフォームを提供したが，それはより平等で自由な，包摂的な公共圏を生み出すことにはつながらなかった。責任あるジャーナリズムを中心とした既存の公共圏を没落させ，真偽の基準を崩壊させ，同じ意見だけが反復・強化される「エコー・チェンバー」を多数生み出すのに終わったというのである。

　こうした「閉鎖的」で「断片化」した，無数の「準公共圏」ないし「壊れた公共圏」では，共通の関心事が理性的に討議されることはない。匿名の私的感覚だけがやりとりされる空間は，従来の意味では公共的領域でも私的領域でもない。「それらの空間は，かつては私的通信のためにとっておかれていたが，いまや新しい親密な種類の公共圏へと祭り上げられたコミュケーションの空間として理解できる」。

　しかもデジタル化に伴う公共圏のこの没落は，シリコンバレーによるインターネットの商業化，ネオ・リベラリズムの世界的拡張と軌を一にしている。ハーバーマスとしては，プラットフォーム企業に対して規制を行い，それらの提供する情報が，事実の客観性や間主観的アイデンティティの共有を可能にするための「判断についての認知的基準」を満たすようにさせることが必要だと考えているようだ。

　このようにハーバーマスは，デジタル化した公共圏（ないし準公共圏）の政治的影響についてきわめて悲観的ないし否定的である。みなさんはどう思うだろうか。SNS での「つぶやき」は公共的な争点と何も接点をもたないのか。つぶやきから生じる，平等で自由な，しかも包摂的な討議はありえないのか。私たち自身が試されているのである。

の流れを意味するかぎり，「国境をこえた公共性」の可能性がそこには含まれているからである。実際にハーバーマスは，J. デリダとともに，2001 年 9 月 11 日の同時多発テロ事件以降のアメリカの外交・安全保障政策を批判する文脈で，さまざまな国家の市民たちからなる「ヨーロッパ的な公共性」を立ち上げるようよびかけている。

5　リベラルな政治文化と公共性

ロールズと
「公共的理性」

本節では，リベラリズムと公共性の関係をあらためて考察するために，現代を代表するもう一人の政治理論家，J. ロールズの公共性論と，ハーバーマスの理論とを対比してみよう。ロールズの公共性論は表立って論じられることはあまりなかった。しかし，『正義論』でも公共性（publicity）という観念が重要な箇所で用いられていた（Freeman ed., 2003）。正義の原理が契約の対象として説明されることの一つの含意は，その原理に従う人々は，他人も等しくその原理に従うこと，あるいは従うだけの理由をもっていることを知っているはずだ，という点にある。お互いの間にこの認識が共有されていなければ，契約は成立しない。この認識の共有が，正義にかなった社会のための「公共性の条件」とよばれる。言い換えると，特定の正義の原理を支持するかどうかを決める際に，私たちは，「その原理は，不特定の他人にも，すなわち公共的に受け入れ可能なものであるか」という条件を考慮しなければならないのである。

　1993 年の『政治的リベラリズム』では，ロールズは「公共的理性（public reason）の制約」という観念を提起し，論争の的になっている（ロールズ，2022a／原著初版 1993）。ロールズによれば，現代

社会にふさわしい「正義の政治的構想」は，特定の哲学的・道徳的・宗教的世界観に依拠することによってではなく，「リベラルな公共的政治文化」に潜在しているさまざまな観念を組み合わせることによって構成されなければならない。そのように構成された正義の構想に対してならば，さまざまな異なった見解がそれぞれの立場から支持を与えることができるであろう。この支持のことをロールズは，異なった見解の間の「重なり合うコンセンサス」と名づける。

　では，ある社会で重なり合うコンセンサス（合意）が成立しているならば（あるいは，いまだ成立の途上にあるコンセンサスを達成しようと市民たちが望むならば）「公共的なフォーラム」での討論はいかなるかたちをとるべきか。ロールズによれば，とりわけ憲法上の重要な争点について討論する場合，市民たちは特定の世界観に訴えることを差し控えて，正義の政治的構想に含まれるような理由だけに訴えるよう自らを「制約」すべきである。言い換えれば，自分とは別の見解をもつ他人にも受け入れ可能であるような「公共的な理由」だけに訴えて議論すべきであるというのである。

　この制約によって，例えば奴隷制を再び正当化しようという主張は，それを支える公共的理由がもはや見当たらないがゆえに政治のアジェンダから取り除かれる。また，例えば妊娠中絶の是非のような難題に取り組むにあたっても，意見を異にする人々は，できるかぎり公共的な理由の範囲内で議論を行うべきであるとロールズは主張するのである。

　特定の世界観（ロールズの用語では，「包括的な見解」）に依拠することを回避または排除するロールズのこの方法は，一般に「政治的リベラリズム」とよばれる立場をとる，多くの理論家に共有されている。異論の余地のある論拠を避けた「中立的な会話」によってリベラルな国家を正当化しようとする B. アッカマン（Ackerman, 1980），個人の生にとって魅力的だが政治的には危険な「アイロニー」や

「崇高さ」の追求を「私事とする」ことによって「リベラルなわれわれ」の世界を拡大しようとする R. ローティ（ローティ，2000／原著 1989），潜在能力アプローチ（第5章を参照）を特定の世界観と結びつけずに多様な文化や伝統の中に埋め込むことによって，フェミニズムや開発経済学と結びついたグローバルな正義論を支える「重なり合うコンセンサス」を見出そうとする M. ヌスバウム（ヌスバウム，2012／原著 2006）らを挙げることができるだろう。いずれの理論家も，私的ないし個人的なものと公共的なものとの間の境界線を引き直すにあたって，私的ないし個人的なものに一定の制約を加えていると思われる。ただし，彼らがこの境界線を固定化されたものと考えているわけでも，公共的なものの道徳的な優位を唱えているわけでもないことは強調しておかなければならない。

ロールズとハーバーマス──類似性と差異

以上にみたロールズの議論と，ハーバーマスの議論とは，異なった世界観をもつ人々からなる社会で，正統性をもつ法規範を成立させるにはどうすればよいか，という問題意識を共有している。熟議デモクラシーの手続きにその答えを求める点でも両者はよく似ている。では，両者に相違点はないのか。ここでは，二つの点について比較してみよう。

第一に，ロールズの「公共的理性の制約」の観念が明らかにしているのは，公共のフォーラムでの熟議にさえ，意見を制約する何らかの要素が存在する，ということである。ロールズはこの要素を強調することで，しばしば保守的にすぎる，あるいは公共的でないとみなされた意見（例えば宗教的意見）に厳しすぎる制約を課している，という批判を浴びている。これに対してハーバーマスは，そうした制約の役割は公式な熟議に割り当て，非公式な公共圏での熟議についてはその開放性と流動性をもっぱら強調している。公式な熟議と

非公式な熟議のこの区別を明確化したことはハーバーマスの理論のすぐれた点である（Freeman ed., 2003）。この区別によって，公共性の概念が包含する互いに相反する要素（例えば，排他的な性格と開放的な性格）を，ある程度宥和（ゆうわ）させることが可能になっているからである。ロールズの最終的な見解も，ハーバーマスと近いものになっている（ロールズ，2022b／原著1999）。

　第二に，「リベラルな政治文化」の位置づけをめぐって，ロールズとハーバーマスを比べてみよう。ロールズの議論は，正義の構想の根拠を最終的にはこの文化に求めるものである。この点でロールズはしばしば，アメリカ合衆国の文化を自明の前提とした，自文化中心主義的で排他的な立場をとっていると批判される。他方ハーバーマスは，討議原理が特定の文化や世界観に依拠しない普遍的な原理であることを強調し，特定の中身や主体をもたない討議の手続きだけが正統性を生み出すのに十分であることを主張している。

　この点では，一見両者には大きな違いがあるようにもみえる。しかし，にもかかわらず，実はハーバーマスも，政治的公共圏でのコミュニケーションを支える要素として「リベラルな政治文化」の必要性を繰り返し強調しているのである（ハーバーマス，2002-03）。そうだとするとハーバーマスの理論もまた，ロールズの理論と同様に，特定の「文化」への依存を批判されることになるのではないか。この文化に内在するさまざまな差別や抑圧を，政治的公共圏の討論がどれだけ明るみに出すことができるかは，必ずしも楽観できない。さらに，この文化の外部に対して政治的公共圏がどれほど開放的でありうるかも重要な問題となるだろう。

リベラルな政治文化の下で公共性は可能か　それでは「リベラルな政治文化」とはいったいどんな文化なのだろうか。それは身分制の否定と平等な市民権の保障，宗教的自

由と寛容，多様な世界観に基づく多様なライフスタイルの存在などによって裏づけられた「多元的な文化」である。ロールズもハーバーマスも，こうした文化がすでに根づいている社会を対象にして公共性の問題を考えているようにみえる。けれども，そのような文化が普遍的に存在するわけではないし，そのような文化の下でだけ公共性が成立するとも限らないであろう。

それどころか，多元性が潜在的には対立と分裂を含意する以上，むしろ公共性とリベラルな政治文化は両立しがたいと思われるかもしれない。ハーバーマス自身，かつては，市民的公共性がやがては操作的公共性に堕落したことを指摘していた。共同体のエートスに重きをおいた公共性の復権を唱える立場と，自己責任の名の下に公共性を縮小しようとする立場は，それぞれ別の方向からではあるが，リベラルな政治文化における公共性の困難さを証拠立てているように思われる。他方でしかし，人々がそうしたリベラルな文化の中で生活しているのであれば（あるいは生活するのを望むのであれば），政治的公共圏におけるコミュニケーション以外のところに，対立と分裂をコントロールし，「見知らぬ人々の間の連帯」としての公共性を生み出す源泉を見出すことは困難である。

6 現代の市民社会論

市民社会論への
新たな注目

これまでみてきたように，現代の公共性の理論は，公共性を国家にも市場にも限定せずに，むしろそれらと区別された行為とコミュニケーションの領域にこそ，公共性の可能性を見出そうとする。そうした新しい意味での公共性の社会的基盤として，「市民社会」における集団や関係が，1980年代以降，あらためて注目を集める

ようになった。ハーバーマスの『事実性と妥当性』の議論にも，近年の市民社会論の影響が顕著である。現代の公共性論と市民社会論とはきわめて密接な関係にあるといっていいだろう。

　現代における市民社会論の興隆に対して決定的な影響を与えたのが 1980 年代から 90 年代初めに起きた東欧諸国（およびより広くはいくつかのラテンアメリカ諸国）の「民主化」である。ポーランドやハンガリーなどの東欧諸国においては，例えば教会や自主管理労働組合，自発的な市民の組織など，共産党や国家から独立したさまざまな集団が，民主化の推進役を果たしたとして注目を集めた。これらの団体は，共産党やそれと一体化した国家に対して，1956 年のハンガリーや 68 年のチェコスロバキアのように党や国家権力自体の打倒や変革を直接めざすのでなく，党や国家の支配から自由な組織として対峙し交渉を行ったのである。そしてこうした集団の登場と活動が「市民社会」の形成，復活としてとらえられたのである（川原編，1993）。

　ところが，リベラル・デモクラシーの政治体制を確立し，その中で，国家から独立したさまざまな組織や団体が存在し，その自由な活動が認められている国々，つまり「西側」先進諸国においても，先に述べた東欧などでの動きに触発されつつ，「市民社会」への新たな関心が高まっていった。その背景には，1970 年代以来の政治情勢の変動があった。

　「西側」先進諸国では，第二次世界大戦以降，ケインズ主義的な福祉国家政策を推し進めてきたが（第 3 章参照），1970 年代に入ると，それへの批判が高まっていた。すなわち，左派からは，福祉国家は結局のところ政府の官僚制を肥大化させ，市民生活の行政サービスへの依存，いわば市民の「顧客化」とでもよべるような事態をますます招いていると批判された。他方，右派からは，政府の経済活動への介入が財政赤字の拡大や民間の経済活動の沈滞化を招いて

いると批判されるとともに、「過度の」社会福祉が市民の労働意欲を阻害しているという非難もなされた。ところが、「利益集団リベラリズム」（第6章参照）によって作動してきた代表制デモクラシーは、こうした事態にうまく対応できないでいた。

1980年代にイギリスのサッチャー政権やアメリカのレーガン政権などを皮切りに先進諸国に広まっていった「ネオ・リベラリズム」を標榜する政府は、福祉国家への右派的な批判に応えるものであった。それは何よりも財政支出の削減、「小さな政府」を提唱して社会福祉関連の政策の縮小を図るとともに、「市場」への信頼を唱えて、経済活動に対するさまざまな規制緩和を行い、財政を通じた市場への介入を抑制しようとした。

「小さな政府」や規制緩和、市場の自由の増大、つまり政府から「民間」への権限と資源の移譲は、一見すると、市民の活動の自由の拡大のようにもみえる。しかし事態はそれほど単純ではない。なぜなら、個々の市民の観点からすれば、このことは生活が市場経済の動向に、そしてその有力な担い手である大企業や多国籍企業、金融資本の意向に強く影響されることを意味するからである。その中で個人は、「自己責任」の名のもとに、市場経済のもとでの「生き残り」が要求されることになる。つまり、見方を変えれば、かつて福祉国家への左派的な批判が非難した政府の行政権力による生活の「規律化」（第2章のフーコーについての議論を参照のこと）に、市場による生活の「規律化」がとってかわったともいえるだろう。さらに、政府の権力に対してはデモクラシーの制度によって市民による統制がまだしも存在するのに対して、企業の権力に対しては市民は有効な統制手段をもたないのである。

「ネオ・リベラリズム」的政策は、現代の先進諸国にある程度定着したが、貧富の格差の拡大を招くなど、厳しい批判も受けている。しかし、だからといって、かつての福祉国家に戻ればいいというわ

　1990 年代になると，日本でも NGO や NPO，ボランティアの活動などが注目を浴びるようになった。とりわけ，阪神・淡路大震災時（95 年）に政府が迅速な対応を行えずに批判を受けたのとは対照的に，活発なボランティア活動が高い評価を受け，人々が自発的に公的な役割を担っていくことへの関心が高まった（佐々木・金編，2002c）。

　しかし，日本において「市民社会」が注目されたのは，何も 1990 年代が最初というわけではない。例えば，1960 年代後半から 70 年代にかけては，公害反対運動や消費者運動を中心に市民運動や住民運動が活発化するなど，国家や大企業の権力に対する市民社会からの激しい抵抗がみられた。こうした現実を背景に，松下圭一や高畠通敏らの政治学者は，市民参加型の政治理論を提唱している。松下は，消費文化と私生活中心主義がはびこる大衆社会に対し，市民が身近な地域で積極的政治参加を進める地域民主主義や，市民生活にとって不可欠な社会保障・社会資本などの基準を明確化するシビル・ミニマムなど，新しい論点の形成を主導した。高畠も，組織社会における精神的・心理的疎外や大企業中心の開発による生活環境の悪化に対し，市民の主体的な参加によるコミュニティの再建や，企業・学校などのあらゆる集団や組織における民主化促進などを説いた（高畠編，2003）。こうした経験の積み重ねや理論化の試みは，現在の市民社会論にとっても，大きな財産になっていると考えられる。

━━━━━━━━━━━━━━━━━━━━━━━━━━━

けにもいかない。すでにみたように，そこにも重大な問題があった。それに加えて，1980 年代以降推し進められたグローバル化の状況のもとでは，政府が自国の国民経済に十分な影響を及ぼせるという前提自体が崩れている（第 11 章参照）。

　こうした状況が進む中で，1980 年代以降の「西側」諸国には，一方には肥大化した官僚制国家，他方には市場経済のむきだしの力という二つの問題を前にして，代表制デモクラシーは十分に対応で

きていないのではないかと考える人々が少なからず現れるようになった。その中には，こうした状況を打開する新たな政治の担い手を求める動きもあった。

そして，そうした新しい政治の担い手として注目されたのが，環境保護や平和，人権といった必ずしも経済的・金銭的な利益に結びつかない価値のために行われる社会運動や，発展途上国や紛争地域の人々の生活や医療などの支援を恒常的に続けている団体などであった。政治的な権力や経済的な営利を目的としない自発的な運動や団体の活動が，国家や企業とは独立に，しばしばそれらの力に対抗して行われ，成果を上げている。こうした事態を理論化しようとしたのが，現代の市民社会論なのである。

市民社会論の
歴史的起源

ドイツの哲学者 M. リーデルらによれば，市民社会概念には二つの流れがある。一つは，古代ギリシアでポリス的＝政治的共同体を意味した politikē koinonia が，ローマ時代にラテン語 societas civilis に翻訳され，ドイツなどを中心に長く流通した概念である。これは本来的には，政治社会，すなわち国家という意味に近い。他方，18 世紀になると，これとは違う用法が生まれ，その後はこちらが主流になる。そこでは，「市民社会」（civil society）とは，国家とは別なものとして意識されるようになる。すなわち，政治性・権力性をもたない私人間の関係としての社会を意味するものとされた。

この第二の意味の市民社会概念は，18 世紀のスコットランドから 19 世紀ドイツのヘーゲルらに継承され，定着した。私人間の関係とは，必ずしも市場的な関係だけをさすわけではないが，見知らぬ個人同士の自発的な財の交換という経済的・市場的な関係が，市民社会の重要な要素であることは間違いないものとされた。そのた

め，市民社会をどう評価するかは，この後，しばらくの間，市場的なものをどう評価するかによって分かれることになった。古典的なリベラリズムの立場からは，市民社会が，人間の自由な活動を可能にする領域として高く評価される一方，官僚制や国家による統制をより信頼するヘーゲルのような立場からすれば，市民社会は単なる「欲望の体系」として相対化されることになった。

さらに K. マルクスは，ヘーゲルからこの概念を受け継ぎながら，それを「ブルジョワ社会」とよんで批判した。マルクスらの立場からすると，市場における自由な交換とは，実際には，資本家と労働者の間の不平等な関係を背景にした，強制を伴う交換にすぎないからである。こうした観点から，マルクスらは，市民社会は来るべき理想社会においては克服されるべきものとしたのである。

しかしながら，20 世紀に入ると，マルクス主義の中から，これとは異なる市民社会論が出てくる。その先鞭をつけたのがイタリアの A. グラムシであった。彼は，市民社会と国家の二分法という従来の枠組みを批判し，市民社会を国家とも市場とも区別される第三の領域であるとみなした。グラムシによれば，政治秩序は，単なる暴力的な支配だけによっては実現されない。人々を秩序づけるのは，「強制の鎧をつけたヘゲモニー」である。ここでは「鎧」が国家をさし，「ヘゲモニー」の領域が市民社会にほかならない。グラムシは，人々がどのような政治的考え方（イデオロギー）をより支持するかが，政治秩序の帰趨を決するとし，さまざまなイデオロギーが「ヘゲモニー」（覇権）をめぐって争い合っているものとみなした。こうしたヘゲモニー争いの領域が，市民社会なのである。このようなグラムシの考え方は，その後，ネオ・マルクス主義とよばれる思想潮流に引き継がれた。

| 現代の市民社会論 |

こうした思想的背景のもとに，冒頭で述べた政治状況に呼応しつつ現れたのが，現代の市民社会論である。その代表的な理論家の一人である M. ウォルツァーによると，市民社会は「非強制的な人間の共同社会（association）の空間の命名であって，家族，信仰，利害，イデオロギーのために形成され，この空間を満たす関係的なネットワークの命名でもある」と定義され，また，そのネットワークとは「様々な組合，教会，政党，そして運動，生活協同組合，近隣，学派，さらにあれこれを促進させ，また防止するもろもろの共同社会」のことであるとされる。つまり，強制力を発揮する国家とも利益を追い求める市場とも区別される多彩な中間団体が，ネットワークとしての市民社会の実体を構成しているとされるのである（ウォルツァー編，2001／原著 1995）。

こうした展開を踏まえた上で，J. コーエンと A. アレイトーは，国家・市民社会・市場経済を別個のものとして考える「三領域モデル」を提示している。それによれば，国家と市民社会は「政治社会」によって，市場と市民社会は「経済社会」によって連絡されているものの，市民社会の独自性が失われることはない。国家とも市場とも区別され，多様な運動が相互交流する第三の領域が，市民社会として定義づけられたのである（Cohen and Arato, 1992）。

それでは，このような現代の市民社会論の特徴は何だろうか。繰り返すまでもなく，それは，市民社会を，国家とも市場とも違う領域，あるいはそうした領域を構成するさまざまな集団として把握す

★用語解説

□ **中間団体（中間集団）**　個人と国家の間に存する，労働組合，職能団体，地域コミュニティや教会，市民運動グループなどの多様な集団。デモクラシーにおける中間団体の重要性は，すでに A. トクヴィルやイギリス多元的国家論においても指摘されていた。

ることにある。したがって，市民社会は，国家や市場と明確な対抗関係にあるものとして概念化されるのが常である。しかし，注意しなければならないのは，市民社会は国家や市場に「とってかわる」ものではないということである。もちろん市民社会は，国家の行政活動や市場と企業の活動に対して，個別には異議申し立てをする。しかしそのことは，国家や市場そのものの意義や存在を否定するものではない。その意味で，市民社会は国家や市場に対して，対抗性と補完性という二重の関係にあるといえるだろう。

　例えば，社会運動は，行政や企業の活動に対して異議申立てをする。そこには厳しい対抗関係がある。しかしそうした運動が具体的な成果を上げようとするならば，公権力による規制措置や企業の自制が必要であり，そのためには最終的にはそれらとの協力が必要になる。また，非政府組織（NGO）や民間非営利組織（NPO）の活動には一般的に政府機関，行政機関との何らかの協力が不可欠であるし，その活動のために企業などから寄付を受ける場合も少なくない。しかしこうしたことが行き過ぎて政府や特定企業からの独立性を失う，あるいは独立性を疑われるようなことになれば，そもそも活動のための最重要資源である信用を失うことになろう。

　このように，市民社会と国家や市場との間には，対抗性と補完性の微妙なバランスが存在する。いうまでもなく，そのどちらに重点がおかれるのかは，個々の理論家によって，また個々の運動や団体によって異なる。ただこの重点のおき方によって，「市民社会」のイメージが大きく変わってくることには注意すべきであろう。さらに，デモクラシー論の文脈においては，「市民社会」を具体的な政策についての成果を志向する集団として考えるのか，それとも抵抗の担い手として考えるのかという対立は，第6章4でみた熟議デモクラシーと闘技デモクラシーという二つの新しいデモクラシー像とも関係しているのである。

R. パットナムの社会関係資本（social capital）論は，市民社会に存する集団がデモクラシーにおいて果たす役割を，経験的な手法で明らかにしたものといえるだろう。パットナムは，1980年代から90年代におけるリベラル・デモクラシー陣営での自治の停滞，旧共産主義国家のデモクラシーへの移行，この双方の問題を視野に入れながら，民主的な制度がどのような条件の下で有効に機能するのかを，イタリアの地方政府の研究を素材として考察した。その結論は，「調整された諸活動を活発にすることによって社会の効率性を改善できる，信頼，規範，ネットワークといった社会組織の特徴」である社会関係資本を豊富に蓄積した市民社会と組み合わされてこそ，民主的な政府は積極的な参加や自発的な協力を得ることが可能となり，強化されるということであった。自発的なスポーツ団体や文化団体がこうした社会関係資本の一例とされるが，大企業とは異なる集団で営まれる「結社的な生活」の重要性が実証されたことで，デモクラシーを支える市民社会の存在はもはや無視できないものとなったのである（パットナム，2001／原著1993；パットナム，2006／原著2000）。

**市民社会と
デモクラシー論**

市民社会論は現代のデモクラシー論に対して，大きな影響を与えた。その影響は，大まかに二つの方向に分けられる。第一の流れは，市民社会が国家とは異なる政治の場，公式の政治のための組織や機関とは異なる政治のチャンネルであることを重視する。社会運動やNGOなど市民社会を構成する諸主体は，政党や政府機関など公式の政治のための組織や機関がいまだ対応していない「潜在的な」政治的問題の存在を示す役割を果たすことがある。すなわち，対立や紛争を示したり，とられるべき対策を提案したり，ときには自ら問題の解決にあたったりする。政策分野によっては，NGOが

公式の政府機関以上の政策立案や実施の能力をもっていることも珍しくはない。それは民間の人々の自主的な活動，自治という意味ではデモクラシーに適合的だ。しかし，だからといって，そうした団体や運動の目的や政策が人々の自由と平等，寛容を支持するという意味でデモクラシーの名にふさわしいという保証はないし，また組織内部の運営の仕方がデモクラティックであるとは限らないことには注意しなければならない。

　第二の流れは，公式のデモクラシーに対する市民社会の影響に注目する。すなわち，市民社会における人々の議論や活動，運動といった非公式な政治と，政党や選挙を中心とした公式の代表制デモクラシーとを組み合わせることによって，デモクラシーを活性化しようというのがこの流れである。こうしたデモクラシー論の新たな展開の代表が，第6章4でみたように，市民自身による討議の過程を重視する熟議デモクラシー（deliberative democracy）と，既存の支配秩序の固定化に抗してさまざまなアイデンティティによる抵抗を重視する闘技デモクラシー（agonistic democracy）なのである。

第 10 章

環 境 と 政 治

自然，人間，社会

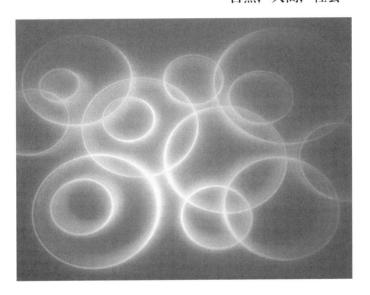

今日，環境を守ることは喫緊の課題として多くの人が理解
し，関心を寄せている。しかし，それがそのまま現実の成果
として現れているわけではないこともまた，誰もが認めると
ころであろう。では，環境を守るという課題は，政治におい
てどのように把握され，正当化され，実行されるのか。生活
に直結しつつも比較的新しく，倫理的な色合いも濃いこの政
治課題に，現代のリベラル・デモクラシーはどうこたえるこ
とができるのだろうか。

1 政治課題としての環境問題

環境と政治　自然環境を破壊することで人間自身が悪影響を被るという事象は文明の歴史とともに見られ、決して新しいものではない。古代文明には森林の乱伐で衰退したと考えられているものがある。日本でも、江戸時代ともなれば史料に多数の鉱害が記録されている。しかし、自然環境の破壊と汚染がより深刻化し、かつ社会全体で取り組むべき課題として認識されるようになったのは、やはり近代産業社会になって以降のことである。とりわけ先進国の大量生産・大量消費が本格化すると、そのひずみが随所で現れた。1950年代からさまざまな人工物が爆発的に増加した状況を「大加速」と名づけ、それ以降を「人新世」という新たな地質年代と定めることすら提唱されたように、地球環境には本質的な変化がもたらされたのである。

したがって、1960年代から環境問題が政治の重要課題の一つとして認知され始めたことは、必然的な帰結といってよい。その政治課題化の端緒を知るために、まず二つの重要な書物をみておこう。

アメリカの文筆家 R. カーソンが著した『沈黙の春』（カーソン、1974／原著1962）は、人工化学物質の過剰使用による自然生態系の破壊を告発したものである。同書の序章「明日のための寓話」では、農薬の大量散布によって生き物が死に絶えた架空の町の光景がなまなましく描き出され、世界各国でベストセラーとなった。その10年後、マサチューセッツ工科大学の D. メドウズらの研究チームが世に出した『成長の限界』（メドウズほか、1972／原著1972）は、資源制約の問題に人々の目を向けさせた。メドウズらはコンピュータ・シミュレーションによって、人口増加と工業化の進展が続くと、エ

ネルギーや食料などの資源の不足と環境汚染の深刻化で 2100 年までに地球が破局に至ると予測し，世界に衝撃を与えたのである。

『沈黙の春』は，アメリカ政府が農薬規制を設けるきっかけとなっただけでなく，生産力向上のために利便性と効率性を追求することの危険性を社会に広く知らしめた。ひいては，反公害の世論を高め，各国の環境行政を進展させることにも貢献した。『成長の限界』は，その検証モデルにさまざまな異論も出されたが，経済成長どころか世界の終わりもありうるという終末論的な予測から，資源問題を地球規模の政治課題として定着させた。

環境問題はこうして，主に経済的な利益と合理性に対して相対化をせまるものとして登場した。それに対応を求められた政治が直面したのは，産業資本主義を前提としたリベラル・デモクラシーが重視し，自明視してきた価値と行動様式に対する異議申し立てであり，さらには（フェミニズムの場合と同様に）近代が暗黙のうちに前提としていた人間観，社会観の問い直しであった。

| 「エコロジー」の視点 |

そもそも環境問題とは何か。この基本的な問いがすでに政治性をはらむのは，環境問題という認識が，それが解決されるべきだとする規範をもとにし，それゆえ「なぜ環境を守らねばならないのか」との疑問も招くからである。そこではまず自然環境と人間との関係を考える必要がある。

★用語解説

□ 人新世（じんしんせい・ひとしんせい，Anthropocene）　「人類の（Anthropo-）時代」を意味し，完新世に続く新たな地質年代として大気化学者 P. クルッツェンらが 2000 年に提唱した。人間活動によって激変した地球環境は，地質学的にもすでに完新世とは異なるとする。コンクリートやプラスチックなどの人工物質，大量排出された CO_2，放射性物質等の堆積物が，その主な指標である。また科学的な議論にとどまらず，人間社会のあり方を見直す概念として多方面に急速に普及した。

『成長の限界』が示したのは主に，人間の生存に必要な物資の供給元としての自然環境の重要性であった。『沈黙の春』が描いた汚染問題が教えるのは，人間の身体・生命にとって望ましい状態を維持する生態系の浄化機能の重要性である。このように人間の側が必要とするもの，価値があるとみなすものとしての自然環境が重要であることはいうまでもない。こうした見方は，人間にとっての有用性という，自然環境の道具的理解の範囲内で自然環境を保全するという立場につながる。もちろん，自然の資源供給力を超えず，自然の浄化機能を超えない程度に人間活動（とりわけ生産と消費）を抑制できれば，「環境問題」は生じないかもしれない。だが現実には，経済活動は持続的成長という目的を手放そうとはしておらず，自然環境の機能と人間活動との齟齬は拡大している。

　他方で自然環境の価値は，人間の生存や活動にとっての機能に限られない。美的対象，信仰の対象，あるいは余暇や観光の対象としての自然などが，人間の精神的・文化的よりどころとしての価値をもたらしており，原生自然や希少動植物の保護の必要性はそうした観点からも説かれている。とはいえ，精神的・文化的なものであれ，あるいは身体的・経済的なものであれ，自然環境の価値が，人間にとっての有用性によって定義されている点では同じである。こうした道具的な環境観は，「人間中心主義」と名指されることになる。

　それに対して政治学者のJ. ドライゼクは，自然生態系が人間の生存にとって有する重要な機能として，より抱括的な「保護的価値の提供」を挙げている（Dryzek, 1987）。これは，人間の生命維持基盤として不可欠な「環境」，すなわち大気や水の循環や生命の連鎖による環境の調整と安定化を意味しており，エコロジーの概念を明確に反映したものといえる。

　エコロジーとは，狭義には生物と自然環境の関係を扱う生態学をさすが，この言葉は環境問題の浮上とともに，人間も生態系にその

一部として埋め込まれた存在であることを訴える活動的概念として注目されるようになった。1970年代から欧米で広がったエコロジー運動は，この概念を思想的基盤として，自然環境における人間の位置づけを問い直した。自然に道具的価値しか与えない人間の態度こそが自然破壊の根本原因であるとされ，そこから，人間の利害に関わりなく自然が有する内在的価値を認識したディープ・エコロジーが必要だという主張も現れた。人間中心主義から生態系中心主義への転換を求めるこうした環境論は，これ以降，思想や言説の上で重要な地位を占めてきた。

とはいえ，自然にそのような内在的価値を認めるかどうか自体が論争の対象となりうる。ディープ・エコロジー論は，自然の内在的価値から導いた規範によってそうした論争を解消してしまう傾向もあるが，自然にそのような価値を見出すのはあくまで人間の側であることも理解しなければならない。つまるところ，どのような環境をどのように守るかは，（自然そのものを含めて）誰にとっての価値や利益をどのように守るのかという選択の問題であり，それは人間社会によって構成されるもの，すなわち政治的に決定されるものである。エコロジーの概念は，自然環境における人間の位置づけへのこの問い直しを通して，政治理論に挑戦するといえよう。

| 環境問題と公平・正義 |

環境問題の政治化はまた，環境をめぐる正義論の必要性を明確にした。そこでの問いは，エコロジーのシステムを破綻させないような配慮を，自然と人

★用語解説

□ **ディープ・エコロジー**　ノルウェーの哲学者 A. ネスは，人間の利益を守るという理由から経済活動を阻害しない範囲で環境を保護するエコロジーを浅薄なものとして批判し，自然の内在的価値を認識しつつ自然保護それ自体を目的とする「ディープ・エコロジー」を提唱した（ネス，1997／原著1989）。

間との間のみならず，人間社会の内部（例えば豊かな国と貧しい国の間）に築くことである。したがって環境問題をめぐる公平，正義に関しては，主に以下のような点が議論の焦点となる。

　第一に，公害問題に典型的に見られるように，自然の汚染や破壊はしばしば特定の少数者に被害をもたらしてきた。例えば廃棄物や迷惑施設が，社会的弱者の居住地域に偏在する実態がある。そうした偏りは国境をこえるかたちでも生じており，気候変動や生物多様性の問題においても，より深刻な影響は途上国にあらわれている。

　第二に，資源枯渇や廃棄物増大などの問題を通して，現在世代の活動によるツケが将来世代に回されていると認識されるようになった。また気候変動や生物多様性のような環境問題では，現時点では影響が不明瞭でも長期にわたる深刻な影響が懸念される。エコロジーの観点は，将来世代への配慮を必然的に要請するのである。

　第三に，自然の尊重を法的・政治的にどう具体化するか，という問題があり，例えば「木や動物の声」を法や政治の意思決定に組み込むという論点も議論されてきた。司法の場では，環境保護訴訟の原告適格を樹木や野生動物に認めるか否かが問われてきたし，デモクラシー論においても，デモクラシーの主体としての人間が，自然環境がもつ選好，すなわち声なき声をいかに代弁し，包摂するかが論じられている（Dryzek, 2002）。

　公平さをめぐる議論が現在世代と一国内に限定されがちである状況は，国民国家における代表制デモクラシーの本来的限界としても指摘しうるものである。しかし，環境リスクが不当に他者に転嫁されているという問題意識によって，国境をこえた公平性，将来世代に対する公平性，人間社会の枠を超えた自然環境との間の公平性という，新たな正義論の構築が求められるようになった。こうした環境的正義（environmental justice）の概念は実践的な活動とも結びついて深化し，さらに今日の「気候正義」運動へとつながっている。

環境問題と 政治経済体制

エコロジーに配慮する政治を考える上で，リベラル・デモクラシーという体制は悩ましい。とりわけ，リベラル・デモクラシーの国家が前提とする資本主義システムをいかに統御できるかが大きな課題である。資本主義システムの根幹は，選択の自由とそれによって得られる利益を最大化することであるので，自然環境の有限性と本来的に相容れない性質をもつ。アメリカの生態学者 G. ハーディンが「共有地の悲劇」で指摘したように，そこでは，個人のミクロな選択と社会におけるマクロな帰結とのずれが生じる（Hardin, 1968）。個人にとっては自己利益の最大化をもたらす行動が，全体としては破局に導くおそれを生むという「社会的ジレンマ」の問題である。そこでは単に個人の選択が問題となるのではなく，環境が受け入れ可能な人間活動の量には限界がある，という前提が考慮されなければならない。ハーディンも，「共有地の悲劇」を避けるための管理，統制の必要性を説いている。

エコロジーへの認識は，自然環境の有限性こそが人間の自由にとって最大の脅威になることを明らかにする。そのため理論上は，リベラリズムが環境破壊を放置しては成り立たないことを指摘するのも難しくはないだろう。（主に経済的な）自由に裏打ちされた個人の選好の集合としての経済的合理性のみでは，エコロジー問題を解決することはできない。生態系は公共財（第9章参照）の問題であり，かつ公共善の問題でもある。

★用語解説

□ **共有地の悲劇**　　共有された牧草地で羊を放牧するとき，羊飼いたちは自分の利益を増やすために一頭でも多くの羊を放そうとするが，供給量に限りのある牧草はやがてなくなり，羊飼い全員が生活の糧を失うことになる。この思考実験からハーディンは，人々が限られた資源を共有し，かつ合理的であれば，共有資源の持続可能性が失われると主張し，「共有地の悲劇（The Tragedy of the Commons）」とよんだ。

しかし，そうした理論上の帰結を，現実の政治過程において，とりわけデモクラシーにおいて実質化できるかどうかは，また別の問題である。国家による統制・規制を通した資源管理と環境保護を行うならば，それは（少なくとも経済的な）自由に抵触し，人々の反発も招く。それでもエコロジー的価値の優先を徹底させようとするなら，むしろ専制的な政治体制のほうが有利なのではないかという「誘惑」も生じる（丸山，2001）。現にブータンの王制やキューバの一党制のもとで環境優先の政治がみられ，その成果は環境問題に関心をもつ人々から注目されてきた。

では他方で，リベラル・デモクラシーは環境問題に対して本当に適切には対応できないのだろうか。環境をめぐる政治のこれまでの模索を追うことで，その可能性を考えてみよう。

2 「緑の政治」の展開

公害から環境問題へ　1960 年代に深刻化したのは，主に開発に伴う環境破壊と，産業由来の環境汚染であり，それらは地域的・局所的なものであった。「産業型公害」とも類型化されるこうした環境問題は，加害者・被害者がある程度特定しやすく，開発事業や汚染物質排出に関する規制などの行政的対応によって，解決を図ることが可能である。1970 年前後に主要先進国は環境問題を所掌する官庁を新設し，各種の規制を整備して公害の克服に取り組み，一定の成果を上げてきた（日本でも 1971 年に環境庁〈2001 年からは環境省〉が設置された）。もちろんその成果の多くは，経済活動を優先する行政や企業の権力に，被害者が訴訟や運動によって対抗することでようやく手にしたものでもあり，環境問題をめぐる政治では対抗運動は常に重要なアクターである。

ところが1970年代からは，環境問題の性質自体が変容していく。日本をみても，都市への人口集中や自動車の普及などによって，人々の日常の活動に起因する環境汚染が深刻化，広範化した。こうした問題では生活そのものが環境の汚染や破壊，廃棄物の増加，資源の浪費などを招いており，「生活型公害」ともよばれる。産業型公害とは異なり，加害者を必ずしも特定できないばかりか，被害者と加害者の切り分けすら難しい。環境の汚染や破壊はこの頃から，「公害」ではなく「環境問題」として語られるようになる。

　これらの問題は，国境をこえる問題としても政治課題に定着をみる。1972年に，スウェーデンの提唱によって環境問題に関する初の国際的な会合が開かれたのは，同国がヨーロッパ大陸部からの越境大気汚染に悩まされていたからであった。さらに1980年代以降は，気候変動のように地球全体に影響する問題が浮上し，「地球環境問題」の時代が到来した。ただし，このことは産業型公害の消滅を意味するのではなく，多様な規模の問題が重層的に発生していることにも留意する必要がある。

持続可能な発展　こうして突き付けられたのは，人間社会が将来にわたって持続可能なのかという問いである。『成長の限界』はまさにそれに対して「限界」を示し，無限の経済成長を否定したことで衝撃を与えた。こうした限界論への一つの応答として，人間社会をいかに持続可能なものにするかが1970年代後半からの重要な論点となり，E. F. シューマッハーの『スモール・イズ・ビューティフル』（シューマッハー，1986／原著1973）に代表される「脱成長」の社会構想も盛んに議論された。

　同時にこれは，環境対策や資源保全をめぐる国際協調の問題でもあった。この課題に初めて本格的に取り組んだのが，国連に設置されたブルントラント委員会である。1987年の報告書『われら共通

の未来』は，「人類は開発を持続可能にする能力を持っている」と宣言し，経済の成長，環境の改善，人口の安定，地球規模の平和と公平さの追求は，長期的かつ相互補強的に維持しうるというビジョンを提示した。その核となる概念として用いられたのが「持続可能な発展」（sustainable development）である。

　持続可能な発展は，今や環境に関する支配的な言説となっているが，それは「成長の限界」論から成長の肯定への転換を示したからだといってよい。しかし，この概念はビジョンを実現するための制度や施策を具体化してはいない。このことは，多くのアクターを環境問題への取り組みに包摂することを可能にしたと同時に，その取り組みの中身を曖昧にもした。この報告書のビジョンを受け継いで開催された1992年の国連地球サミット（環境と開発に関する国連会議）では，環境と開発とはもはや同列に扱われ，そこで採択されたロードマップである『アジェンダ21』は，地球環境問題への取り組みに必要な資金を確保するためにも，すべての国々に経済成長を促したのである。

　地球サミットは，冷戦終結を受けて旧東側諸国がそろって参加したことに加え，持続可能な発展というアジェンダ設定によって，開発と経済発展を優先したい開発途上国を環境問題の議論に取り込んだ。地球規模の問題にまさに地球規模で対応する舞台が初めて用意された点で，地球サミットの意義は決して小さくはない。また，地球環境問題を招いた豊かな先進国の責任を明確にし，南北問題に環境面から応答したことや，環境問題における予防原則の重要性を確認したこと（*Column㉒*参照），さらに気候変動や生物多様性をはじめとした重要問題に関する数々の国際条約の成立に道筋をつけたことも，成果として銘記できる。

　他方で，持続可能な発展という言説は，環境対策における経済活動の位置づけの根本的な転換をもたらした。企業は，環境問題を生

Column㉒ 予防原則（precautionary principle）

　環境の汚染や破壊は事後の回復が非常に難しく，あらかじめ防ぐことが望ましい。そのためのルールのひとつに未然防止原則（prevention principle）があるが，これは因果関係がわかっている問題において，悪影響の原因をあらかじめ排除すべきとする原則である。それに対して予防原則は，環境悪化のメカニズムや因果関係に不明確な部分があっても，事前（pre）警戒的（cautionary）に対策をとるべきだという考えに立つ。予防原則を定式化した国連地球サミットの「環境と開発に関するリオ宣言」第15原則は，「深刻な，あるいは不可逆的な被害のおそれがある場合には，完全な科学的確実性の欠如が（中略）対策を延期する理由として使われてはならない」と述べている。

　とはいえ，自然や人間への被害が明確でない段階では対策をとりにくいのも現実であり，その意味で予防原則は価値判断を含んでいる。ある問題が実際に深刻なものであった場合は，予防的対応によって被害を最小限にとどめる可能性が高まるが，のちに問題でないと判明した場合は，対策にかけたコストが無駄になってしまう。欧州連合（EU）は予防原則を念頭に環境問題に積極的に対処してきたが，それを非科学的な過剰対応とみる批判は常にある。例えばアメリカは，対策コストの膨張を防ぐ意味をもつ「後悔しない政策（no regret policy）」を掲げ，しばしばEUと対立してきた。予防原則は，理念としては支持されながらも，政策に具体化する際はその適用そのものが政治的争点となるのである。

み出す悪玉から，持続可能性へ向けた社会的・技術的革新をもたらすパートナーへと変貌した。このことはのちのSDGs（持続可能な開発目標）においても重要な柱の一つとなるが，グローバル化と自由貿易のさらなる進展によって，むしろ豊かな国とその企業の主導権が前面に出ることになったともいえる（*Column㉓*参照）。

こうした流れと同時に注目すべきは，ラディカルな環境主義者たちが果たしてきた役割である。彼らは，エコロジー的な価値や正義の実現にとって，既存の政治経済システムは寄与しないばかりか障害にさえなっていると考える。彼らの具体的な戦略は，各国の政治状況を反映して多様であるが，代表的な活動形態として緑の党が挙げられる。

ヨーロッパ諸国の緑の党の源流は，いわゆる新しい社会運動にあるとされる。1970年代の西欧では，エコロジーや反核兵器・反原発，多文化主義，フェミニズム，草の根民主主義などを訴える新しい社会運動が広がった（第6章**3**，第9章**6**参照）。緑の党の多くは，それらの対抗的運動が徐々に政党化し，体制内運動へと転換したものである。なかでも成功例と目されるドイツの緑の党（正式名 Die Grünen）は，各国の緑の党に先駆けて連立政権に参画し，脱原発を含む政策転換を成し遂げた。

ドイツ緑の党は，反政党・脱産業主義の運動を来歴にもつ「左翼 – リバタリアン政党」と位置づけられている（Kitchelt, 1990）。すなわち，市場主義への不信と平等志向に基づく経済の統御を求める点で，伝統的な社会主義と共通しつつ，官僚的権威を否定して個人の自己決定を重視する点でリバタリアンなのである。実際に緑の党は，既成政党を集権主義的でエリート主義的だと批判し，開放的・分権的・参加的な組織運営の徹底を試みた。Die Grünen（「緑の人々」という程度の意味）という党名はその象徴である。

こうした政治アクターが登場した理由は，西欧社会の価値観の変化からも説明されている。R. イングルハートは，1970年代の西欧諸国では，物質的利益と安全を求める価値観から生活の質を重視する（＝脱物質主義的）価値観へと「静かに」価値観が変容していると分析し，新しい価値観がエリート挑戦的な政治志向をもたらしたと結論づけた（イングルハート，1978／原著1977）。この研究をふまえて

ドイツの政治社会における争点内容を分析した R. ダルトンらは，エコロジーや反核，平和，第三世界との連帯等への関心の高まりを明らかにし，それを「新しい政治」と名づけた（賀来・丸山編，1998）。緑の党はその申し子といってよい。

「新しい政治」にとってエコロジーだけが重要課題だったのではないが，エコロジー的価値は，産業資本主義と，それに従属しているかにみえる代表制デモクラシーへの根源的批判に合致するものであった。ただし重要なことは，緑の党に集まる人々の多くが，近代社会がもたらした環境破壊や官僚制化を批判しつつも，同時に自由と平等とデモクラシーという近代的価値にも深く与し，それをより推し進めようと考えてきたことである。エコロジー的価値とリベラル・デモクラシーの新たな関係にとって，この緑のラディカリズムは一つの重要な源流となっている。

エコロジー的近代化

今日では「環境先進国」と評価される国として，ドイツ，オランダ，北欧諸国などが挙げられることが多い。しかし，それらの国々においても，ラディカルな「緑派」が政治の主導権を確かなものにしているわけではない。これらの国々で行われてきたのは，既存の政治経済システムを受容した上での改良主義的な環境政策であり，それを支えたのが「エコロジー的近代化」（ecological modernization）である。

エコロジー的近代化のアイデアは，1980 年代前半にドイツの社会科学者を中心に提唱され，ヨーロッパに広がった。これは経済発展と環境保護が相互に補強し合うことをめざすものであり，資本主義的な政治経済をより環境にやさしいものへと再編成することを通して，環境問題への対応が経済発展にとってむしろプラスになると評価する。環境政策を積極的に推し進めることは，将来の犠牲とコストを軽減させるのはもちろん，環境への配慮を包含した新たな財

Column㉓　SDGs をめぐる評価と批判

　SDGs（持続可能な開発目標）は 2015 年に 193 カ国が合意して国連で策定された。「持続可能な発展」（270 頁参照）の理念を源流として，途上国の貧困や公衆衛生などの問題に取り組んだ MDGs（ミレニアム開発目標）をも受け継ぐ，持続可能性の包括的指針である。だからこそ「17 の目標」には，環境問題だけでなく貧困や格差の解消，多様性の尊重，市民の協働などが幅広く含まれる。加えて，目標をより具体化した 169 のターゲットと 232 の指標，および 2030 年というその達成期限も設定し，各国の達成度は逐次，検証，公表されている。

　SDGs の策定は，コロンビアの外交官の発案をきっかけに，同国とグアテマラが議論を主導して始まった。国連におけるこうした目標策定では先進国と専門家が主導するのが通例といえる。だが SDGs に関しては，途上国側がその主張と知見をより広く反映するよう強く求め，影響力を強めた点で注目される。それは国際社会における政治的・経済的権力格差を再認識させる契機でもあった。そうした策定過程の特徴と意義を知ることは，SDGs への理解を深める一助となろう。

　というのも，こうした目標はしばしば，聞こえのいいスローガンに過ぎないとの批判も受けるからだ。確かに SDGs の目標には，総花的に決着させた面があることも否めない。なかでも厳しい批判に，「SDGs は『大衆のアヘン』である」（斎藤，2020）というものがある。すなわち，SDGs は既存の政治経済体制を維持し，世界をグローバル資本主義に引き留めるための目くらましに過ぎないとの評価である。気候危機を食い止め，真の持続可能性を実現するには根本的な「体制転換」が必要だとする立場からみれば，SDGs は国家や国際社会による壮大なグリーン・ウォッシング（276 頁参照）として映る。

　こうした批判は，SDGs が単なるファッションとして消費されかねない実情を問い直させる点で重要である。だが「体制転換」という要求は，実現可能性から考えれば気候危機の切迫度と相反するようにも思える。SDGs の目標自体は普遍的なものであり，理念と現実との相剋を踏まえつつ，いかに実質化していくかが重要だろう。

とサービスによって経済的利益にもつながる。そして技術革新がその基盤として，いっそう重要な位置づけを得ることになる。

そこでは環境保護と経済成長との二者択一は迫られない。豊かな先進国の人々にとって，これは安心できる言説であるばかりか，現在の道を少し軌道修正することで（それも必ずしも容易ではないのだが）引き続き繁栄を享受できるという展望をもたらした。それゆえ，企業も環境に配慮するインセンティブ（誘因）をもつようになる（と期待される）。

ただしエコロジー的近代化の成功は，政府，企業，環境意識の高い市民らの協調に依存する。そのため，環境先進国とされる国々がいずれもコーポラティズム（第6章3参照）型の政策決定スタイルをとる点が注目されている。環境配慮と経済成長を結びつけるには，政府と社会が長期的展望を共有する必要があり，環境配慮のコストを織り込んだ所得再分配の議論も避けて通れないからである。社会民主主義的な国々が環境税のような新しい政策手法を積極的に取り入れ，環境政策のパイオニアになってきたことは，偶然ではないといえよう。政治参加の敷居も低いため，緑の党のような集団にも政策決定に参画する道を開き，一定の成果を上げてきたのである。

同時にその代償として，ラディカルな集団は穏健化し，現実主義的になる。それゆえ，エコロジー的近代化に対しては，産業社会への根本的な批判から目をそらすものだという評価もある。また，エコロジー的近代化は基本的に一国の国内政策に閉じたものであった。環境的正義の議論が示したように，豊かな国々の生産・消費活動は，今日その多くの部分が他国（しかも発展途上の国々）に土台をおいている。豊かな環境先進国が軽減した環境の汚染や破壊は，単に貧しい国々に移転されているだけかもしれないのである。

> エコロジーと
> 環境政策の乖離？

そうした批判に応えるために，エコロジー的近代化の理論は例えば「自省的な（reflexive）エコロジー的近代化」といった方向へ展開した。この「自省性」とは，近代化自体への批判意識を意味する（Hajer, 1995）。すなわち，近代が自明視してきた社会制度と経済システムを，開かれたコミュニケーションによって問い直すことの必要性が強調される。それによって，単に経済的な持続可能性を実現するだけでなく，近代社会の根本的変革が導かれると考えるのである。後述の「熟議デモクラシー」への注目とも共通性をもつといえよう。

「グリーン経済」や「グリーン・ニューディール」という言葉も流布した今日，環境対策と経済成長の結合というエコロジー的近代化のアイデアは，すっかり世界を席巻した観がある。だが，そこではエネルギーや自動車等の技術革新が経済成長の牽引役を強く期待され，それを加速することで新しい市場も次々に創出されていく。「エコ」という言葉も，経済の低迷から脱却し，グローバル競争において優位を占め，あるいは途上国への投資拡大を正当化するための言説として，急速に利用価値を高めてきた。

こうした動向は，利益至上主義に環境配慮の装いを施した「グリーン・ウォッシング（green-washing）」に過ぎないとして，厳しい批判も受けている。さらにこの言葉は，必ずしも企業に対してだけでなく，各国の政策や国際合意にすら向けられ，例えば二酸化炭素の排出削減を目的とする排出権取引も，先進国とその企業が利益を確保しつつ，むしろより多くの排出を可能にする政策枠組みになっていると批判される。個別的な環境政策が一定の進展をみせているとしても，それが「エコロジー的価値」を実現するものかどうかは容易には判断しがたいのである。

3 エコロジーの政治構想

エコロジズムの
政治思想

エコロジーに配慮する政治にはこれまで，産業社会の論理が圧倒的に優位な現実を前に，政策上の実際の成果を重視する現実主義的な立場と，理念としての環境的価値を重視して現実主義路線を批判する理想主義的な立場とが存在してきた。ディープ・エコロジーを理念的に主張する人々の中には，より極端化して，人間の存在をも否定するような自然保護を唱えたグループさえあった。人間中心主義の傲慢さを指弾するその主張が近代社会に対する鋭い批判を含むのは確かだとしても，結局のところ政治の役割を否定してしまうような立場によって社会変革を導くことは，やはり不可能であろう。理念としてのエコロジーを政治に接続する際の困難さが，ここにみえてくる。

　自然の内在的価値を重視しつつ，「成長の限界」論を踏まえて「緑の政治」を構想した A. ドブソンの議論を通して考えてみよう。ドブソンによれば，もっぱら技術的な（したがって部分的な）改良に頼る環境政治は「表層的な緑の政治」であり，求められるのは環境問題の根本的解決を導く「真の緑の政治」である。そして，一般的には環境保護志向を意味する「環境主義（Environmentalism）」を「表層的な緑の政治」にとどまる思想と評価し，それに対置される「真の緑の政治」の思想的基盤を「エコロジズム（Ecologism）」（あえて訳せば「生態系中心主義」）と名づけた。ドブソンは両者を区別することを通して，社会制度全体の変革をめざすエコロジズムのラディカルさを強調し，それを環境政治の「イデオロギー」として確立すべきだと提唱する（ドブソン，2001／原著初版 1990）。

さらにその変革のためには，人々に「エコロジー的シティズンシップ」が求められる。自らの生活空間をエコロジー的な場ととらえて他の生命に配慮し，経済的インセンティブではなくエコロジー的動機に基づいて振る舞う市民こそが，真に持続可能な社会をつくるからである（ドブソン，2006／原著2003）。

ドブソンの議論は環境思想の展開に大きな影響を与えたが，いくつかの問題も残されている。エコロジズムは意図的にイデオロギー戦略として提唱されたが，イデオロギーという「大きな物語」が共有されにくくなった今日の社会でそれが有効かどうかは疑問の余地がある。また，人々が「エコロジー的動機づけ」を最優先する「市民」になるような意識変革をどう実現するかは，それ自体が大きな政治課題となる。

例えば日本人に関して，自然との共生をしばしば自分たちの特性として自負するものの，にもかかわらず自然を無頓着に蹂躙してきたという「二面性」が指摘される（ベルク，1988／原著1986）。市民の意識変革が望まれるのはもちろんながら，私たちの生活が埋め込まれている社会システムは，個人の意思とは独立して動くものでもある。「緑の政治」の構想においては，その問題をどう組み込み，具体化するかが鍵になるといえよう。

エコロジー的合理性と熟議

自然環境のシステムに人間活動の介入が加わって生じる環境問題は，非常に複雑なものである。そのメカニズムや長期的帰結を見通そうにも，人間社会の集合行為の影響が加わることで，なおのこと不確実性が高くならざるをえない。その意味でも，仮にすべての市民がエコロジカルな価値に共感するようになったとしても，それで環境問題が改善される保証はない。個々人が「環境にやさしい」と考えてとる行動が，その意図通りに作用するとは限らないか

らである。生態系も，そこに生じた環境問題のメカニズムも，人間活動がそれに与えた影響を慎重に検証する必要があり，価値意識のみの問題には還元できない合理的判断が不可欠となる。

　ただし，その合理性とは，産業と市場の論理と不可分な経済的な合理性を相対化するものである必要がある。加えてその合理性は，科学的ないしテクノクラート（技術官僚）的な合理性とも同じではない。これは科学者や専門家の役割を軽視してよいということではなく，その限界を理解する必要があるという意味である。

　科学的知見はもちろん重要であるが，気候変動や生物多様性の問題をみても明らかなように，現象自体が非常に複雑で，問題発生のメカニズムや因果関係の解明が容易ではなく，しかも地球規模の影響について長期的な予測を要求される。エコロジーに関わる問題はほとんどの場合，部分的な解決によっては問題自体の改善・解決を保証できない。問題解決に必要な知はばらばらに存在しており，場合によっては，科学者や専門家よりも，例えば生業を通して土地の環境に接している人々のローカル・ナレッジ（ある地域や生業に固有の知）のほうが有効なこともある。すなわち，多様な領域を横断した知の集約と熟議を通して初めて，より妥当性のある解決策を見出すことを期待できるのである。

　それゆえ，環境問題の解決をもたらす合理性には「自然システムと結びついた共生的な問題解決の知を生み出す能力」が必要であり，ドライゼクはそれを「エコロジー的合理性」とよび，公共的な熟議を通して実現されると論じる（Dryzek, 1987）。そしてデモクラシーは，そのエコロジー的合理性を手にするために熟議を深め，支配的言説を問い直し，人々の価値観と多様な知を集約していく道筋として，あらためて位置づけ直されるのである。

今日，エコロジーに関心を寄せる多くの論者が，熟議デモクラシーに期待を示している。熟議デモクラシー論の主眼は，市民を含めた公共の議論を通して，人々が（所与とされがちな）自らの利益や選好，判断などを反省することにあり，さらに選好や意見の変更可能性を重視する点である（第6章**5**参照）。現在のリベラル・デモクラシーにおける意思決定は，産業資本主義を優先するかたちで方向づけられてしまう。それに対して熟議デモクラシーは，そうした状況をもたらしている既存の社会的価値を相対化し，エコロジー的価値という新しい社会的価値をふまえた自省的（reflexive）な意思決定をもたらすと期待されるのである。

もっとも，熟議デモクラシーが必ずエコロジー的な目標を実現するという保証はなく，この点からエコロジーと熟議デモクラシーの接続を批判する論者もいる（グッディン，2020／原著1992）。だが，熟議デモクラシーが環境政治の基盤となる理由は，以下のように説明できる。すなわち，持続可能性をめぐる議論においては，理念上，すべての人々が当事者として参加することが期待されるし，参加する権利をもっている。さらに，環境問題の正義論を踏まえれば，熟議に包摂されるべきは現在生きている人間のみではない。影響を被る者の声を汲み取る環境政策をつくりだすためには，将来生まれてくるであろう幾多の世代，あるいは生態系を織りなすあまたの動物や植物など，声なきものたちの声こそを包摂する必要がある。その包摂が現実には「いまここ」にいる人間による代弁にすぎないとしても，代弁された声を熟議に組み入れ，政治に参加する者の選好の変容を企図する手段として，熟議デモクラシーを位置づけることもできるのである。

熟議デモクラシーがエコロジー的価値に対して「相当程度に感受性が高いことを示している」とする研究（Smith, 2003）もあるよう

Column 24　気候市民会議──「くじ引き民主主義」の挑戦

　気候危機にどう向き合い，対策をとるかを市民が熟議する「気候市民会議」が，国や自治体，コミュニティなど多様なレベルで，世界で無数に実践されている（三上，2022）。無作為抽出された市民を母集団に「社会の縮図」として会議体を構成し，互いに対等な立場で時間をかけて議論するという「ミニパブリックス」の応用であり，手法自体は新しいものではないが，気候変動への危機感の高まりと争点の特性が後押ししたことで，急速に世界に広まった。その登場は，気候危機問題にとってふさわしいだけでなく必然的といってよい。

　気候変動対策は複雑な利害対立とトレードオフを含み，政府がトップダウンで解くのは容易ではない。また，経済界の利益を優先しがちな議会・政府は十分な変革をなしえず，それに対するいらだちが，子どもたちの「学校ストライキ」をはじめとする直接行動として顕在化し，市民主体による議論が強く要求されてきた。同時に，気候変動対策では我々の生活様式をより早く，効果的に転換することも求められる。政策的誘導も重要だが，当事者である市民の日常的実践も不可欠である。気候政治研究者R・ウィリスがその重要性を指摘する際に，「個人的なことは政治的なことである」というフェミニズムのスローガンを援用していることは示唆に富む（Willis, 2020）。

　気候変動問題がよく映し出すように，成長の分け前を期待できた時代前提が根底から変容したことで，今日の政治ではもっぱら，危機を社会全体でどう受け止め，負担をどう分かち合うかという「負の合意」が必要とされている。それに「正解」があるとすれば，共同体の構成員がともにつくりあげたものだという「納得があるもの」しかありえず，「くじ引き民主主義」がそれに有用と期待される（吉田，2021）。

　すでに「くじ引き」による常設型の市民会議が設置された国もあり，その影響力の制度化が模索される段階に入った。環境問題の文脈では，民主政治のこのイノベーションが環境対策のグリーン・ウォッシュ化（本章*2*）を阻止し，価値観と問題認識の分断（本章*3*）を乗り越える力となるのかどうかが，今後試されることになるだろう。

に，デモクラシーの可能性を探求する場は確かにそこにあり，すでに「気候市民会議」などのかたちでそのための実践が広がっている（**Column**㉔参照）。

　特に気候変動問題に関しては，国連が新たな報告書を出すたびに危機感が強まった。「気候崩壊」とさえ表現されるに至って各国で市民が行動を起こし，日常生活における「脱炭素」への実践はもちろん，「気候正義」の実現を政府や司法に訴え，選挙における投票行動にも変化が現れ始めた。環境問題をめぐるより幅広いデモクラシーのうねりが，そこかしこにみてとれるようになった。

　他方で，デモクラシーがエコロジー的課題にとって逆風になりうることもまた言を俟たない。トランプ政権が気候変動対策のパリ協定からアメリカを離脱させた際は，それを支持する市民が温暖化否定論を強く信奉している様もあらためて確認された。党派的対立の影響を措くとしても，物価高騰などの現実問題が自国経済優先の世論を高め，エコロジー的価値に背を向けさせることは容易に起こりうる。途上国からの移民を増加させた旱魃と飢餓が，気候変動に（少なくとも一部は）起因している可能性も指摘される中，先進国の市民が移民を拒絶して各国政治を動かした状況は，エコロジー的価値を優先する政治の困難を物語っている。

　リベラル・デモクラシーが分断と「真実」をめぐる闘争に引きずり込まれた今日において，自然環境というコモンズを「エコロジー的合理性」とともに私たちが共有することは可能だろうか。デモクラシーが危機を迎えているとするならば，「環境を守る」という課題の行く末もやはりデモクラシーの質に支えられていることが，より明白になったといえるかもしれない。

第 11 章

国境をこえる政治の現実と可能性

グローバリゼーション，デモクラシー，リベラリズム

　　これまでの政治理論は，国内政治と国際政治を厳密に異な
る領域とするウェストファリア・システムを前提としてきた。
その際，国際関係を基本的に闘争とみる立場，協調とみる立
場に加えて，国家からなる社会として理解する立場が存在し
た。グローバル化の進展により，もはや主権国家体制は自明
の前提ではなくなり，グローバルなデモクラシーを構想する
ことが必要となっている。その際，グローバルな社会運動が
いかなる役割を果たすのかが注目されている。

1 グローバル化と政治への期待の変化

共同性が高まり
亀裂が深まる世界

現代世界では，多様性を尊重しつつ平等や共同性を作り出そうとする活発な動きが展開する一方で，多次元的な対立や亀裂が人々や国家を激しく引き裂いている。そうした状況が生まれた重要な背景をなしているのが，1970年代以後に進んだ人・財・資本・サービスの国境をこえた流通の膨張を主な内容とする経済のグローバル化である。それは国家という政治共同体が自律的な意思決定の単位として存立していくうえでの基礎的条件を根底から変貌させた。

その際，「宇宙船地球号（Spaceship Earth）」や「グローバルな問題群（global problematique）」などの言葉を通して，種としての人類の政治的共同性や利益の共通性が表現されるようになった。世界の各地では，多様性を尊重しマイノリティの人権を実現するよう社会を変革する動きが展開している。また，産業革命以後，人類が化石燃料を膨大に使用した結果，地球温暖化や気候変動が起こっていることが明らかになると，国家も人々も狭義の自己利益の追求ばかりを続けるわけにはいかず，現在と未来の人類の利益や運命の共同性を意識して行動せざるをえない状況にある（第10章参照）。

他方，2000年代後半になると，グローバル化に伴うさまざまな問題が顕在化した。世界的な金融ネットワークが人々を緊密に結びつける中で，地球的な規模で貧富の格差が極端なまでに拡大した。その結果，世界的な経済危機や高まる移民や難民の圧力など制御できないグローバルなリスクに翻弄されることへの不安や不満が蓄積し，国家がグローバル化に対する防波堤として機能するよう期待が高まっている。また，中国をはじめとする権威主義的な国家

（*Column*⑨参照）やグローバルサウスの国々（かつて南北問題の文脈では「南」，冷戦の文脈では「第三世界」と呼ばれた国々で，近年では，この呼称が用いられるようになった）のプレゼンスが高まり，アメリカの優位性やリベラル・デモクラシーの価値が脅かされているという感覚も広がっている。そうした中で，国家間の対立を不可避と想定し地理的な条件が国家の存亡を左右すると考える地政学的な思考も復活している。ロシアによる 2014 年のクリミア併合や 2022 年に開始されたウクライナへの本格的軍事侵攻は，こうした国家回帰や地政学的思考を強化する役割を果たしている。

　このように人類の共同性を重視し多様性を尊重しようとする指向性と，国家への回帰や国家間の対立を重視する指向性という大きく異なる力の作用は，政治共同体のあり方やよりよい政治のあり方を探求してきた政治理論にとっても，大きな挑戦となっている。

政治共同体と境界線

従来，政治に関する理論的な思考は，一定の地理的な境界線をもった政治共同体の存在を，想定ないしは前提として成立してきた。実体のある政治共同体を前提としない政治理論は，コスモポリタン的あるいはユートピア的なものとして周辺的な地位に追いやられてきた。それは，古典古代のギリシア以来，政治が公共の事柄に関する人間の共同行動ととらえられてきたことと関係がある。そうした意味の政治は，公共性を具体的に表現する共同体が現実に存在してはじめて考えることができるのであって，政治共同体が存在しない場ないしは空間では，政治という営みを意味あるかたちで提示することはできないと考えられてきたからである。

　そのような現実味のある政治共同体は，古典古代ギリシアのポリス以来，制度の原理や規模に関しては多様なかたちをとってきたが，近代以後は，主権をもつ国家が一定の領域内部における自律的で自

足的な意思決定の最高単位と考えられるようになった。フランス革命以後，主権国家はナショナリズムと結びついてネーションと一体化するようになった。ナショナリズムは，国家とネーションの間にきわめて強力な心情的・経済的・社会的一体感をもたらした。実際には，国家とネーションの結合は，しばしばイデオロギー的なものであり，ネーション内部にさまざまな亀裂や対立が隠されている場合も少なくない。しかし，近代以後のデモクラシーは，19世紀後半以後のナショナリズムの高揚と20世紀前半の戦争の経験を通じて，ネーションの中で実現してきた。第一次世界大戦以後は，それぞれのネーションが国家をもつという考え方が，広く受け入れられるようになった。他方，国家をもたないネーションにとっては，ナショナリズムは自前の国家を求める運動として展開されてきた（第7章参照）。

　このような歴史的経緯のゆえに，従来の政治理論では，政治共同体としてのネーションの存在を自明視して理論化が進められることが多かった。そして，国境をこえた空間で成立する政治は，国家と国家の間に成立する非常に特殊な種類の政治ととらえられてきた。このように国内政治と国際政治が端的に異なる領域であると理解されるようになったのが，ウェストファリア・システム（ウェストファリア体制）とよばれる近代の世界秩序の特徴である。

グローバル化と
政治理論の課題

しかし，冒頭に述べたように，経済・社会・文化などの多様な領域にわたる国境をこえた交流の深化は，政治社会の存立を支える構造に大きな変化をもたらした。ネーションという政治共同体内部の亀裂の深まりの中でリベラル・デモクラシー自体が不安定性を高める一方で，グローバルな連帯の必要性はますます高まっている。政治理論，とりわけ国境の内側でデモクラシーの達成と拡充に

大きなエネルギーを割いてきた政治理論は，こうした変動に対応する革新を必要としているといえるだろう。

　本章では，国際政治と国内政治が大きく異なる領域としてとらえられてきたことを理解しつつ，現実に関わる政治活動や社会運動が推し進めた変化にも着目して，国境をこえた政治空間やデモクラシーに関する思考の可能性や政治理論の刷新を行う際の困難について理解することを課題とする。まずは，国際政治に関する理論的思考の成立を，国際政治システムにおける分権性を克服しようとする多様な試みとそれがもつ意味という観点から検討する。第2節で，分権性という近代の国際政治システムの特質を，第3節では，第一次世界大戦以後に現れた，国際政治システムの分権性を克服するための理論的試みを検討する。第4節では，1970年前後から始まったグローバル化を分析・理解しようとする多様な試みを検討する。その上で，第5節でグローバル化に対応したデモクラシーと統治に関する理論を紹介する。最後に，グローバルな政治経済システムの民主化を推進しようとする理論や実践とそれが抱える困難について検討する。

2 ウェストファリア的秩序の特質と国際秩序のイメージ

国際社会の分権性

　近代の国際政治システムは，中世末期のヨーロッパで起こった大規模な秩序の混乱を克服する過程で生まれた。一般的には，ヨーロッパ大の内戦ともいわれた三十年戦争を終結させたウェストファリア条約（1648年）が，国際政治における正当な主体と正当ではない主体を区別し，紛争の原因であった宗教対立を国際政治上の争点とはしないことをルールにするなど，近代の国際政治システムを成立させる役割を果たした

と考えられている。実際には，このシステムの定着にはさらに約1世紀を要したが，近代の国際政治システムは，このような理由から，ウェストファリア・システムとよばれている。

　非常に単純化して示すならば，ウェストファリア・システムの下では，基本的には，主権をもつ領域国家が，暴力手段を行使する正当な権限を独占しており，国境の内側で起こることに関する排他的な管轄権をもち，国境の外側で展開する国際政治における正統な主体であるとされた。その結果，それ以外の主体は，ごく少数の例外を除いて，国際政治上の主体としての地位をもたないとされた。

　またウェストファリア・システムの下では，国内政治と国家間の政治としての国際政治は対照的なものであると考えられてきた。国内政治の特質は集権性にある。何よりも中央政府が存在して，それを中心として権威と権力に関する上下関係（階層制）が明確に存在している。それゆえ，国内の政治主体間の紛争や対立を，最終的には国家の権威と権力を背景として，平和的に解決する制度が存在している。また，国内には多様な主体の間に機能的な分業と相互依存の関係があり，それが紛争の暴力化を妨げる機能を果たしている。

　これとは対照的に，国際政治の特質は，主権国家間の対立や紛争を平和的に解決する上位権力が存在しないという無政府性と分権性にある。主権国家間の対立は，暴力手段を行使する正当な権限をもつ者同士の紛争となるため，最終的には暴力手段の行使，つまり戦争によって決着をつける以外にはないと考えられてきた。また，各国家はいずれも，自足的な単位として存立を維持しようとするので，国家間には明白な階層制や分業関係は確立していない。このような理由から，紛争の暴力化を妨げるメカニズムも十分には発達してこなかったのである。

このように考えると，国際政治は潜在的には紛争状態にあることになる。では，国際政治には，秩序は成り立たないのであろうか。この点に関して，最も洗練された理論を提示したのが，オーストラリア出身でイギリスで活躍した国際政治学者 H. ブルである。ブルは，ヨーロッパ政治思想史を回顧しつつ，そこに現れた国際政治イメージを三つに類型化した（ブル，2000／原著初版 1977）。第一は，「ホッブズ的伝統」あるいは「現実主義的伝統(リアリスト)」であり，国際政治は，潜在的な戦争状態としての「万人の万人に対する闘争」と特徴づけられる。この状態の下では，国家は対外行動の選択と追求において道義的な制約を受けず，自らの定めた目標に即して行動する。したがって，国家の行動に対する制約要因となるのは，他国がもつ権力か政治権力者の打算や叡智(えいち)しかない。その結果，国際関係における秩序は，仮に存在したとしてもきわめて脆(もろ)いものになる。

　第二は，「カント的伝統」あるいは「コスモポリタン的伝統」である。この国際秩序観によれば，国境をこえる関係には国家だけではなく，多様な個人や社会的主体が関与し，それら相互の間には道徳的な紐帯(ちゅうたい)が共有されている。そのため，いずれの国家も普遍的な道義的制約の下におかれ，協調と協力を基調とした関係を展開する。それにとどまらず，国家間体系としての国際政治システムは，最終的には，諸個人からなる人類的共同体に向かって解消されていくと考えられている。

　第三は，「グロチウス的伝統」あるいは「国際主義的伝統」とよばれるものであり，ホッブズ的伝統とカント的伝統という二つの極端の間の中庸の位置を占めている。ホッブズ的伝統とは異なり，国家は国際社会という共通のルールや制度にしばられているため，国家間の紛争は「万人の万人に対する闘争」よりはずっと緩和された，ルールに則った紛争というかたちをとる。このようなルールや制度

の代表例は，外交，国際法，勢力均衡などであり，諸国家はそのような制度を重視しつつ，諸国家が形成する国際社会自体を破壊するような行動はとらない。他方で，グロチウス的伝統においては，カント的伝統とは異なり，国際関係における主要な主体は国家であり，国家間関係の分権性は克服されず存続することになる。

　ブルによれば，現実の国際関係は，ある時期にはホッブズ的様相が強まり，ある時期にはカント的伝統が浮上するかもしれないし，グロチウス的な伝統が安定的に機能する場合もあるかもしれないが，どの時代にあってもこの三つの国際秩序観が共通して存在してきた。その中でも，ブルは，国際秩序が無政府的で分権的な構造をとっていたとしても，それが直ちに全面的な紛争状況をもたらすわけではなく，国家が相互に社会的な関係を十分維持できるとする，グロチウス的伝統を積極的に維持しようとするのである。

　このように，ブルは国際社会が分権的構造をとっていることを積極的に承認しようとする。それは，カント的な普遍社会において紛争が起こると，世界規模の内戦となってしまうのに対して，国際社会の分権性が維持されている状態では，紛争は当事者間のものにとどまり，他の主体が受ける影響を最小限にとどめることができると考えられたからである。また，分権的な構造の下では，政治的・社会的・文化的な多様性が許容され，小規模な国家も，大国に吸収されずに自律的な単位として生き延びることができる。国際社会に関するこのような定式化には，国家がまず第一義的に国内の秩序維持の役割を担うことを前提として，国際社会は暴力の管理が不徹底で分権性が残ったとしても，各国家が共通のルールの下で行動するならば，世界全体の秩序を維持する上では，むしろ利点が大きいという判断があった。その意味で，ブルの理解する国際社会は，国家を中心とする国内秩序と，分権的だが相対的に穏健な国際秩序という二階建ての秩序化構想であったといえる。

ブルのいうグロチウス的な国際秩序構想は，
国際社会の分権性や対立が極端でなければ
機能する可能性は十分にあるだろう。しか
し，国際社会は，特に19世紀後半以後，非常に深い亀裂と激しい
対立を経験するようになった。その原因の一つとしてきわめて重要
であったのが，ナショナリズムである。ナショナリズムは，自らの
出身地を愛するという意味の郷土愛（patriotism）とは異なり，国
民の忠誠心やアイデンティティを国家とネーションへと強力に動員
しようとする，近代に生まれたイデオロギーである。

　ナショナリズムの台頭には，19世紀以後，産業革命の進展によ
って激しくなりつつあった階級間の対立を緩和し，社会主義革命を
防止することを目的とする，社会政策が推進されたことも大きな影
響を与えた。こうしたビスマルク型の保守的社会改革によって，労
働者や大衆が国家に取り込まれるとともに，国家の活動領域も社
会・経済全般の管理にまで拡大した。こうした国家の機能変化は，
その後発展した福祉国家に引き継がれた。

　このように，ナショナリズムが国内社会に浸透し，国家もナショ
ナリズムを用いて政治的な動員を行うようになったことで，国際政
治における対立は逆に激化するようになった。イギリスの国際政治
学者・歴史家 E. H. カーは，国家と社会の結合が強化されたため，
国内における階級間の政治的経済的対立を緩和するためのコストを
対外関係に転嫁する傾向が深まったことが，国家間の妥協を困難に
したと指摘している（カー，2011／原著初版1939）。また，ドイツ出
身で，人間が普遍的にもつ支配欲を動因とする権力政治の展開を理
論化し，第二次世界大戦後のアメリカ国際政治学の生みの親として
名高い H. J. モーゲンソーも，ナショナリズムの高揚によって，国
内社会で実現を阻まれている人間の支配欲が，国家による対外的な
権力拡張によって満足させられるようになったと指摘している。つ

まり，ナショナリズムのために，国家が勢力拡張政策をとる傾向が強くなったというのである。特に，モーゲンソーは，冷戦期に現れた米ソのナショナリズムは，リベラリズムと社会主義という普遍主義的な主張を伴う「一国中心的普遍主義（nationalistic universal-ism)」というかたちをとるために，とどまるところを知らない闘争を世界規模で展開すると指摘した。そして，冷戦には人類の滅亡をもたらしかねない核兵器が伴っていたため，対立の激化に強い警告を発した（モーゲンソー，2012／原著初版1948）。

このように，ナショナリズムによって国際社会の亀裂が深まると，ブルがグロチウス的な国際秩序観に期待していたような抑制的なメカニズムは十分に機能できず，むしろホッブズ的な状態に近いものになる。それが顕著に現れたのが，第一次世界大戦や第二次世界大戦であったともいえるだろう。だからこそ，この時期には国際政治の分権性を克服する方策が求められた。

3 国際政治学の成立と分権性の克服という課題

第一次世界大戦と
新しい国際秩序構想

第一次世界大戦は，大方の予想を裏切ってきわめて激しく長期的な戦争となった。産業革命の成果を用いた機械化・工業化された戦争は，国家がもつ多面的な能力を結集し国民を総動員して戦う戦争として，総力戦（total war）とよばれるようになった。その際，ナショナリズムは，国民を大規模に動員するイデオロギー的装置として非常に大きな役割を果たした。そして，第一次世界大戦後の世界でも，ナショナリズムは沈静化するどころか，東欧からバルカン半島にかけて新たに生まれた国家や世界各地の植民地の独立運動において，大きな力となっていった。

他方，第一次世界大戦は，「自由のための戦争」や「デモクラシーのための戦争」というスローガンにもかかわらず，領土獲得を目的とした帝国主義戦争という側面ももっていた。戦争中にそれが明らかになると，国民のあらゆる階層，国民生活のあらゆる側面を動員した戦争が，帝国主義戦争に過ぎなかったことへの批判が高まった。カーは『危機の二十年』において，総力戦化や秘密外交への批判が，第一次世界大戦後に新しい学問としての国際政治学を成立させる契機になったと指摘している（カー，2011）。つまり，現代の国際政治学は国家と戦争の暴力性の克服を課題として成立したというのである。カー自身は，そういった問題関心に駆られて高揚したさまざまな知的運動をユートピア主義と批判したが，こうした知的潮流は国際政治の分権性を克服する方策を模索した。それは，ブルの言葉を使えば，カント的伝統に属するものであった。

　国際政治の分権性を克服する方法はきわめて多様である。したがって，それらをひとまとめにユートピア主義として切って捨てるのは単純すぎる。例えば，国際法や国際機構の強化により国家主権に対する制約要因を強めようとする運動があり，その延長上に「戦争の違法化」を推進する運動もあった。軍縮を通じて戦争を遂行するための物理的手段を制約しようとする運動，さらに世界連邦の形成に向けて進もうとする運動もあった。また「外交政策の民主的統制」や秘密外交の禁止も大きな課題とされた。

　さらに，自由貿易を通じて各国の相互依存関係を深めることで，戦争の合理性を低下させようという発想もあった。つまり，貿易を通じて利益を共有する関係が国境横断的に形成されていけば，戦争をして貿易関係を切断することには大きなコストが伴うことになる。戦争によって失う利益が大きくなれば，仮に戦争に何らかの利益があったとしても，国家は，利益を比較考量した上で，合理的に戦争の回避を決断するだろうと考えられた。このような経済的なリベラ

ヨーロッパの国際関係において，戦争は，国家間の紛争を解決する手段として，国際政治における正当な政策であると考えられてきた。しかし，戦争の非人道性や被害の大きさに懸念を抱く人々は，戦争から政策としての正当性を奪うことを課題として，「戦争の違法化」を追求してきた。そのための努力が加速したのが，文明の崩壊とも受け止められた第一次世界大戦の後であった。国際連盟規約自体もその努力の一環であったが，1928年には，パリで「不戦条約」が締結された。この条約は，その主唱者であったアメリカの国務長官とフランスの外務大臣の名前をとって「ケロッグ＝ブリアン条約」ともよばれる。この条約では，国際紛争を平和的に解決することを謳い，国家の政策手段としての戦争の放棄を宣言した。当時から，この条約には多くの国々がさまざまな留保条件を加える一方，条約を実現するための強制手段を欠くなど，実効性に関してはさまざまな批判があったが，戦争違法化の努力の到達点でもあった。

しかし，本文でも述べるように，2000年代に入ると，デモクラシーや人権を実現するための手段として武力行使が許容されてきた。そのような武力行使は，国際法的な「戦争」とは異なると考えられているが，実質的には，国際関係における紛争解決の手段として武力が用いられてきた。デモクラシーや人権という「正義」のための武力行使と平和の維持という重要な課題との間には，容易に解決できない緊張関係がある。

━━━━━━━━━━━━━━━━━━━━━━━━━━

リズムの発想には18世紀以来の歴史があり，第一次世界大戦前夜にも，ノーマン・エンジェルが『大いなる幻影』（邦題『現代戦争論』）において，そうした主張を展開していた（エンジェル，1912／原著1910）。現在でも，国家間の相互依存を通じた平和という議論は広く受容されており，自由主義的な国際秩序の基礎をなしている。

| 機能主義と
リベラリズムの伝統 | こうした多様な発想を組み合わせて，国際
政治の分権性を克服する理論的方法として
発展したのが，イギリスやアメリカで活躍 |

したルーマニア生まれの国際政治学者 D. ミトラニーが体系化した
機能主義（functionalism）であった（Mitrany, 1933）。機能主義の特
徴は，国家がもつ主権を多様な機能の束ととらえる点にある。つま
り，伝統的な主権論に反して，主権は絶対不可分ではなく，実際に
は，国家が多様な機能にわたる統治活動を自律的に果たしている状
態だと考える。そして，国家の活動分野ごとにそれを専門的に扱う
国際行政機構を設け，国家の機能を徐々にその国際行政機構に移し
ていくことが構想された。そうすると，数多くの国際機構がそれぞ
れの機能分野に関する実質的な決定権を握り，国家は国際機構の決
定を執行する機関となる。こうして国際機構が決定権をもつ機能分
野が増えれば増えるほど，国家の国際機構への依存が深くなる。最
終的には，それでもなお国家は生き残るかもしれないが，国際機構
の網の目によって行動の自由を奪われ，戦争を遂行することも困難
になると考えられた。

　機能主義には，国家が展開しているさまざまな活動のすべてに関
して主権的な権力をもつ世界政府や世界連邦政府をつくる必要はな
いという利点もあった。このような機能主義の背景には，夜警国家
から福祉国家への移行という潮流があった。つまり，国家が市民生
活の安寧の確保を目的として活動領域を拡大するにつれて，国家の
主たる関心事も，軍事的・暴力的なものから福祉的・行政的なもの
へと移行するという時代認識があったのである。

　第二次世界大戦後になると，機能主義の考え方の延長上に，ヨー
ロッパにおける経済統合から政治統合に至る過程を実現に導き，理
論的にも説明しようとする新機能主義（neofunctionalism）が生まれ
た。機能主義が行政分野ごとの国際機構を世界規模で形成する構想

であったのに対して，新機能主義は，地域的な機構に多様な分野に関する権限を委譲する構想であった。この場合，地域機構への権限の委譲は，容易に達成されやすい経済実務的な分野から始まるが，その結果として徐々に他の機能分野にも権限の委譲の必要性が認識されるようになる（波及効果）。さらに，統合される分野は経済実務的なものにとどまらず，政治性が高く主権の中核に関わるような分野にも及ぶようになると考えられた（政治化）。そうすると政治に活発に参画しているエリート層も，新たに生まれるヨーロッパ大の政治機構に対して忠誠心を感じるようになる。このようにして，暴力的手段によってではなく平和的に政治統合を達成することで，国際政治の分権性の克服を可能とする道を開こうとしたのが新機能主義の構想であった（例えば，Haas, 1964）。

リベラリズムと
現実主義の対抗軸

自由貿易，機能主義，新機能主義などはいずれも，政治の分野において現れる国家の暴力性や国際社会の分権性を，経済実務的な分野における協調や協力を通じて克服しようとする発想であった。言い換えれば，経済や行政実務のネットワークを国際的に張り巡らせることによって，荒々しく暴力的な性質をもった政治という営みを手なずける構想であり，国家権力に対する制限や制約を理論化・制度化しようとしたという意味で広義のリベラリズムの伝統に属するものであった。

　他方，政治的現実主義の立場からは，こうした発想は政治の本質を見失っていると考えられた。現実主義者たちは，たとえ経済や社会の分野において機能分野ごとの国際協調が可能だとしても，最終的に残された国家や政治は，そうしたネットワークや協調の枠組みを破壊するだけの力を保持し続けると考えていた。そして，国際社会における分権性の克服は不可能であり，政治理論にとって可能で

あり重要なことは，国際政治の分権性を所与とした上で，国家間の権力的な対抗関係が破滅的帰結を招かないように管理していくことだととらえていた。

　こうして国際政治学では，国家を単位として成立する国際社会が不可避的に備えている分権性を克服しようとするリベラリズムの潮流と，分権性を前提として国家の暴力の暴発や暴走を管理することを主要な課題とする現実主義との対抗関係が現在もなお続いている。そして，この対立こそが国際政治における最も重要なテーマであると考える研究者も少なくない。実際，冷戦終結以前の米ソの対抗関係や 2010 年代以後の国際関係の緊張の高まりを想起すれば，現実主義の主張の重要性が理解できるであろう。他方で，先進資本主義諸国間の関係は，リベラリズムの理論が主張するような安定を達成するようになった。これらの諸国間では，数多くの政治経済的な紛争が起こったとしても，それが暴力化することが想定できないような，安全保障共同体（security community）を形成するようになった。つまり，いずれかの理論で，国際政治の全体像を説明することが困難になったのである。それに加えて，1970 年代以後の世界では，両者の対抗関係だけからでは説明がつかない問題も生じてきた。

4 グローバル化の始動と政治理論の対応

1970 年代の転換点と経済社会的課題の発見

　　　　　第二次世界大戦後の国際社会は，1940 年代の後半から始まった米ソ／東西冷戦のために，激しく分裂していた。冷戦は，幾度かの緩和と激化のサイクルを繰り返したものの，基本的には 80 年代末に終結を迎えるまで継続し，人類を滅亡の淵に置き続けた。さらに，新たに植民地から独立を達成した諸国と先進資本主義諸国と

の間では，60年代から望ましい国際経済秩序をめぐる対立が顕在化し始めた。南北問題とよばれるこの対立は，73年の石油危機に象徴されるように，70年代にはきわめて厳しいかたちをとるようになった。グローバルサウスの諸国は，主として国連を舞台として，「国際社会の民主化」を求めつつ，「新国際経済秩序」（New International Economic Order : NIEO）の樹立へ向けた変革を要求した。それに対して，「北」に属する先進工業国は，既得権を守るために現状を維持しようとした。

このように国際社会は深い政治的亀裂を抱えていたが，1960年代末から70年代の前半頃にかけては，社会経済的には人類全体あるいは地球全体が共有している問題が存在するという認識も広がり始めた。本章の冒頭でも述べたように，「宇宙船地球号」という言葉が好んで使われるようになり，地球環境問題，第三世界の貧困と南北の経済格差，それを解決するための開発や人権などの課題は，世界が共有している「グローバルな問題群」とされるようになった。グローバルな共同性の成立という変化を具体的なかたちで示したのが，1972年にストックホルムで開催された国連人間環境会議であった。その20年後には国連環境開発会議（リオサミット），さらに20年後の2012年には国連持続可能な開発会議（リオ＋20）が開催されたことが示すように，その後につながる大きな転機となった。このように，1970年代の前半には，のちのグローバル化に通じるような変化が，芽吹き始めていた。

グローバル化に関する認識の萌芽　このような認識の成立には，いくつもの要素が影響を与えている。具体的には，大量生産・大量消費型の経済成長がはらんでいる日常生活や地球環境全般への負荷の大きさに関する認識の成立，資源の有限性や「成長の限界」の認識の成立，衛星通信の発達など

による国際的なコミュニケーションの拡大，などを挙げることができるが，人類が宇宙空間から写した地球の映像を見るという経験をしたことのインパクトも無視することはできない。これらは全体として，地球という空間が有限性をもった共同空間であることを想像させる役割を果たしたといえるだろう。

　同じ時期，国際政治学では，国家中心的な視座の転換が進められ，革新的な認識を積極的に進めるような研究が展開した。国境横断的な関係（transnational relations）や国家間の相互依存（international interdependence）に関する研究などがそれにあたる。前者は，国際政治における主体を国家に限定してきたことが現実の認識を妨げているという理解の下に，多国籍企業，研究者の国際組織，国際的な業界団体，宗教組織などを具体的な素材として，国家以外の多様な主体が国境をこえた活動を展開し，政治的にも影響力を行使していることを明らかにしようとした（Keohane and Nye eds., 1972）。後者は，リベラリズムの伝統の延長上に，貿易や投資などを通じた国家間の相互依存の深化によって国際政治における軍事力の有効性に変化が生じ，経済力をはじめとするその他の権力の重要性が高まっていることを指摘した（コヘイン・ナイ，2012／原著初版1977）。

　このように1970年代には，地球的な運命の共同性や利益の共有性が認識され始めていた。当時，グローバル化という言葉はまだ生まれていなかったが，革新的なかたちで社会経済的なグローバル化をとらえようとする知的潮流であった。

ネオ・リベラルなグローバル化

　しかし，1970年代末以後，グローバル化を強力に推進していったのは，市場の力，とりわけ金融の自由化により解放された力を背景に，世界の市場的統合を推進する資本を中心とした運動であった。これはネオ・リベラルなグローバル化とよばれるようになっ

たが，市場の自生的な力が世界を統合していったわけではない。実際には，国家や政治の力による介入を受けずに市場がさまざまな資源の配分を行うことが，最大の福利を最小のコストで実現するというイデオロギーが活用され，そのイデオロギーに基づいた政策が市場の力を解放していくという過程であった。つまり，市場の力を解放するために強い政治的力が行使されたのである。

　ネオ・リベラリズムのイデオロギーは，国家が社会的な弱者に対する保護を提供し社会的な連帯を育むなど積極的な役割を果たすべきだという考え方を非正当化し，市場の擁護者として小さな政府の機能のみを果たすことを要求した。そのため各国単位でも公共的な政治空間と私的な市場経済の空間の間の境界線のあり方に，根本的な変容が起こった。ネオ・リベラリズムのイデオロギーは，グローバルに統合を進めていく市場の力が強化されていくことに対して，

各国が政治的な対抗手段を講ずることも困難にした。そのため各国ごとに形成されてきたデモクラシーは非常に強く制約を受けるようになった。

こうした状況の下で、批判的な立場に立つ国際政治経済学の研究者たちは、実証的な研究を通じて、国家の力の空洞化とそれゆえに起こっているデモクラシーの空洞化のメカニズムを明らかにしようとした。その中には、国際復興開発銀行（世界銀行）や国際通貨基金（IMF）、世界貿易機関（WTO）などの国際機関の権限が強化されていること、多国籍企業やヘッジファンドなどの経済主体のもつ力が拡大してきていること、グローバルな金融市場の力によって福祉国家の基盤が掘り崩され各国単位の政策の有効性が奪われつつあること、ネオ・リベラルな政策を遂行することに利益を共有するトランスナショナルなエリートの組織化が民間レベルで推進されていることや、市場の力と国家の力が結合するかたちでネオ・リベラリズムによる規範を制度化し内面化させるような懲罰的な権力が形成されつつあること、債権格付け会社のような企業が金融市場に提供する情報を媒介として異常に大きな力を行使するようになったことなどを示そうとした研究がある（ギル、1996／原著1990、ストレンジ、2007／原著1986、ストレンジ、2011／原著1996、サッセン、1999／原著1996、サッセン、2011／原著2006、Sinclair, 2005）。

これらの研究は、国家が無力化してしまったと主張しているわけではなく、グローバル化の過程で、領域国家以外の新しい権力の主体・場・メカニズムが生まれつつあり、国家はナショナルな課題よりも、そうした力と協調することを優先させる傾向にあることを示そうとした。

グローバル化の過程では、国家からなる政治システムとしてのウェストファリア・システムの分権性は、社会経済的な統合の高まりによって緩和されてきた。しかし、そうした社会経済的な空間に新

たな権力構造が生まれ、しかも、それが領域国家のコントロールが十分に及ばないかたちで存在するようになった。つまり、ネーションを基礎的な単位とし、主として国家の権力を構成したり抑制したりするための理論として成立してきたデモクラシーの政治理論や、国家の暴力が対外的に無制約に行使される状況を管理することを主要課題とする国際政治理論だけでは対応できないような権力の主体や構造が成立し、その比重が高まってきた。こうして、従来の政治理論は、その基礎から再検討を迫られることになった。

5 国境をこえるデモクラシー？

国境をこえる
デモクラシーとは何か

国境をこえるデモクラシーとはどのようなかたちをとるのだろうか。実体をもった政治共同体が存在しない空間において、デモクラシーを考察することは、どのようにして可能なのであろうか。

ウェストファリア・システムを前提とする場合、グローバルなデモクラシーは二つのレベルの議論の組み合わせとして考えられてきた。第一のレベルは国内政治であり、各国がデモクラシーを実現することである。第二のレベルは「国際関係の民主化」である。この両方がそろえば一応グローバルなデモクラシーが実現するといえそうである。そこで、まず第二のレベルから検討してみよう。従来、これはグローバルサウスの諸国から先進工業国に対して主権国家間の（とりわけ経済的な）平等を要求する際に用いられてきたスローガンでもあった。しかし、主権をもつ諸国家が平等の権利を享受すれば国際関係は民主的だといえるだろうか。

確かに、過去の植民地化をふまえれば、自律の単位としての国家が、他国からの干渉や暴力による支配を受けずに存立していくため

には，政治経済的な主権を確固たるものとして，他国と平等の立場に立つことは必要不可欠である。しかし，例えばインドや中国のように14億人を超える巨大な人口をもつ国と数万の人口しかもたない国家が，主権国家として平等であることが法的に承認されたとしても，それで国際的なデモクラシーが実現されているとはいいがたい。だからといって，国際機関における投票権を人口の多寡によって比例配分すれば民主的ともいいがたい。他方で，世界銀行やIMFなどのように，出資金の多寡によって加重された投票権を加盟国に付与するような国際機関が，1国1票の原則を採用している国連総会のような組織より民主的だともいえない。このようにウェストファリア・システムを前提とすると，「国際関係の民主化」の意味内容は必ずしも明らかではない。

　それでは「国際関係の民主化」は，1970年代以後活発な活動を展開するようになった，非政府組織（NGO）や新しい社会運動のようなトランスナショナルな政治主体が，例えば国連の経済社会理事会のような国境をこえた政治過程に参画することを意味するのだろうか。それは，確かにより多くの主体による政治参加をもたらすという意味で，民主化の程度を高めている。また，国連改革の議論の中には，経済社会理事会の機能を強化したり，国家を代表する総会に加えて，民衆代表からなる国連第二院を設置したりして，NGOなどの代表性を強化すべきだという主張もある。しかし，特定の有力NGOが世界の民衆を代表することに正当性があるともいえない。このように既存の政治メカニズムを前提とする場合，国境をこえる民主化を考える際の基準は明らかではない。

　他方で，本質的には，第一の国内レベルのデモクラシーに問題が生じていることを再確認する必要がある。そもそもグローバルなデモクラシーを強化する議論が必要となったのは，各国ごとに実現してきたはずのデモクラシーの政治機構が，十分な機能を果たすため

の前提条件が失われてきているからであった。また，個人へのアクセス能力をもつグローバルな情報通信産業が膨大な量の情報を収集することで巨大な権力をもつようになった。こうした状況で，各国に例えば複数政党制による代議政治が実現したとしても，それがグローバルなデモクラシーの確固たる基礎となるかどうか自体が疑わしいのである。

**コスモポリタンな
デモクラシーの必要性**
このように従来の国際政治と国内政治のレベルの区別を前提として，国境をこえるデモクラシーを構想することが難しいという点をふまえて，国境をこえるデモクラシーの政治理論を，「コスモポリタンなデモクラシー」として最も精緻かつ活発に展開したのが，イギリスの政治学者 D. ヘルドである。以下では彼の議論を，少し詳しく検討してみよう（ヘルド，2002／原著 1995）。

まず問題になるのは，現代におけるデモクラシーがおかれた現状に関する認識である。ヘルドによれば，現代の世界では，政治・経済・社会の実態と国家に基礎をおいたデモクラシーには，5 つの構造的乖離（disjuncture）が生じている。

第一は，法的な問題である。従来の国際法は国家の権利と義務を定めた体系として存在してきたが，現在では，デモクラシーの基礎をなしている個人の権利や義務に関わる問題が，国家を媒介としないかたちで承認されたり問われたりするようになっている。その意味で，国境をこえるレベルで個人の権利義務の問題をカバーできるよう法体系が再構成される必要がある。

第二は，政治体（polity）の問題である。世界銀行や IMF のような国際金融機関や欧州連合（EU）のような地域的国際機構が国家を拘束する意思決定を行っているにもかかわらず，デモクラシーは国家のレベルでしか実現していない。

第三は，安全保障の問題である。国の自律性や安全は国単位のデモクラシーの基礎であるが，現実には，圧倒的に強い軍事力をもつ覇権国に権力が集中しており，他の多くの国々は覇権国に依存あるいは従属している。

　第四は，アイデンティティの問題である。メディアのグローバル化や国境をこえた文化交流の急速な拡大は，主として先進資本主義国の文化的支配をもたらしており，各国の自律性の背景をなすアイデンティティが損なわれつつある。

　第五は，経済の問題である。市場のグローバル化の進展，特に国際金融市場のグローバル化により，市場に対する各国の管理能力が根本的に損なわれてしまっている。

　このように，現に実現している国レベルのデモクラシーと政治・経済・社会・文化における力の所在との間の構造的乖離は，国家の主権や自律性を深刻に侵害し制限する力が存在していることと，主権的な権力が多層的な権力構造へ分散・拡散を起こしていることを示している。ヘルドは，少なくとも国のレベル，ヨーロッパ・南北アメリカ・アジア・アフリカといった地域レベル，国際関係全般のレベルという三つのレベルに権力が拡散しており，個々人の生活・生命は，重複するいくつかの運命共同体（overlapping communities of fate）に分かれて委ねられているという。それにもかかわらず，実現しているのは国ごとのデモクラシーにすぎないとして，ヘルドはグローバルな再編成によるデモクラシーの再建の必要性を唱えた。

コスモポリタンなデモクラシーの原則

デモクラシーの再建が必要であるとしても，何を目的としてデモクラシーを再建するのか，どのように再建するのかといった原則や手法に関しては，自明の答えがあるわけではない。ヘルドは，デモクラシーの目的は，市民個々人の自律性を高めることにあるとい

う。この場合の自律性とは，具体的には，以下の四つの観点から確保・拡大される必要がある。第一に，強制的権力の恣意的な行使から市民の政治的権利を保護するというリベラリズムの古典的な目的がある。第二に，市民による共同社会の意思決定への参加を確保するというデモクラシーの基礎的な目的がある。第三に，第二の条件を満たすためには市民に意思決定に参画するための能力がそなわっていなければならない。したがって，個人の能力を高めるために社会が最善の環境を整えることが必要となる。第四に，個々人が自らの生活や生命を自律的に成立させるために，個人による資源の入手可能性を最大化するよう経済的機会を拡大することが必要になる。このように，ヘルドは，個人に基礎をおくリベラル・デモクラシーの原理を重視しつつも，個人の自律性が拡大していくための社会経済的条件を整えることを公的な課題と位置づけている。

　他方で，このような意味の自律性を妨げているのは，現代の世界では国家の公権力だけではない。身体・肉体，福祉，文化や習慣，市民社会，市場と経済，暴力装置，法制度，サイバー空間などの多様な場で独自に作用する権力のメカニズムが存在しており，個人の自律性は，多様な機能領域において多様な主体が構成する権力の構造によって侵害されている。そうだとすると，個人の自律性を拡大するためには，権力が作用している多機能的な場において民主的なコントロールを実現する必要がある。

　このようにヘルドは，個人の自律性という原則をもとにして，国家権力と個人の間の問題として理論化されてきたデモクラシーを，地理的には国・地域・国際という三層からなるデモクラシー，機能的には経済・社会・文化などの機能領域ごとに多層的なかたちで拡大・整備する必要があると指摘している。こうした内容をもつヘルドのモデルは，国単位のデモクラシーを地理的に拡張したにとどまらないので，コスモポリタンなデモクラシーとされるのである。

原則的な視点がこのように定まったとして，それはどのようなかたちで実現されるのであろうか。ヘルドによるデモクラシーのコスモポリタンなモデルは，法の支配に基づく制度を多層的に整備しようとする点に特徴がある。具体的には，多層的なデモクラシー的公法（democratic public law）を制定し，執行していくメカニズムを整備することが課題となる。新たな政治参加の制度と司法の制度を，国レベルだけではなく地域レベルと国際関係全般のレベルにも実現し，それに基づく法的な問題処理メカニズムを拡充することで，国・地域・国際という三つのレベルの法の支配を実現しようというのである。その結果，国際関係における紛争にも法的な解決が充実していくため，国際関係の広範な非軍事化も達成できる。つまり，自律性の原則に基づいて法の支配のメカニズムを多層的・多機能的に整備し充実させていくことで，いくつもの重複した共同体を通じたデモクラシーを実現することが，国際政治における分権性の問題も解決することにつながると考えられたのである。

　ヘルドの議論は，あまりに理想主義的で西洋中心主義的だという批判もありえるだろう。彼がコスモポリタン・デモクラシーを世に問うたのは，冷戦直後，リベラル・デモクラシーの高揚期であるとともに，それまで放置されていたさまざまな問題に対処できるようグローバルな秩序の構造転換が必要であるとする認識が高まっていた時期でもあった。

　彼の議論には，グローバルなデモクラシーというとらえどころのないものに，基本的なアプローチ・原則・思考の道筋・具体的なイメージを与えた点に大きな意義があった。また，市民の生命や生活が重複する運命共同体に分かれて委ねられているという指摘も意義深い。目の前に確固たる制度としては実現していないにしても，ナショナルな共同体とは異なるかたちの潜在的な政治的共同体が存在

しており，それゆえに国境をこえるデモクラシーが思考可能・想像可能となったのである。そのように考えるとき，むしろ，多様な亀裂や対立が深まる中で，グローバルな課題に関する協調行動が必要とされている現状で，あらためてグローバルなデモクラシーに関する議論が深められる必要があるだろう。

6 新しい世界をつくる社会運動と政治理論

グローバルな市民社会の政治理論

1990年代以後，ネオ・リベラルなグローバル化によって，世界の富裕層と貧困層，富裕国と貧困国，各国内部の富裕層と貧困層の間の社会経済的な格差はさらに拡大した。2008年のグローバルな金融危機に，各国が市場への政治的介入を通じて対処したことは，市場の自己調整的自律性を説くネオ・リベラリズムの論理的破綻を意味していたが，ネオ・リベラルなイデオロギーやそれを支える力の構造は生き残った。そうした構造に反発を感じる人々の一部は，構造の変革ではなく，より弱い立場にある少数者を標的にして対立を煽るポピュリズムに期待するようになり，社会にはより深い亀裂が走るようになった。

　軍事的には，テロに対する戦争・イラク戦争を通じて起こった国際社会の亀裂は，シリア内戦，リビア内戦，ロシアのウクライナへの軍事侵攻，中国の政治軍事的台頭によってさらに深まり，「自由民主主義 対 専制」という対立が強調されるようになった。つまり，ヘルドが指摘したデモクラシーと現実の世界の間の構造的な乖離が以前よりも深まり，世界は社会経済的にも政治軍事的にも深い亀裂をかかえるようになった。

　政治理論は，こうしたグローバルな亀裂の拡大を見過ごしてきた

わけではない。むしろ，国際社会の分権性を克服し，グローバルな亀裂を癒そうとする政治的実践やそれと連携した政治理論も活発に展開されてきた。

ネオ・リベラルなグローバル化に対しては，1990年代末から，世界の各地で多様な反対運動が形成され始めた。これらの運動は当初 反(アンチ)グローバル化の運動とよばれていたが，対抗的(カウンター)グローバル化運動，もう一つの(オルタナティブ)グローバル化運動，さらには地球的な正義を求める(グローバル ジャスティス)運動といった名称が使われるようになった。多様な活動を展開している社会運動やNGOが，統一的な世界観や目標をもっているわけではないが，社会運動相互間の世界的な連携や連帯はグローバル化の一環として定着し，これらの運動が活動する社会空間は，グローバルな市民社会（global civil society）とよばれている。

グローバルな市民社会は，国境の内外を問わず市民が自律性を奪われている状況に対処するために，市民的な価値や社会的な価値を媒介とした連帯が妥当性をもつ政治空間を拡大しようとしてきた。グローバルな市民運動の連携は，具体的には，対人地雷全廃条約，国際刑事裁判所（ICC）の設立，クラスター爆弾禁止条約，核兵器禁止条約などを実現してきた。また，発展途上国の累積債務軽減運動や国際金融に対する市民的なコントロールの強化をめざす運動なども展開されている。さらに，アメリカの黒人の人権や正義を求める「ブラック・ライブズ・マター（black lives matter）」，性暴力を告発する「ミー・トゥー（me too）」，性的少数者の人権を擁護するLGBTQなどの運動は，基本的には各国内部の切実な問題に対処しようとしたものだが，国境をこえて強い共感を生んだ。そこにもヘルドがいうような運動の共同性の広がりや国境をこえた連帯をみてとれる。

こうした運動と密接な知的連関の下で展開してきたのが，グローバルな配分的正義の問題に関する議論である。この問題への現代的関心の理論的源は，ロールズの『正義論』にある（第5章参照）。ロールズの正義論は普遍主義的論理で展開されているが，彼自身は自らの理論を国際社会に直接適用することはできないと考えていた。彼の正義論は個人が構成するリベラルな政治共同体において成立するものであり，国際社会は個人ではなく諸国民から成り立っていると考えられるからである（ロールズ，2010／原著1971；ロールズ，2022／原著2001）。

グローバルな社会と配分的正義

しかし，ロールズが基本的には国内社会を想定して展開した公正としての正義の議論を国際社会にも適用したベイツの業績をはじめとして（ベイツ，1989／原著初版1979），彼の業績を参照・批判しつつ，極端な不平等を抱え込んだグローバルな社会の現状において，富の再分配を積極的に推進する政治理論が多様なかたちで発展している（ポッゲ，2010／原著2002；シンガー，2005／原著2002）。例えば，グローバルな配分的正義の理論家T.ポッゲは，圧倒的に強い立場から先進国が運用している現在のグローバルな経済システムは，貧しい人々にとって不利に作用し貧困をつくりだす原因となっており，それゆえ，先進国およびその居住者には自らがもたらした被害を是正する責任が発生すると主張している。

ただし，グローバルな配分的正義をめぐっては，他者への責任が発生する理論的根拠，それが世界の貧困問題に適用される際の具体的適用範囲や責任の担い手，貧困の発生原因，貧困対策の執行方法などの争点に関する多様な見解が存在し，複数の対立軸が交差する激しい論争が展開されている（Hutchings, 2010）。そのため単純化の危険があるが，あえて本章の枠組みに即して大きく分けて二つの立場に分類するならば，一つは，ブルのいうグロチウス的伝統のよう

に，ナショナルな共同体と国際社会の間のレベルの違いを強調し，貧困などの諸問題への対処の責任をナショナルな共同体に帰し，国境をこえる義務の承認に消極的な立場である。もう一つは，カント的なコスモポリタニズムに近い観点から貧困対策の責任や義務が国境をこえて成立することを強調する立場である。国際社会における貧困対策の実態は，前者に即したものがほとんどであるが，理論的には後者の立場のほうが高い一貫性を備えているように思われる。

人道的介入と正義の戦争　配分的正義における対立と類似の対立は人権侵害や独裁への国際社会の対応をめぐる議論にもみられる。とりわけ，冷戦後の世界では，以下のように，各国内部で起こる紛争への国際社会の対応が問われる事例が相次いだ。旧ユーゴスラヴィアの解体過程とその最終段階としてのコソヴォ紛争。冷戦期から継続してきたアフガニスタン内戦。無政府状態が継続しているソマリア。80万人とも100万人ともいわれる多数の死者を出したルワンダにおける虐殺。周辺諸国が関与して長期化したコンゴ民主共和国の内戦。2011年以後長期にわたる内戦の中で人口の7割にあたる1500万人以上の人々が難民や国内避難民とならざるをえなくなったシリアなどである。これらの事例を通じて，他国における人権侵害や人道上の危機に，武力を用いた介入（人道的介入）を行うことの是非やその方法が問われることになった。

　この問題に関する議論の構図を変えたのが，カナダ政府に招請された介入と主権に関する国際委員会が呈示した「保護する責任」（responsibility to protect, R 2 P）論であった（The International Commission on Intervention and State Sovereignty, 2001）。この委員会は，各国内部の人々の人権・生命・財産を確保する責任が第一義的には各主権国家にあるとしつつも，その国の政府が責任を果たさない場合には，国際社会がその責任を果たす必要があると主張した。

つまり，各国政府が住民を保護しない，あるいはできない場合には，国際社会がその責任を担うのである。この議論は，一応は主権国家の権利を尊重しつつも，実質的には，主権を外国からの介入を排除する内政不干渉の原理と結びつけるのではなく，各国居住者に人権を保障する責任として理解することで，その意味内容を転換するものであった。

国際社会の「保護する責任」の果たし方は，災害時や飢饉（ききん）などで政府が機能しない場合の人道的支援から，人権侵害を阻止するために行われる武力を用いた介入まで，多様である。しかし，2011年の北大西洋条約機構（NATO）によるリビアへの介入のように，人権侵害を継続する独裁者を倒すために立ち上がった人々を軍事的に支援する際にも，この論理が用いられた。このように，「保護する責任」論が武力行使を正当化する論理として適用される場合には，先進国による人道的帝国主義の論理に転化する危険性をはらんでいる。

国境をこえる政治空間では，多様なかたちで分権性の克服の可能性が模索されている。しかし，それは論理的にも実践的にも一筋縄ではいかない。とりわけ，カント的な普遍主義の論理や行動が，新しい緊張関係や対立を生む危険性もある。中国の習近平政権やロシアのプーチン政権などは，国境をこえた人権や民主主義の実現を求める運動を，民主主義による体制転換の陰謀として敵視しており，それが国際社会における「民主主義 対 専制」の対立激化の大きな背景をなしている。連携関係が深まりつつある世界において，国際社会における対立を緩和し，国内社会でも深まった亀裂を修復する論理を提供できるか。潜在的に広がった政治的共同性を可視化し，グローバルな持続可能性を実現する論理を構築できるか。政治理論は，非常に重要な役割を担っている。

　政治学全体の中での現代政治理論の位置づけについては,「はじめに」に記した。ここでは,現代政治理論のテキストとしての本書の特徴について述べておきたい。

　本書は,重要な主題や概念を取り上げ,それを説明するというかたちで基本的に構成されている。しかし,各章の叙述の形式や方法は,あえて統一しなかった。最近の論争の分析に主眼をおく章もあれば,むしろ理論史・学説史を中心に歴史的な変遷を重視している章もある。それぞれの章の主題にふさわしい,極力理解しやすいような仕方で叙述することが最も重要だと考えたからである。

　また,本書は,「現代」を標榜しながらも,「最新」であることを必ずしもめざしてはいない。確かに,1970年代以降の,すなわちロールズやハーバーマス,フーコーらの政治哲学の動向を反映しているが,アレントやバーリンら第二次世界大戦後の重要な思想家や,シュミットやウェーバーのような20世紀の古典にも言及している。さらに,一部の章では,必要性に応じて,19世紀やそれ以前にまで遡ることをいとわなかった。

　そのため,政治理論の分野に通じた読者には,物足りなさや「古さ」を感じられる部分も少なくないかもしれない。けれども本書は,政治学をある程度体系的に学びたい人や,隣接の学問を学ぶ過程で政治理論に関心をもった人,つまり政治理論への入門者を対象としている。紹介する理論潮流や理論家などの「固有名詞」をあまり増やさないようにしたのも,それが理由である。最近では,この分野でも,もう少し専門的な研究書や概説書が充実しつつあるので,適宜参照していただきたい。

　さらに,スペースの関係などもあって,取り上げるべき話題がす

べて網羅されたとは言い難い。特に，全体として，議論がリベラリズムとデモクラシーに関係するテーマを中心に展開されているため，それとうまく接合しない理論や思想家への言及が不十分になったり欠落してしまったりした面もある。さまざまな展開をみせたマルクス主義諸派や，これも多様なファシズムの諸思潮のような，リベラル・デモクラシーに根本的な異議を唱えた思想については，十分に扱っていない。また，フランクフルト学派，レオ・シュトラウス派，脱構築派などといった思想運動や学派も十分に取り込むことができなかった。

とはいえ，本書がリベラリズムとデモクラシーの関係に焦点を合わせたことには，それなりの理由もある。それは，現代における主要な政治的対立が，リベラリズムやデモクラシーを大枠としては共有しつつ，その解釈の違いをめぐって表面化することが，きわめて多くなっているからである。本書で扱うテーマは必ずしも「哲学的」で迂遠な話ではなく，現実のさまざまな政治的争点の背後にある「理念」と大いに関係しているのである。

本書の構成については，編者の川崎と杉田で原案をつくり，分担執筆者の意見を取り入れた上で決定した。また各章の内容は，編者と分担執筆者で相談を進めつつ，第一義的には各分担執筆者が決めているが，編者からお願いした部分もある。教科書としての性格から，必ずしも各執筆者固有の見解が自由に書かれているわけではない。多忙をきわめる中，ご協力いただいた執筆者各位にあらためて深く感謝したい。

本書が最初に計画されたのは 2001 年の夏であったが，思いのほか，完成が遅れてしまった。それはひとえに，編者の怠慢のせいである。何とか刊行にこぎつけられたのは，編集にあたられた有斐閣の茅しのぶさんと青海泰司さんのご尽力のおかげである。政治学の

テクストとしてかなり異色なこの本の，もともとの企画の主は茅さんで，目次の最初の原案も彼女の手になるものであった。完成したこの本がはたして茅さんのご期待にかなうものとなったか，はなはだ心もとないが，お二人には心からお礼を申し上げる次第である。

　加えて，編者および執筆者一同が感謝しなければならないのは，それぞれの授業やゼミなどで私たちにつきあってくれた歴代の学生諸君である。この本に何を書くべきかを私たちに決めさせたのは，そうした授業やゼミの経験であり，その意味では，この本の真の編者は彼らだといってもいいだろう。

　2006 年 2 月

川　崎　　修

杉　田　　敦

●読書案内●

◉第1章

ダール，R.／高畠通敏訳，2012，『現代政治分析』岩波書店（原著初版 1963）。

シュミット，C.／権左武志訳，2022，『政治的なものの概念』岩波書店（原著初版 1927）。

ムフ，C.／千葉眞ほか訳，1998，『政治的なるものの再興』日本経済評論社（原著 1993）。

アレント，H.／牧野雅彦訳，2023，『人間の条件』講談社（原著初版 1958）。

◉第2章

佐々木毅，2012，『政治学講義〔第2版〕』東京大学出版会，第3，5章。

ルークス，S.／中島吉弘訳，1995，『現代権力論批判』未來社（原著 1974）。

杉田敦，2015，『権力論』岩波書店。

盛山和夫，2000，『権力』東京大学出版会。

◉第3・4章

藤原保信，1993，『自由主義の再検討』岩波書店。

佐々木毅，1995，『自由と自由主義』東京大学出版会。

グレイ，J.／藤原保信・輪島達郎訳，1991，『自由主義』昭和堂（原著 1986）。

齋藤純一，2005，『自由』岩波書店。

金田耕一，2000，『現代福祉国家と自由―ポスト・リベラリズムの展望』新評論。

●第5章

井上彰, 2017, 『正義・平等・責任——平等主義的正義論の新たなる展開』岩波書店。

宇佐美誠・濱真一郎編, 2011, 『ドゥオーキン——法哲学と政治哲学』勁草書房。

ウルフ, J.／森村進・森村たまき訳, 1994, 『ノージック——所有・正義・最小国家』勁草書房（原著1991）。

齋藤純一・田中将人, 2021, 『ジョン・ロールズ——社会正義の探究者』中央公論新社。

若松良樹, 2003, 『センの正義論——効用と権利の間で』勁草書房。

●第6章

クリック, B.／添谷育志・金田耕一訳, 2004, 『デモクラシー』岩波書店（原著2002）。

篠原一, 2004, 『市民の政治学——討議デモクラシーとは何か』岩波書店。

杉田敦, 2001, 『デモクラシーの論じ方——論争の政治』筑摩書房。

田村哲樹編, 2010, 『語る——熟議／対話の政治学』（政治の発見⑤）風行社。

千葉眞, 1995, 『ラディカル・デモクラシーの地平——自由・差異・共通善』新評論。

千葉眞, 2000, 『デモクラシー』岩波書店。

コノリー, W.／杉田敦ほか訳, 1998, 『アイデンティティ＼差異——他者性の政治』岩波書店（原著1991）。

●第7章

大澤真幸編, 2002, 『ナショナリズム論の名著50』平凡社。

亀嶋庸一, 2003, 『20世紀政治思想の内部と外部』岩波書店。

姜尚中, 2001, 『ナショナリズム』岩波書店。

キムリッカ，W.／角田猛之ほか監訳，1998，『多文化時代の市民権——マイノリティの権利と自由主義』晃洋書房（原著1995）。

ガットマン，A.編／佐々木毅ほか訳，2007，『マルチカルチュラリズム』岩波書店（原著1994）。

西川長夫ほか編，1997，『多文化主義・多言語主義の現在——カナダ・オーストラリア・そして日本』人文書院。

油井大三郎・遠藤泰生編，1999，『多文化主義のアメリカ——揺らぐナショナル・アイデンティティ』東京大学出版会。

●第8章

井上匡子，2021，「なぜ，今，ジェンダー法なのか」犬伏由子・井上匡子・君塚正臣編『レクチャー ジェンダー法〔第2版〕』法律文化社。

岡野八代，2009，『シティズンシップの政治学——国民・国家主義批判［増補版］』白澤社。

キムリッカ，W.／千葉眞・岡崎晴輝ほか訳，2005，『新版 現代政治理論』日本経済評論社（原著初版1990）。

ギリガン，C.／川本隆史・山辺恵理子・米典子訳，2022，『もうひとつの声で——心理学の理論とケアの論理』風行社（原著初版1982）。

野崎綾子，2003，『正義・家族・法の構造転換——リベラル・フェミニズムの再定位』勁草書房。

●第9章

井上彰編，2018，『ロールズを読む』ナカニシヤ出版。

ウォルツァー，M.編／石田淳ほか訳，2001，『グローバルな市民社会に向かって』日本経済評論社（原著1995）。

カント，I.／中山元訳，2006，「啓蒙とは何か」『永遠平和のために／啓蒙とは何か 他3編』光文社（原論文1784）。

パットナム，R. D.／河田潤一訳，2001，『哲学する民主主義——伝統と改革の市民的構造』NTT出版（原著1993）。

古賀敬太編，2004，『政治概念の歴史的展開』晃洋書房，特に森川輝一

「公共性」と岡本仁宏「市民社会」の二つの章。

齋藤純一，2000，『公共性』岩波書店。

齋藤純一・田中将人，2021，『ジョン・ロールズ——社会正義の探究者』中央公論新社。

齋藤純一・谷澤正嗣，2023，『公共哲学入門——自由と複数性のある社会のために』NHK 出版。

田村哲樹・加藤哲理編，2020，『ハーバーマスを読む』ナカニシヤ出版。

日本アーレント研究会編，2020，『アーレント読本』法政大学出版局。

●第 10 章

明日香壽川，2021，『グリーン・ニューディール——世界を動かすガバニング・アジェンダ』岩波書店。

ウォール，D／白井和宏訳，2012，『緑の政治ガイドブック——公正で持続可能な社会をつくる』筑摩書房。

ドライゼク，J・S／丸山正次訳，2007，『地球の政治学——環境をめぐる諸言説』風行社（原著初版 1997）。

ボヌイユ，C. J・P. フレソズ／野坂しおり訳，2018，『人新世とは何か——〈地球と人類の時代〉の思想史』（原著 2016）。

マコーミック，J／石弘之・山口裕司訳，1998，『地球環境運動全史』岩波書店（原著初版 1989）。

丸山正次，2006，『環境政治理論——政治理論のパラダイム転換』風行社。

三上直之，2022，『気候民主主義——次世代の政治の動かし方』岩波書店。

●第 11 章

カー，E. H.／原彬久訳，2011，『危機の二十年——理想と現実』岩波書店（原著初版 1939）。

カルドー，M.／山本武彦ほか訳，2011，『「人間の安全保障」論——グローバル化と介入に関する考察』法政大学出版局（原著 2007）。

ギル，S.／遠藤誠治訳，1996，『地球政治の再構築——日米欧関係と世界秩序』朝日新聞社（原著 1990）。

小林誠・遠藤誠治編，2000，『グローバル・ポリティクス——世界の再構造化と新しい政治学』有信堂。

コヘイン，R.／石黒薫・小林誠訳，1998，『覇権後の国際経済政治学』晃洋書房（原著 1984）。

ブル，H.／臼杵英一訳，2000，『国際社会論——アナーキカル・ソサイエティ』岩波書店（原著初版 1977）。

ヘルド，D.／佐々木寛ほか訳，2002，『デモクラシーと世界秩序——地球市民の政治学』NTT 出版（原著 1995）。

マゾワー，M.／依田卓巳訳，2015，『国際協調の先駆者たち——理想と現実の 200 年』NTT 出版（原著 2012）。

ミュラー，J. W.／板橋拓己訳，2017，『ポピュリズムとは何か』岩波書店（原著 2016）。

モーゲンソー，H. J.／原彬久訳，2013，『国際政治——権力と平和』（上）・（中）・（下），岩波書店（原著初版 1948）。

ロング，D.・P. ウィルソン編／宮本盛太郎・関静雄監訳，2002，『危機の 20 年と思想家たち——戦間期理想主義の再評価』ミネルヴァ書房（原著 1995）。

●引用・参考文献●

◆本書全体に関係するもの

犬塚元・河野有理・森川輝一，2023，『政治学入門——歴史と思想から学ぶ』有斐閣。

宇野重規，2013，『西洋政治思想史』有斐閣。

押村高・添谷育志編，2003，『アクセス 政治哲学』日本経済評論社。

小野紀明，2005，『政治理論の現在——思想史と理論のあいだ』世界思想社。

小野紀明・川崎修編集代表，2014，『岩波講座 政治哲学』全6巻，岩波書店。

川出良枝・谷口将紀編，2022，『政治学〔第2版〕』東京大学出版会。

キムリッカ，W.／千葉眞・岡崎晴輝ほか訳，2005，『新版 現代政治理論』日本経済
評論社（原著初版1990）。

齋藤純一・谷澤正嗣，2023，『公共哲学入門』NHK出版。

佐々木毅，2012，『政治学講義〔第2版〕』東京大学出版会。

杉田敦，2013，『政治的思考』岩波書店。

杉田敦・川崎修編著，2014，『西洋政治思想資料集』法政大学出版局。

ミラー，D.／山岡龍一ほか訳，2019，『はじめての政治哲学』岩波書店。

◆第1章

アレント，H.／牧野雅彦訳，2023，『人間の条件』講談社（原著初版1958）。

川崎修，2010，『「政治的なるもの」の行方』岩波書店。

ギャンブル，A.／内山秀夫訳，2002，『政治が終わるとき？』新曜社（原著2000）。

クリック，B.／前田康博訳，2014，『政治の弁証』岩波書店（原著1962）。

齋藤純一，2020，『政治と複数性——民主的な公共性にむけて』岩波書店。

シュミット，C.／権左武志訳，2022，『政治的なものの概念』岩波書店（原著初版
1927）。

杉田敦，2015，『境界線の政治学〔増補版〕』岩波書店。

ダール，R.／高畠通敏訳，2012，『現代政治分析』岩波書店（原著初版1963）。

バウマン，Z.／中道寿一訳，2002，『政治の発見』日本経済評論社（原著1999）。

ムフ，C.／千葉眞ほか訳，1998，『政治的なるものの再興』日本経済評論社（原著
1993）。

◆第2章

アレント（アーレント），H.／引田隆也・齋藤純一訳，1994，「権威とは何か」『過去
と未来の間』みすず書房（原著初版1961）。

アレント（アーレント），H.／山田正行訳，2000，「暴力について」『暴力について』
みすず書房（原著1972）。

ウェーバー，M.／世良晃志郎訳，1960『支配の社会学 I』創文社（原著初版1921-

22）。

ウェーバー，M.／世良晃志郎訳，1970『支配の諸類型』創文社（原著初版 1921-22）。

ガルブレイス，J. K.／山本七平訳，1984，『権力の解剖』日本経済新聞社（原著 1983）。

クリーガー，L.／川崎修訳，1990，「権威」P. ウィーナー編『西洋思想大事典』平凡社（原著 1968）。

佐々木毅，2012，『政治学講義〔第 2 版〕』東京大学出版会。

杉田敦，2015，『権力論』岩波書店。

盛山和夫，2000，『権力』東京大学出版会。

ダール，R.／高畠通敏訳，2012，『現代政治分析』岩波書店（原著初版 1963）。

ナイ，J.／山岡洋一訳，2004，『ソフト・パワー』日本経済新聞社（原著 2004）。

パーソンズ，T.／新明正道監訳，1974，「政治的権力の概念について」『政治と社会構造』（下），誠信書房（原著 1969）。

ハーバーマス，J.／小牧治・村上隆夫訳，1984，「ハンナ・アレントによる権力概念」『哲学的・政治的プロフィール──現代ヨーロッパの哲学者たち』（上），未來社（原著 1981）。

フーコー，M.／渡辺守章訳，1986，『性の歴史Ⅰ　知への意志』新潮社（原著 1976）。

フーコー，M.／田村俶訳，2020，『監獄の誕生〔新装版〕』新潮社（原著 1975）。

マルクス，K.・F. エンゲルス／大内兵衛・向坂逸郎訳，1951，『共産党宣言』岩波書店（原著 1848）。

ラスウェル，H.／永井陽之助訳，1954，『権力と人間』東京創元社（原著 1948）。

ルークス，S.／中島吉弘訳，1995，『現代権力論批判』未來社（原著 1974）。

◆第 3 章

ウェッブ，S. & B.／高野岩三郎監訳，1990，『産業民主制論』法政大学出版局（原著初版 1897）。

ウェッブ，S. & B.／岡本秀昭訳，1979，『大英社会主義社会の構成』木鐸社（原著初版 1920）。

江里口拓，2008，『福祉国家の効率と制御──ウェッブ夫妻の経済思想』昭和堂。

岡田与好，1987，『経済的自由主義──資本主義と自由』東京大学出版会。

金田耕一，2022，『貧民のユートピア──福祉国家の思想史』風行社。

ケインズ，J. M.／宮崎義一訳，1971a，「自由放任の終焉」宮崎義一・伊東光晴責任編集『ケインズ・ハロッド』（世界の名著 57）中央公論社（原著初版 1926）。

ケインズ，J. M.／宮崎義一訳，1971b，「私は自由党員か」宮崎義一・伊東光晴責任編集『ケインズ・ハロッド』（世界の名著 57）中央公論社（原著 1925）。

スペンサー，H.／森村進訳，2017a，「社会静学」（抄）森村進編訳『ハーバート・スペンサーコレクション』筑摩書房（原著 1850）。

スペンサー，H.／森村進訳，2017b，「人間対国家」森村進編訳『ハーバート・スペンサーコレクション』筑摩書房（原著 1853）。

スミス，A.／水田洋監訳・杉山忠平訳，2000-01，『国富論』1〜4，岩波書店（原著初版 1776）。

ダイシー，A. V.／清水金二郎訳・菊池勇夫監修，1972，『法律と世論』法律文化社（原著初版 1905）。

トクヴィル，A.／松本礼二訳，2005–08，『アメリカのデモクラシー』第一巻（上）・（下），第二巻（上）・（下），岩波書店（原著初版 1835–40）。

ハイエク，F. A.／気賀健三・古賀勝次郎訳，1987a，『福祉国家における自由――自由の条件 3』（ハイエク全集 7）春秋社（原著 1960）。

ハイエク，F. A.／篠塚慎吾訳，1987b，『社会正義の幻想――法と立法と自由 2』（ハイエク全集 9）春秋社（原著 1960）。

ハイエク，F. A.／西山千明訳，1992，『隷属への道』春秋社（原著 1944）。

ベヴァリッジ，W. H.／山田雄三監訳，1969，『ベヴァリッジ報告――社会保険および関連サービス』至誠堂（原著 1942）。

ベンサム，J.／中山元訳，2022，『道徳および立法の諸原理序説』（上）・（下）筑摩書房（原著初版 1789）。

ホブハウス，L. T.／吉崎祥司監訳，社会的自由主義研究会訳，2010，『自由主義――福祉国家への思想的転換』大月書店（原著 1911）。

ミル，J. S.／関口正司訳，2020，『自由論』岩波書店（原著 1859）。

ミル，J. S.／関口正司訳，2019，『代議制統治論』岩波書店（原著初版 1861）。

ロック，J.／加藤節訳，2010，『完訳 統治二論』岩波書店（原著初版 1690）。

ロック，J.／生松敬三訳，1980，「寛容についての書簡」大槻春彦責任編集『ロック・ヒューム』（世界の名著 32）中央公論社（原著初版 1689）。

Green, T. H., 1986, *Lectures on the Principles of Political Obligation and Other Writings*, Cambridge University Press（初版 1886）.

Webb, S., 2006, "The Basis of Socialism; Historic," in Shaw ed., *Fabian Essays in Socialism*, Cosimo（初版 1889）.

◆第 4 章

クリック，B.／田口富久治ほか訳，1974，『政治理論と実際の間 I』みすず書房（原著 1972）。

グレイ，J.／藤原保信・輪島達郎訳，1991，『自由主義』昭和堂（原著 1986）。

コノリー，W. E.／杉田敦ほか訳，1998，『アイデンティティ＼差異――他者性の政治』岩波書店（原著 1991）。

スキナー，Q.／梅津順一訳，2001，『自由主義に先立つ自由』聖学院大学出版会（原著 1988）。

バーリン，I.／小川晃一ほか訳，1971，『自由論』みすず書房（原著 1969）。

フーコー，M.／田村俶訳，1986，『性の歴史 II――快楽の活用』新潮社（原著初版 1984）。

フーコー，M. ほか／田村俶・雲和子訳，1999，『自己のテクノロジー――フーコー・セミナーの記録』岩波書店（原著 1988）。

フロム，E.／日高六郎訳，1965，『自由からの逃走』東京創元社（原著 1941）。

ペルチンスキー，Z. A.・J. グレイ編／千葉眞ほか訳，1987，『自由論の系譜――政治哲学における自由の観念』行人社（原著 1984）。

マクファーソン，C. B.／田口富久治ほか訳，1978，『民主主義理論』青木書店（原著1973）。

Pettit, P., 2002, "Keeping Republican Freedom Simple", *Political Theory* 30, 339–56.

Taylor, C., 1979. "What's Wrong with Negative Liberty", A. Ryan ed., *The Idea of Freedom*, Oxford University Press.

◆第 5 章

飯田文雄，2006，「運命と平等——現代規範的平等論の一断面」日本政治学会編『平等と政治』（年報政治学 2006-I）木鐸社。

ウォルツァー，M.／山口晃訳，1999，『正義の領分——多元性と平等の擁護』而立書房（原著 1983）。

宇佐美誠ほか，2019，『正義論——ベーシックスからフロンティアまで』法律文化社。

キムリッカ，W.／千葉眞・岡崎晴輝ほか訳，2005，『新版 現代政治理論』日本経済評論社（原著初版 1990）。

齋藤純一・田中将人，2021，『ジョン・ロールズ——社会正義の探究者』中央公論新社。

佐々木毅，1993，『アメリカの保守とリベラル』講談社。

サンデル，M.／菊池理夫訳，2009，『リベラリズムと正義の限界』勁草書房（原著1982）。

サンデル，M.／飯田文雄訳，1996-97，「政治的リベラリズムとは何か」（上）・（中）・（下）『神戸法学雑誌』45 巻 4 号，46 巻 2，4 号。

スウィフト，A.／有賀誠ほか訳，2011，『政治哲学への招待——自由や平等のいったい何が問題なのか?』風行社（原著 2006）。

セン，A.／池本幸生ほか訳，2018，『不平等の再検討——潜在能力と自由』岩波書店（原著 1992）。

セン，A.／黒崎卓・山崎幸治訳，2017，『貧困と飢饉』岩波書店（原著 1981）。

ドゥウォーキン，R.／木下毅ほか訳，1986-2001，『権利論』(1)・(2) 木鐸社（原著1977）。

ドゥウォーキン，R.／小林公ほか訳，2002，『平等とは何か』木鐸社（原著 2000）。

ノージック，R.／嶋津格訳，1985-89，『アナーキー・国家・ユートピア——国家の正当性とその限界』（上）・（下）木鐸社（原著 1974）。

ハーツ，L.／有賀貞訳，1994，『アメリカ自由主義の伝統』講談社（原著 1955）。

広瀬巌／齊藤拓訳，2016，『平等主義の哲学——ロールズから健康の分配まで』勁草書房（原著 2015）。

古矢旬，2004，『アメリカ 過去と現在の間』岩波書店。

ムルホール，S・A. スウィフト／谷澤正嗣ほか訳，2007，『リベラル・コミュニタリアン論争』勁草書房（原著初版 1992）。

ヤング，I. M.／飯田文雄ほか監訳，2020，『正義と差異の政治』法政大学出版局（原著 1990）。

ロシター，C.／アメリカ研究振興会訳，1964，『アメリカの保守主義——伝統と革新

との交錯』有信堂（原著 1955）。

ロールズ，J./川本隆史ほか訳，2010,『正義論〔改訂版〕』紀伊國屋書店（原著 1971）。

ロールズ，J./神島裕子・福間聡訳，2022,『政治的リベラリズム〔増補版〕』筑摩書房（原著初版 1993）。

ロールズ，J.・E. ケリー編／田中成明ほか訳，2020,『公正としての正義 再説』岩波書店（原著 2001）。

Clayton, M. and A. Williams eds., 2004, *Social Justice*, Blackwell.

Daniels, N. ed., 1975, *Reading Rawls : Critical Studies on Rawls' 'A Theory of Justice'*, Blackwell.

Freeman, S. ed., 2003, *The Cambridge Companion to Rawls*, Cambridge University Press.

Pojman, L. P. and R. Westmoreland eds., 1997, *Equality : Selected Readings*, Oxford University Press.

◆第6章

アッカマン，B.・J. S. フィシュキン／川岸令和ほか訳，2015,『熟議の日——普通の市民が主権者になるために』早稲田大学出版部（原著 2004）。

アドルノ，T.・M. ホルクハイマー／徳永恂訳，1990,『啓蒙の弁証法』岩波書店（原著 1947）。

アリストテレス／三浦洋訳，2023,『政治学』（上）・（下），光文社（前 4 世紀頃成立）。

アーレント，ハナ／大久保和郎訳，1981,『全体主義の起原』1〜3，みすず書房（原著初版 1951）。

ウォラス，G./石上良平・川口浩訳，1958,『政治における人間性』創文社（原著初版 1908）。

ギャスティル，J.・P. レヴィーン編／津富宏ほか監訳，2013,『熟議民主主義ハンドブック』現代人文社（原著 2005）。

コノリー，W./杉田敦ほか訳，1998,『アイデンティティ＼差異——他者性の政治』岩波書店（原著 1991）。

篠原一，2004,『市民の政治学——討議デモクラシーとは何か』岩波書店。

シャピロ，I./中道寿一訳，2010,『民主主義理論の現在』慶應義塾大学出版会（原著 2003）。

シュミッター，P.・G. レーンブルッフ編／山口定監訳，1984-86,『現代コーポラティズム』（1）・（2），木鐸社（原著 1979）。

シュミット，C./稲葉素之訳，2000,『現代議会主義の精神史的地位』みすず書房（原著初版 1923）。

シュンペーター，J./中山伊知郎・東畑精一訳，1995,『資本主義・社会主義・民主主義』東洋経済新報社（原著 1942）。

杉田敦，2015,『境界線の政治学〔増補版〕』岩波書店。

空井護，2020,『デモクラシーの整理法』岩波書店。

田中愛治編，2018,『熟議の効用，熟慮の効果——政治哲学を実証する』勁草書房。

田村哲樹, 2008, 『熟議の理由——民主主義の政治理論』勁草書房。

田村哲樹, 2017, 『熟議民主主義の困難——その乗り越え方の政治理論的考察』ナカニシヤ出版。

田村哲樹編, 2010, 『語る——熟議／対話の政治学』（政治の発見⑤）風行社。

ダール, R. A.／内山秀夫訳, 1970, 『民主主義理論の基礎』未來社（原著 1956）。

ダール, R. A.／高畠通敏ほか訳, 2014, 『ポリアーキー』岩波書店（原著 1971）。

千葉眞, 1995, 『ラディカル・デモクラシーの地平——自由・差異・共通善』新評論。

トゥキュディデス／城江良和訳, 2003, 『歴史』(2), 京都大学学術出版会（前 5 世紀頃成立）。

トクヴィル, A.／松本礼二訳, 2005-08, 『アメリカのデモクラシー』第一巻（上）・（下）, 第二巻（上）・（下）, 岩波書店（原著初版 1835-40）。

トレンド, D. 編／佐藤正志ほか訳, 1998, 『ラディカル・デモクラシー——アイデンティティ, シティズンシップ, 国家』三嶺書房（原著 1996）。

橋場弦, 2022, 『古代ギリシアの民主政』岩波書店。

バジョット, W.／大道安次郎訳, 1948, 『自然科学と政治学』岩崎書店（原著 1872）。

ハミルトン, A. ほか／斎藤真・中野勝郎訳, 1999, 『ザ・フェデラリスト』岩波書店（原著初版 1787-88）。

パレート, V.／姫岡勤・板倉達文訳, 1996, 『一般社会学提要』名古屋大学出版会（原著 1920）。

フィシュキン, J. S.／岩本貴子訳, 2011, 『人々の声が響き合うとき——熟議空間と民主主義』早川書房（原著 2009）。

フーコー, M.／田村俶訳, 2020, 『監獄の誕生——監視と処罰〔新装版〕』新潮社（原著 1975）。

ペイトマン, C.／寄本勝美訳, 1977, 『参加と民主主義理論』早稲田大学出版部（原著 1970）。

ヘロドトス／松平千秋訳, 1971-72, 『歴史』（上）・（中）・（下）, 岩波書店（前 5 世紀頃成立）。

ムフ, C.／千葉眞ほか訳, 1998, 『政治的なるものの再興』日本経済評論社（原著 1993）。

山本圭, 2016, 『不審者のデモクラシー——ラクラウの政治思想』岩波書店。

ラクラウ, E.／澤里岳史ほか訳, 2018, 『ポピュリズムの理性』明石書店（原著 2005）。

ラクラウ, E.・C. ムフ, 2012, 『民主主義の革命——ヘゲモニーとポスト・マルクス主義』筑摩書房。

リップマン, W.／掛川トミ子訳, 1987, 『世論』（上）・（下）, 岩波書店（原著 1922）。

ルソー, J. J.／作田啓一訳, 2010, 『社会契約論』白水社（原著初版 1762）。

レイプハルト, A.／内山秀夫訳, 1979, 『多元社会のデモクラシー』三一書房（原著 1977）。

Dryzek, J. S., 2002, *Deliberative Democracy and Beyond: Liberals, Critics, Contestations*, Oxford University Press.

Friedrich, C. J. and Z. K. Brzezinski, 1956, *Totalitarian Dictatorship and*

Autocracy, Harvard University Press.

Gutmann, A. and D. Thompson, 1996, *Democracy and Disagreement: Why Moral Conflict Cannot be Avoided in Politics and What Should be Done about It*, Belknap Press of Harvard University Press.

◆第 7 章

アンダーソン，B.／白石隆・白石さや訳，2007，『定本 想像の共同体——ナショナリズムの起源と流行』書籍工房早山（原著初版 1983）。

小野紀明，2005，『政治理論の現在——思想史と理論のあいだ』世界思想社。

ガットマン，A. 編／佐々木毅ほか訳，2007，『マルチカルチュラリズム』岩波書店（原著 1994）。

キムリッカ，W.／角田猛之ほか監訳，1998，『多文化時代の市民権——マイノリティの権利と自由主義』晃洋書房（原著 1995）。

ゲルナー，E.／加藤節監訳，2000，『民族とナショナリズム』岩波書店（原著 1983）。

スミス，A.／巣山靖司ほか訳，1999，『ネイションとエスニシティ——歴史社会学的考察』名古屋大学出版会（原著 1986）。

多文化社会研究会編訳，1997，『多文化主義——アメリカ・カナダ・イギリス・オーストラリアの場合』木鐸社。

西川長夫ほか編，1997，『多文化主義・多言語主義の現在——カナダ・オーストラリア・そして日本』人文書院。

フィヒテ，J. G.／石原達二訳，1999，『ドイツ国民に告ぐ』玉川大学出版会（原著初版 1807–08）。

ホブズボーム，E. J.／浜林正夫ほか訳，2001，『ナショナリズムの歴史と現在』大月書店（原著初版 1990）。

丸山眞男，2010，「超国家主義の論理と心理」杉田敦編『丸山眞男セレクション』平凡社。

三浦信孝編，1997，『多言語主義とは何か』藤原書店。

ヤング，I. M.／飯田文雄ほか監訳，2020，『正義と差異の政治』法政大学出版局（原著 1990）。

油井大三郎・遠藤泰生編，1999，『多文化主義のアメリカ——揺らぐナショナル・アイデンティティ』東京大学出版会。

ルナン，E.／鵜飼哲ほか訳，1997，『国民とは何か』インスクリプト（原著 1882）。

Kohn, H., 1944, *The Idea of Nationalism*, Macmillan.

Kymlicka, W., 1989, *Liberalism, Community and Culture*, Oxford University Press.

◆第 8 章

井上匡子，2001，「流動と構築」今井弘道編著『新・市民社会論』風行社。

上野千鶴子，2015，『差異の政治学〔新版〕』岩波書店。

ウルストンクラフト，M.／白井堯子訳，1980，『女性の権利の擁護——政治および道徳問題の批判をこめて』未来社（原著初版 1792）。

ウルフ，V.／片山亜紀訳，2015，『自分ひとりの部屋』平凡社（原著 1929）。

江原由美子，2021，『ジェンダー秩序〔新装版〕』勁草書房。

江原由美子，2022，『持続するフェミニズムのために——グローバリゼーションと「第二の近代」を生き抜く理論へ』有斐閣。

大沢真理，2002，『男女共同参画社会をつくる』日本放送出版協会。

岡野八代，2009，『シティズンシップの政治学——国民・国家主義批判〔増補版〕』白澤社。

岡野八代，2012，『フェミニズムの政治学——ケアの倫理をグローバル社会へ』みすず書房。

キムリッカ，W.／千葉眞・岡崎晴輝ほか訳，2005，『新版 現代政治理論』日本経済評論社（原著 2 版 2002）。

ギリガン，C.／川本隆史・山辺恵理子・米典子訳，2022，『もうひとつの声で——心理学の理論とケアの論理』風行社（原著初版 1982）。

コスタ，M. D.／伊田久美子・伊藤公雄訳，1986，『家事労働に賃金を——フェミニズムの新たな展望』インパクト出版会（原著 1972）。

齋藤純一，2000，『公共性』岩波書店。

瀬知山角，1996，『東アジアの家父長制——ジェンダーの比較社会学』勁草書房。

ソコロフ，N.／江原由美子ほか訳，1987，『お金と愛情の間——マルクス主義フェミニズムの展開』勁草書房（原著 1980）。

田村哲樹，2009，『政治理論とフェミニズムの間——国家・社会・家族』昭和堂。

野崎綾子，2003，『正義・家族・法の構造転換——リベラル・フェミニズムの再定位』勁草書房。

バトラー，J.／竹村和子訳，2018，『ジェンダートラブル〔新装版〕』青土社（原著 1990）。

フリーダン，B.，／三浦冨美子訳，2004，『新しい女性の創造〔改訂版〕』大和書房（原著初版 1963）。

水田珠枝，1973，『女性解放思想の歩み』岩波書店。

ミレット，K.／藤枝澪子ほか訳，1985，『性の政治学』ドメス出版（原著 1970）。

ミル，J. S.，／大内兵衛・大内節子訳，1957，『女性の解放』岩波書店（原著初版 1869）。

吉澤夏子，1993，『フェミニズムの困難——どういう社会が平等な社会か』勁草書房。

Fraser, N., 1989, *Unruly Practices: Power, Discourse and Gender in Contemporary Social Theory*, University of Minnesota Press.

Fraser, N., 1992, "Rethinking the Public Sphere : A Contribution to the Critique of Actually Existing Democracy", C. Colhoun ed., *Habermas and the Public Sphere*, MIT Press.

Okin, S. M., 1989, *Justice, Gender and the Family*, Basic Books.

Okin, S. M., 1991, "Gender, the Public and Private", D. Held ed., *Political Theory Today*, Polity Press in associatetion with Basil Blackwell.

Pateman, C., 1983, "Feminist Critiques of the Public/Private Dichotomy", S. I. Benn and G. F. Gaus eds., *Public and Private in Social Life*, Croom Helm.

Young, I. M., 1990, *Justice and the Politics of Difference*, Princeton University Press.

Young, I. M., 1997, *Intersecting Voices : Dilemmas of Gender, Political Philosophy and Policy*, Princeton University Press.

◆第9章

アレント，H／牧野雅彦訳，2023,『人間の条件』筑摩書房（原著初版 1958)。

有賀誠ほか編，2004,『現代規範理論入門——ポスト・リベラリズムの新展開』ナカニシヤ出版。

イグナティエフ，M.／添谷育志・金田耕一訳，1999,『ニーズ・オブ・ストレンジャーズ』風行社（原著 1985)。

今井弘道編，1998,『「市民」の時代——法と政治からの接近』北海道大学図書刊行会。

ウォルツァー，M. 編／石田淳ほか訳，2001,『グローバルな市民社会に向かって』日本経済評論社（原著 1995)。

大澤真幸，2018,『自由という牢獄——責任・公共性・資本主義』岩波書店。

加藤淳子ほか編，2002,『レヴァイアサン 31〔特集〕市民社会と NGO——アジアからの視座』木鐸社。

川崎修，2014,『ハンナ・アレント』講談社。

川原彰編，1993,『ポスト共産主義の政治学』三嶺書房。

久米郁男ほか，2011,『政治学〔補訂版〕』有斐閣。

キムリッカ，W.／稲田恭明ほか訳，2018,『多文化主義のゆくえ——国際化をめぐる苦闘』法政大学出版局（原著 2007)。

キャルホーン，C. 編／山本啓・新田滋訳，1999,『ハーバマスと公共圏』未來社（原著 1992)。

ゴイス，R.／山岡龍一訳，2004,『公と私の系譜学』岩波書店（原著 2001)。

古賀敬太編，2004,『政治概念の歴史的展開』晃洋書房。

齋藤純一，2000,『公共性』岩波書店。

佐々木毅・金泰昌編，2001,『公と私の思想史』（公共哲学 1）東京大学出版会。

佐々木毅・金泰昌編，2002a,『欧米における公と私』（公共哲学 2）東京大学出版会。

佐々木毅・金泰昌編，2002b,『日本における公と私』（公共哲学 3）東京大学出版会。

佐々木毅・金泰昌編，2002c,『中間集団が開く公共性』（公共哲学 7）東京大学出版会。

スティグリッツ，J. E.・C. E. ウォルシュ／藪下史郎ほか訳，2012,『スティグリッツ入門経済学』（第 4 版）東洋経済新報社（原著初版 1997)。

高畠通敏編，2003,『現代市民政治論』世織書房。

デリダ，J.・J. ハーバーマス／瀬尾育生訳，2003,「われわれの戦後復興——ヨーロッパの再生」『世界』717 号。

ヌスバウム，M.C.／神島裕子訳，2012,『正義のフロンティア——障碍者・外国人・動物という境界を越えて』法政大学出版局（原著 2006)。

パットナム，R.D.／河田潤一訳，2001,『哲学する民主主義——伝統と改革の市民的構造』NTT 出版，（原著 1993)。

パットナム，R.D.／柴内康文訳，2006，『孤独なボウリング——米国コミュニティの崩壊と再生』柏書房（原著2000）。

ハーバーマス，J.／細谷貞雄・山田正行訳，1994，『公共性の構造転換——市民社会の一カテゴリーについての探究』（第2版）未來社（原著初版1962）。

ハーバーマス，J.／河上倫逸・耳野健二訳，2002–03，『事実性と妥当性——法と民主的法治国家の討議理論にかんする研究』（上）・（下），未來社（原著1992）。

平井亮輔，1990「リベラリズム・中立性・対話」『思想』795号。

藤原保信・飯島昇藏編，1995，『西洋政治思想史』Ⅰ・Ⅱ，新評論。

松元雅和，2007，『リベラルな多文化主義』慶應義塾大学出版会。

谷澤正嗣，2000，「ジョン・ロールズ『政治的リベラリズム』をめぐる批判」『早稲田政治経済学雑誌』341号。

ローティ，R.／齋藤純一ほか訳，2000，『偶然性・アイロニー・連帯——リベラル・ユートピアの可能性』岩波書店（原著1989）。

ロールズ，J.／川本隆史ほか訳，2010，『正義論〔改訂版〕』紀伊國屋書店（原著初版1971）。

ロールズ，J.／田中成明ほか訳，2020，『公正としての正義 再説』岩波書店（原著2001）。

ロールズ，J.／神島裕子ほか訳，2022a，『政治的リベラリズム〔増補版〕』筑摩書房（原著初版1993）。

ロールズ，J.／中山竜一訳，2022b，『万民の法』岩波書店（原著1999）。

Ackerman, B. A., 1980, *Social Justice in the Liberal State*, Yale University Press.

Bronner, S. E. and D. M. Kellner eds., 1989, *Critical Theory and Society : A Reader*, Routledge.

Cohen, J. L. and A. Arato, 1992, *Civil Society and Political Theory*, MIT Press.

Freeman, S. ed., 2003, *The Cambridge Companion to Rawls*, Cambridge University Press.

Habermas, J., 2022, "Reflections and Hypotheses on a Further Structural Transformation of the Political Public Sphere," *Theory, Culture & Society*, Vol. 39 (4), pp. 145–171.

Hirst, P., 1997, *From Statism to Pluralism : Democracy, Civil Society and Global Politics*, UCL Press.

Schomberg, R. and K. Baynes eds., 2002, *Discourse and Democracy : Essays on Habermas's Between Facts and Norms*, State University of New York Press.

Seidman, S. ed., 1989, *Jürgen Habermas on Society and Politics*, Beacon Press.

Tuck, R., 2008, *Free Riding*, Harvard University Press.

White, S. K. ed., 1995, *The Cambridge Companion to Habermas*, Cambridge University Press.

◆第10章

イングルハート，R.／三宅一郎ほか訳，1978，『静かなる革命——政治意識と行動様式の変化』東洋経済新報社（原著1977）。

カーソン，R.／青樹築一訳，1974,『沈黙の春──生と死の妙薬』新潮社（原著1962）。

賀来健輔・丸山仁編，1998,『環境政治への視点』信山社。

グッディン，R. E.／松野弘監訳，2020,『緑の政治理論』ミネルヴァ書房（原著1992）。

斎藤幸平，2020,『人新世の「資本論」』集英社。

シューマッハー，E. F.／小島慶三ほか訳，1986,『スモール・イズ・ビューティフル──人間中心の経済学』講談社（原著1973）

ドブソン，A.／松野弘監訳，2001,『緑の政治思想──エコロジズムと社会変革の理論』ミネルヴァ書房（原著初版1990）。

ドブソン，A.／福士正博・桑田学訳，2006,『シチズンシップと環境』日本経済評論社（原著2003）。

ネス，A.／斎藤直輔ほか訳，1997,『ディープ・エコロジーとは何か──エコロジー・共同体・ライフスタイル』文化書房博文社（原著1989）。

ベルク，A／篠田勝英訳，1988,『風土の日本──自然と文化の通態』筑摩書房（原著1986）。

三上直之，2022,『気候民主主義──次世代の政治の動かし方』岩波書店。

丸山仁，2001,「環境政治と民主主義──グリーン・ポリティクスの方へ」『政策科学』8巻3号。

メドウズ，D. H. ほか／大来佐武郎監訳，1972,『成長の限界──ローマ・クラブ「人類の危機」レポート』ダイヤモンド社（原著1972）。

吉田徹，2021,『くじ引き民主主義──政治にイノヴェーションを起こす』光文社。

Dryzek, J. S., 1987, *Rational Ecology: Environment and Political Economy*, Blackwell.

Dryzek, J. S., 2002, *Deliberative Democracy and Beyond: Liberals, Critics, Contestations*, Oxford Univ. Press.

Hajer, M., 1995, *The Politics of Environmental Discourse: Ecological Modernization and the Policy Process*, Clarendon Press.

Hardin, G., 1968, "The Tragedy of the Commons," *Science*, vol. 162, no. 3859.

Kitchelt, H., 1990, "New Movements and Political Parties. New Social Movements and the Decline of Party Organization", In R. J. Dalton and M. Kuechler, eds., *Challenging the Political Order: New Social and Political Movements in Western Democracies*, Polity Press.

Smith, G., 2003, *Deliberative Democracy and the Environment*, Routledge.

Willis, R., 2020, *Too Hot to Handle?: The Democratic Challenge of Climate Change*, Bristol University Press.

◆第11章

アイケンベリー，G. J.／鈴木康雄訳，2004,『アフター・ヴィクトリー──戦後構築の論理と行動』NTT出版（原著2001）。

アンダーソン，B.／白石隆・白石さや訳，2007,『定本 想像の共同体──ナショナリズムの起源と流行』，書籍工房早山（原著初版1983）。

エンジェル，N.／安部磯雄訳，1912，『現代戦争論──兵力と国利の関係』博文館（原著 1910）。

遠藤誠治・遠藤乾編集代表，2014〜15，『シリーズ日本の安全保障』全 8 巻，岩波書店。

遠藤誠治編，2023，『国家安全保障の脱構築──安全保障を根本から考え直す』法律文化社。

カー，E. H.／原彬久訳，2011，『危機の二十年──理想と現実』岩波書店（原著初版 1939）。

カルドー，M.／山本武彦ほか訳，2007，『グローバル市民社会論──戦争へのひとつの回答』法政大学出版局（原著 2003）。

カルドー，M.／山本武彦ほか訳，2011，『「人間の安全保障」論──グローバル化と介入に関する考察』法政大学出版局（原著 2007）。

坂本義和，2015，『権力政治を超える道』岩波書店。

ギル，S.／遠藤誠治訳，1996，『地球政治の再構築──日米欧関係と世界秩序』朝日新聞社（原著 1990）。

小林誠・遠藤誠治編，2000，『グローバル・ポリティクス──世界の再構造化と新しい政治学』有信堂。

コヘイン，R. O.・J. ナイ／滝田賢治監訳，2012，『パワーと相互依存』ミネルヴァ書房，2012 年（原著初版 1977）。

サッセン，S.／伊豫谷登士翁訳，1999，『グローバリゼーションの時代──国家主権のゆくえ』平凡社（原著 1996）。

サッセン，S.／伊豫谷登士翁監修・伊藤茂訳，2011，『領土・権威・諸権利──グローバリゼーション・スタディーズの現在』明石書店（原著 2006）。

サッセン，S.／伊藤茂訳，2017，『グローバル資本主義と〈放逐〉の論理──不可視化されゆく人々と空間』明石書店（原著 2014）。

サーニー，P. G.／遠藤誠治訳，2002，「グローバル化する世界における政治的な主体的行為──構造化のアプローチに向けて」『思想』938 号（6 月号）。

シンガー，P.／山内友三郎・樫則章監訳，2005，『グローバリゼーションの倫理学──ひとつの世界』昭和堂（原著初版 2002）。

ストレンジ，S.／小林襄治訳，2007，『カジノ資本主義──国際金融恐慌の政治経済学』岩波書店（原著 1986）。

ストレンジ，S.／櫻井公人訳，2011，『国家の退場──グローバル経済の新しい主役たち』岩波書店（原著 1996）。

ブル，H.／臼杵英一訳，2000，『国際社会論──アナーキカル・ソサイエティ』岩波書店（原著初版 1977）。

ベイツ，C.／進藤榮一訳，1989，『国際秩序と正義』岩波書店（原著初版 1979）。

ヘルド，D.／佐々木寛ほか訳，2002，『デモクラシーと世界秩序──地球市民の政治学』NTT 出版（原著 1995）。

ポッゲ，T.／立岩真也監訳，2010，『なぜ遠くの貧しい人への義務があるのか──世界的貧困と人権』生活書院（原著初版 2002）。

マゾワー，M.／依田卓巳訳，2015，『国際協調の先駆者たち──理想と現実の 200

年』NTT 出版（原著 2012）。

ミュラー，J. W.／板橋拓己訳，2017，『ポピュリズムとは何か』岩波書店（原著 2016）。

最上敏樹，1995a，『国連システムを超えて』岩波書店。

最上敏樹，1995b，「国際機構と民主主義」坂本義和編『世界政治の構造変動 2 国家』岩波書店。

最上敏樹，2001，『人道的介入——正義の武力行使はあるか』岩波書店。

最上敏樹，2006，『国際機構論〔第 2 版〕』東京大学出版会。

モーゲンソー，H. J.／原彬久訳，2013，『国際政治——権力と平和』（上）・（中）・（下），岩波書店（原著初版 1948）。

吉田文彦・鈴木達治郎・遠藤誠治・毛利勝彦編，2021，『第三の核時代——破滅リスクからの脱却』長崎大学核兵器廃絶研究センター。

ロールズ，J.／川本隆史ほか訳，2010，『正義論〔改訂版〕』紀伊國屋書店（原著 1971）。

ロールズ，J.／中山竜一訳，2022，『万民の法』岩波書店（原著 2001）。

ロング，D・P. ウィルソン編／宮本盛太郎・関静雄監訳，2002，『危機の 20 年と思想家たち——戦間期理想主義の再評価』ミネルヴァ書房（原著 1995）。

Haas, E. B., 1964, *Beyond the Nation-State : Functionalism and International Organization*, Stanford University Press.

Hutchings, K., 2010, *Global Ethics: An Introduction*, Polity.

Keohane, R. O. and J. S. Nye, Jr., eds., 1972, *Transnational Relations and World Politics*, Harvard University Press.

Mitrany, D., 1933. *The Progress of International Government*, George Allen and Unwin.

The International Commission on Intervention and State Sovereignty, 2001, *The Responsibility to Protect: Report of the International Commission on Intervention and State Sovereignty*, International Development Research Center.

Sinclair, T. J., 2005, *The New Masters of Capital: American Bond Rating Agencies and the Politics of Creditworthiness*, Cornell University Press.

◉事項索引◉

◉人名索引◉

編者紹介　　川崎　修（かわさき おさむ）
　　　　　　　　立教大学法学部教授

　　　　　　杉田　敦（すぎた あつし）
　　　　　　　　法政大学法学部教授

【有斐閣アルマ】

現代政治理論〔新版補訂版〕

Contemporary Political Theory, 2nd revised ed.

2006 年 3 月 10 日 初版第 1 刷発行　　2023 年 12 月 25 日 新版補訂版第 1 刷発行
2012 年 3 月 30 日 新版第 1 刷発行

編　者　　川崎　修，杉田　敦
発行者　　江草貞治
発行所　　株式会社有斐閣
　　　　　〒101-0051 東京都千代田区神田神保町 2-17
　　　　　https://www.yuhikaku.co.jp/
装　丁　　デザイン集合ゼブラ＋坂井哲也
印　刷　　株式会社理想社
製　本　　牧製本印刷株式会社
装丁印刷　株式会社亨有堂印刷所

落丁・乱丁本はお取替えいたします。定価はカバーに表示してあります。
©2023, Osamu Kawasaki, Atsushi Sugita.
Printed in Japan ISBN 978-4-641-22220-5